KB049134

한번은
한문 공부

지은이 정춘수
2003년 한자 자원을 한자 학습에 접목시킨 책 『한자 오디세이』를 내면서 저술 활동을 시작했다. 이후에 줄곧 한자와 한문 공부에 관련된 책만 써왔다. 최근에는 천자문, 동몽선습, 소학 등의 중요 구절로 고전에 입문하는 길을 찾아본 『논어를 읽기 전에』(2013), 난중일기와 징비록의 문구를 쓰면서 고전을 읽어 보는 『이순신을 읽다, 쓰다』 『유성룡을 읽다, 쓰다』(2016) 등의 책을 지었다. 어린이를 대상으로 옛 선비의 공부 이야기를 담은 『이황과 이이의 멋진 공부 대결』(2015)을 썼고, 길거리에서 흔히 보는 한자어로 한자를 배우는 『동네에서 한자 찾기 1』(2016)를 기획하기도 했다. 우리말에 남겨진 한자와 한문의 흔적을 찾아내고, 한자로 쓰인 글을 오늘의 언어로 풀어내는 일에 사명감을 느끼고 있다. 한 문장 했던 박지원이나 정약용이 한글로 글을 썼다면 어떻게 썼을까? 한문 알파고가 한문을 가르친다면 어떻게 가르칠까? 이런 상상을 종종 한다. 성균관대학교 국문학과를 나와 같은 대학원에서 석사(1993)를 마쳤다.

한번은 한문 공부

2018년 4월 20일 초판 1쇄 발행
2023년 3월 1일 초판 5쇄 발행

지은이 정춘수
펴낸곳 부키(주)
펴낸이 박윤우
등록일 2012년 9월 27일
등록번호 제312-2012-000045호
주소 03785 서울 서대문구 신촌로3길 15 산성빌딩 6층
전화 02) 325-0846
팩스 02) 3141-4066
홈페이지 www.bookie.co.kr
이메일 webmaster@bookie.co.kr
제작대행 올인피앤비 bobys1@nate.com
ISBN 978-89-6051-624-3 03700

책값은 뒤표지에 있습니다.
잘못된 책은 구입하신 서점에서 바꿔 드립니다.

이 도서의 국립중앙도서관 출판예정도서목록(CIP)은 서지정보유통지원시스템 홈페이지(http://seoji.nl.go.kr)와 국가자료공동목록시스템(http://www.nl.go.kr/kolisnet)에서 이용하실 수 있습니다.(CIP 제어번호: CIP2018006129)

漢文工夫

한번은

한문 공부

정춘수 지음

부·키

한문, 왜 어려울까? 한문 공부, 어떻게 할까?

오늘날 우리에게 한문은 죽은 언어다. 누구도 한문으로 공적인 언어생활을 하지 않는다. 어릴 때부터 배워 한문 실력이 우리말에 가까운 이도 있지만 흔히 볼 수 있는 것은 아니다. 또 그런 사람이라 할지라도 한문으로 수다를 떨고 일기를 쓰고 쇼핑을 하며 일상을 살아가지는 않는다. 이제 한문은 일반인들이 배우지 않아도 크게 불편함이 없는 언어다.

그런데 불편함이 없다고 배우지 않아도 될까? 그래도 아무런 문제가 없을까? 아니다. 한문은 여전히 한국인이라면 한번은 공부해야 할 언어다. 우리말에 남아 있는 한문의 흔적이 아직 생각보다 깊기 때문이다. 한문에 대한 교양과 문법 지식은 그러한 흔적을 통찰하는 좋은 수단이다.

이 책은 한문 독해에 필요한 기초 교양과 문법을 알려 주는 책이다. 어느 정도 한문에 익숙한 사람보다 한문을 읽어 본 경험이 적은 이들을 위해 기획했다. 책을 구상한 지는 꽤 오래 됐다. 2003년 겨울, 『한자 오디세이』란 첫 책을 내면서 저술 생활을 시작했을 때부터였다. 당시에 한자뿐 아니라 한문 공부 책도 쓰고 싶었다. 그러나 역량이 미치질 못했다. 기존의 한문 공부 책이나 한문 공부 방식에 불만은 있었으나 그것을 어떻게 보완할지 고민이 숙성되지 않았다. 그래서 한 10년쯤 뒤에도 내가 바라는 한문 입문서가 없다면 그때 써야겠다고 가슴 속에 담아두었다.

그 당시 기획이 거창했던 것은 아니었다. 한문 초보자가 부닥치는 어려운 대목을 촘촘하게 풀어내고 싶었을 뿐이다. 이를테면 한문을 읽다가 자전을 찾으면 대부분 한자의 뜻 갈래가 서너 개 이상 나온다. '갈 지之'라면 '가다', '~의', '그것' 등으로 분류되어 있다. 그런데 어떤 조건에서 '가다'로 쓰이고 어떤 조건에서 '그것'이란 뜻으로 쓰이는가? 또 한문 번역서를 여럿 읽다 보면 원문이 같은데도 저마다 번역이 다른 대목을 만나게 된다. 이럴 때 서로 다른 번역을 하게 되는 각각의 문법적 근거는 무엇인가?

과거에 한문을 익힐 때 이런 의문을 자주 품었다. 그렇지만 별다른 설명이 없어서 그냥 외웠던 적이 많았다. 의문은 늘 뒤늦게 풀렸다. 문법적 근거나 조건에 대한 설명이 한문 전공자가 볼 만한 문법서에는 나와도 한문 입문서에는 잘 나오지 않았기 때문이다. 이렇게 한문을 처음 읽을 때 어려움을 느낄 만한 대목을 모아 그 어려움을 쉽게 풀어내고 싶었다.

그 구상이 이번 작업 과정에도 이어졌다. 다만 오랜 시간이 흐른 만큼 새로운 고민도 더해졌다. 요즈음 필요한 한문 공부란 어때야 하는가? 오늘에 적합한 한문 공부 방법은 무엇인가? 이런 질문과 생각들.

지난 15년간 한자와 한문 공부 책을 내면서 틈틈이 했던 고민들이다. 이 책의 차례를 이루는 49구의 문구와 287구의 연습 문장은 그런 구상과 고민이 결합된 결과물이다. 이 책은 초보자가 어려움을 느낄 만한 336구의 문장을 통해 한문을 읽고 해석하는 능력을 키우고자 하는 시도이다.

이 책은 한문 입문서이지만 기존의 입문서와 다른 몇 가지 특징이 있다. 오늘의 한문 공부와 그 공부 방법에 대한 저자의 고민과 대안이 투영되어 있는 탓이다. 우선 책 속의 한문 구절을 유가 경전에서만 뽑지 않았다. 논어의 비중이 높긴 하지만 맹자, 순자, 한비자, 장자, 노자, 사기, 좌전, 난중일기 같은 여러 문헌에서 읽어 볼 만한 문장을 찾아냈다. 현대적 사유와 소통하고 공감할 수 있는 문장을 찾고 싶어서였다. 한문 공부의 흥미는 공감 가는 내용들에서 생겨난다.

다음으로 이렇게 가려 뽑은 구절의 번역문과 함께 그 구절을 둘러싼 배경과 인물, 사상 등을 먼저 해설했다. 한문은 고대부터 문법론을 지니고 있던 라틴어와 달리 문법론 없이 발달해 온 언어다. 문법의 체계화가 19세기 말에서야 비로소 시작되었다. 그래서 한문 문법은 법에 비유하자면 성문법이 아니라 불문법에 가깝다. 한문은 논어, 맹자, 순자, 좌전 등의 고전 문장이 판례집 같은 권위를 행사하는 거대한 언어이자 사유 체계라 할 수 있다. 이 때문에 한문 고전에 담긴 사상과 전례는 후대로 이어지고 재현되면서 한문에 특유한 의미 문맥을 만들어 낸다. 고전에 대한 교양이 없으면 한문을 독해할 때 이 문맥에 접근하기가 어렵다.

그다음, 한문을 설명할 때 번역문에 담긴 내용 해설에 그치지 않고 그 문장이 왜 그렇게 번역되는지 문장 구조와 표현, 어휘 같은 문법적 의미를 드러냈다. 특히 한문 문법이 우리말 문법과 어떻게 다른지를 가능한 한 알기 쉽게 설명하도록 노력했다.

과거에 한문을 공부하는 방식은 암송이 거의 전부였다. 선비들은 유학의 주요 경전을 처음부터 끝까지 외우면서 한문의 문리를 터득했다. 이 방식을 오늘날 한문 공부에 적용하기는 어렵다. 암송의 효과가 없어서가 아니다. 요즘 사람들이 선비들 같은 신심으로 유가 경전을 대하기가 어렵기 때문이다. 공감이 없는 암송은 힘들뿐더러 효과도 떨어진다.

게다가 오늘날 우리의 한문 공부 목표가 죽은 한문 되살리기는 아니다. 한문을 배워 한문으로 일기를 쓰거나 한시를 짓는 게 목적일 수 없다는 뜻이다. 어디까지나 한문을 우리말로 옮겨서 이해하는 능력의 향상이 목표다. 그러자면 한문 구절의 문법을 꼼꼼하게 분석하고 우리말과 비교하는 작업이 필수다.

마지막으로 이 책에선 국가國家처럼 전통 의미와 달라진 어휘도 따로 해설한다. 국가는 한문에서 왕이란 뜻으로도 쓰였지만 네이션nation의 번역어로 차용되면서 그 뜻을 잃어버렸다. 이런 어휘 해설은 한문 공부에서 개념 공부도 중요하다는 저자의 소신이 반영된 결과이지만 긴 설명은 생략한다. 다만 이 책의 몇 가지 형식이 한문 공부 방법에 대한 제안이기도 하다는 점은 남기고 싶다. 공감 가는 한문 문장의 발견 → 문맥과 문법(문장 구조, 어휘, 표현)의 분석 → 자신만의 번역과 암송, 이런 순서는 주제나 목표를 달리 하는 한문 공부에도 적용할 수 있다. 만약 능숙한 한문 독해가 목표라면 이 책이 선정한 49구의 범위에다 해석이 힘든 한문 문구를 추가시켜 100구, 200구로 확장시켜 나가면 된다. 분명히 성취가 있을 것이다.

이 책을 준비하면서 국내에 출간된 대부분의 한문 문법서와 학습서를 살펴봤다. 능력이 닿는 대로 중국이나 일본 쪽 책들도 구해 봤다. 흥미롭게도 세 나라의 책에서는 묘한 시각차가 있었다.

중국 쪽 책들은 한문이 현대 중국어의 고대 형태라는 사실을 강조한다. 문법을 설명할 때도 현대 중국어의 어법과 비교하는 사례가 잦다. 일본 쪽 책들은 중세 문어였던 한문과 현대 중국어의 차이에 집중하면서 한문을 일본어의 한 요소로 취급한다. 일본인 학자가 현대 번역어에 차용했던 한문 사례도 웬만해서 빠뜨리지 않는다.

우리나라 책에서는 두 관점이 뒤섞여 있다. 한문을 중국어 쪽으로 확 밀어 버리지도 않고 우리말 쪽으로 끌어당기지도 않은 채 그 사이 어디쯤에서 흔들린다. 책을 쓰면서 그 위치를 분명히 하려고 무던히 애를 썼다. 글이 막혔던 지점이다. 그러다가 어느 때부터인가 흔들리면서 가는 길이 우리 한문 책의 특성일 수도 있겠다는 생각이 들었다. 그러자 글이 저절로 풀려 나갔다.

어느 나라에서나 자국어를 자신의 말로 의식하고 언어의 가능성과 한계를 성찰하는 일은 현대 사유의 출발점 가운데 하나였다. 한문을 모르면 우리말을 깊게 알기 어렵다. 이 책이 한문과 함께 우리말을 '의식'하는 데에 조금이라도 도움이 된다면 좋겠다.

2018. 3. 30. 정춘수

차례

3장 묘사, 서술, 수식

4장 부정, 명령

5장 의문, 반어

6장 가정, 양보

일러두기

1 한자는 어법을 설명하는 항목을 제외하고 가급적 쓰지 않으려 했으나 부득이하게 써야 할 경우 한글 뒤에 붙여 적었다.

2 한문의 품사 분류는 따로 시도하지 않고 한문 교과용 도서에 대한 교육부 지침을 받아들여 국어 문법 용어를 준용했다. 그러나 국어 문법 용어로 설명하기 어려운 대목은 중국학자나 한문 교육계에서 통용되는 용어를 제시하고 간단한 설명을 덧붙였다.

3 한자의 대표훈은 사전과 교과서마다 또는 한자능력검정시험 단체마다 약간씩 다른 대목이 있으나 교육부 기초 한자에 해당되는 경우는 가장 대중적인 검정시험 단체라 할 수 있는 한국어문회가 제안한 훈을 따랐다. 그러나 한문 독해를 위해서는 대표훈만으로는 부족하고, 한자 수도 교육부 기초 한자 수준을 넘어서야 하므로 이때의 훈은 한자 훈과 음의 변천 과정이 일목요연하게 나와 있는 『고금한한자전』(남광우 편)과 『중세한국한자음훈집성』(권인한)을 주로 참조하였다.

4 순서대로 읽지 않고 필요한 대목만 골라 읽는 독자를 위해 앞에서 한번 설명한 한자라 해도 되풀이해서 음과 훈, 부가 설명을 달았다. 하지만 之, 而, 以처럼 반복해서 자주 나오는 한자는 기억을 환기하는 수준에서 띄엄띄엄 넣었다.

1장

한문이란 무엇인가

1구

한문의 주어와 서술어

세상은 넓고 거칠다

天地玄黃, 宇宙洪荒. 日月盈昃, 辰宿列張.

천지현황 우주홍황 일월영측 진수열장 — 천자문

하늘과 땅은 까맣고 누르니 우주란 넓고도 거칠다.
해와 달은 찼다 기울고 별과 별자리는 줄지어 펼쳐 있다.

天地 하늘 천, 땅 지. 하늘과 땅. 玄 검을 현. 까맣고 까마득하다. 黃 누를 황.
宇宙 집 우, 집 주. 무한한 시공간. 洪 넓을 홍. 荒 거칠 황.
日月 날/해 일, 달 월. 해와 달. 盈 찰 영. 昃 기울 측. 辰 별 진(신).
宿 잘 숙/별자리 수. 列 줄/벌일 렬. 張 베풀 장. 擴張, 緊張.

『한번은 한문 공부』의 첫 구절을 천자문에 대한 오마주로 시작해도 홍미로울 것입니다. 『천자문』은 6세기 초반 중국 양나라 무제 시절에 주홍사가 지었다고 전하지만, 중국보다 이 땅에서 인기가 더 많았던 한문 입문서입니다.

『천자문』은 첫 구절부터 우주宇宙라는 거창한 개념이 나옵니다. 빠르면 서너 살, 보통 예닐곱 살짜리 꼬마 선비가 읽었던 글치고 꽤 심오한 주제였지요. 그러나 우주라고 해서 태양계나 블랙홀, 암흑 물질 따위를 떠올릴 필요는 없습니다. 그 당시 우주 모델이란 하늘이 땅을 지붕처럼 덮고 있다는 개천설蓋天說이나 하늘이 땅을 계란 껍질처럼 둘

러싸고 있다는 혼천설渾天說 정도가 상식이었으니까요.

이 우주는 하늘과 땅을, 해와 달과 별이 떠 있는 까마득한 지점까지 확장시켜서 상상한 공간이었습니다. 당시 사람들은 하늘과 땅이 연결되어 있고, 그 하늘과 땅에서 벌어지는 일이 서로 상관되어 있다고 믿었지요.

그러니까 우주가 넓고 거칠다는 말은 사람이 살아가는 이 세상이 넓고 거칠다는 말과 같았습니다. 고대 중국 역사의 중심지였던 황토 고원 지대의 예측하기 힘든 거친 기후와 풍토, 그 땅 위에서 벌어진 험악한 왕조 교체의 역사가 우주라는 말에 투영되어 있었다는 뜻입니다.

어휘 천지, 우주, 일월

천지天地는 하늘과 땅이고 일월日月은 해와 달입니다. '하늘 천天', '땅 지地' 같은 한자의 뜻을 순서대로 엮으면 그대로 단어 뜻이 됩니다. 이런 단어를 언어학 용어로 투명어라고 부르지요. 투명어는 개별 한자의 의미와 그 한자로 구성된 단어의 의미가 비슷하거나 같습니다.

투명어가 있다면 반대로 불투명어도 있을 텐데 우주가 불투명어입니다. '집 우宇', '집 주宙'란 한자에서 단어의 사전적 의미를 끌어내기는 어렵지요. 온갖 사물을 품고 있는 무한한 시공간 또는 지구 밖 공간이라는 우주의 의미를 개별 한자의 뜻만으로는 구성할 수 없습니다. 불투명어를 투명하게 이해하는 것도 한문에 다가서는 한 방법입니다.

최초의 자전인 『설문해자』에 따르면 '우宇'는 집 가운데에서도 처마를 뜻했습니다. 또 단옥재가 단 『설문해자』 주석에는 '주宙'가 대들

보란 뜻으로 쓰인 적이 있다고 나옵니다. 그러니까 우주란 말에는 하늘을 지붕 같은 덮개로 이해했던 개천설의 흔적이 서려 있습니다. '하늘지붕, 하늘집' 이 정도가 고대 중국인이 우주란 단어에서 받았던 느낌이라 할 수 있지요.

그러다가 우宇가 '넓은 곳 → 공간 개념'을, 주宙가 '때가 오가는 곳 → 시간 개념'을 뜻하게 되면서 우주가 무한한 시공간이란 의미로 추상화됐습니다. 『천자문』이 나오기 한참 전인 한나라 초기에 이미 이런 인식이 등장합니다.

어법 한문의 기본 구조는 주어+서술어

우리말도 마찬가지이지만 한문에 기본으로 깔려 있는 문장 구조는 '주어+서술어'입니다. 주어 자리에 명사(또는 명사구)가 오고, 서술어 자리에 동사(동사구)나 형용사(형용사구)가 오는 구조이지요. 서술어가 형용사이면 '무엇이 어떠하다'로, 동사이면 '무엇이 어찌한다'로 풀이합니다.

天 地	玄 黃
천지는	현황하다
주어(명사구)	서술어(형용사구)

▶ 하늘과 땅은 까맣고 누르다.

日 月	盈 昃
일월은	영측한다
주어(명사구)	서술어(동사구)

▶ 해와 달은 차고 기운다.

천지현황天地玄黃에서 天地는 주어이고 玄과 黃은 서술어입니다. 天地가 명사로, 玄과 黃이 형용사로 쓰였지요. 일월영측日月盈昃은 日月이 주어, 盈昃이 서술어인데 日月이 명사, 盈과 昃이 동사입니다.

두 구절 모두 주어 서술어로 단출하게 이루어진 문장입니다.

아무리 복잡한 한문도 이런 기본 구조에 동사의 대상인 목적어나 동사를 보충하는 말인 보어, 꾸미는 말인 관형어와 부사어가 추가돼서 만들어집니다. 『천자문』의 첫 구절은 아이들이 익히기에 내용이 좀 추상적이었을 뿐 문장 구조는 쉽고 적절했습니다.

연습

1 天長地久.

천장지구 — 노자 7장

- 長, 길 장. 久, 오랠 구.
- 한문에서 주어는 영어처럼 동작이나 상태의 주체만을 의미하지 않는다. 주어가 중심 화제나 주제, 즉 설명 대상을 나타내고 서술어가 그 대상을 설명하는 경우가 흔하다. 이럴 때 주격 조사 '이/가' 대신 화제나 대조를 표시하는 보조사 '은/는'을 사용해 번역하면 한문의 주어가 갖는 특성이 잘 드러난다.

➡ 하늘은 길고 땅은 오래다.

2 天道遠, 人道邇.

천도원 인도이 — 좌전 소공 18년

- 道, 길 도. 遠, 멀 원. 邇, 가까울 이.
- 인도人道와 주의主義를 합친 인도주의는 휴머니즘humanism의 번역어로 쓰인다.

➡ 하늘의 길은 멀고 사람의 길은 가깝다.

3 戰勝易, 守勝難.

전승이 수승난 — 오자 도국

- 戰, 싸움/싸울 전. 勝, 이길 승. 易, 쉬울 이/바꿀 역. 守, 지킬 수. 難, 어려울 난.
- 이 구절 뒤에 다음 구절이 따른다. "그러므로 천하의 싸우는 나라 가운데 다섯 번 이긴 나라는 화를 입고, 네 번 이긴 나라는 피폐해지고, 세 번 이긴 나라는 패권을 쥐고, 두 번 이긴 이는 왕이 되며, 한 번 이긴 이가 황제가 된다."
- 守勝은 '수비를 통해 이긴다'는 뜻이 아니라 '업적과 성취를 보존하는 승리'를 가리킨다. 守를 서술어로 파악해서 '승리를 지키기'로 해석하기도 하지만 그때에도 문맥상의 의미는 비슷하다.

➡ 싸워서 이기기는 쉬우나 지키면서 이기기는 어렵다.

4 天知, 地知, 子知, 我知.

천지 지지 자지 아지 — 십팔사략 동한 안제

- 知, 알 지. 子, 아들/당신 자. 대명사로 쓰이면 이인칭을 나타내고 '당신', '그대' 등으로 해석한다. 我, 나/우리 아.
- 중국 후한(동한) 무렵 고위 관리였던 양진楊震이 후배 관리에게 했던 말. 후배 관리가 밤중에 찾아와 아무도 모를 거라며 황금을 건네자 이를 물리치며 남긴 말이다.

➡ 하늘이 알고 땅이 알고 그대가 알고 내가 안다.

2구

한문의 어순

천지의 길, 자연

人法地, 地法天, 天法道, 道法自然.

인법지 지법천 천법도 도법자연

— 노자 25장

사람은 땅을 따르고 땅은 하늘을 따르고
하늘은 길을 따르고 길은 스스로를 따른다.

法 법/본받을(따를) 법. 법으로 삼다, 본받다, 따르다. 道 길 도.
自然 스스로(저절로)/자기/~부터 자, 그럴 연. 스스로 그러하다, 저절로 그러하다.

동양 철학을 한 줄로 요약할 수 있는 구절, 뭐 없습니까? 누군가 이렇게 묻는다면 이때 추천해 줄 만한 문장 후보 가운데 다섯 손가락 안에 들어갈 만한 구절입니다. 동양 철학의 핵심 개념인 도와 자연이 한 문장 안에 압축되어 있지요. 노자의 사상을 담고 있는 『노자老子』(또는 『도덕경』)라는 책에 실려 있습니다.

노자는 도가를 대표하는 인물입니다. 이름은 담聃이고, 중국 춘추시대의 말기 주周나라의 말단 관리를 지내다가 홀연 서쪽으로 사라졌다고 합니다. 유가의 스승인 공자에게까지 한 수 가르침을 베풀었다는 일화도 전해 옵니다. 하지만 이는 주로 도가 쪽 주장인 데다 문헌적 근거가 약해서 확실하지는 않습니다.

도가는 도덕가의 준말입니다. 이름에서 알 수 있듯이 도道와 덕德의 개념에 커다란 가치를 부여한 학파이지요. 만약 개념의 역사박물관을 세운다면 도덕에 관한 자료는 아마 도가관 앞에 전시되어 있을 확률이 큽니다. 그 전시물 가운데 하나는 물론 오늘날 학교 수업 시간에 쓰이는 도덕 교과서겠지요.

이 도가의 핵심 주장이 세상의 변화를 길에 비유해서 삶의 준거로 삼는 것이었습니다. 하늘과 땅도 길을 따라 나아가듯 도에 의해 전개되고 있으니 인간이 살아가는 길 역시 그 천지의 위대한 길을 기준 삼아야 한다, 이런 주장이었지요. 이 길의 양태를 묘사한 말이 바로 자연이었습니다.

어휘 자연

자연自然은 전통적 의미와 근대적 의미 사이에 격차가 꽤 큰 단어입니다. 근대적 의미라 함은 19세기 중반 일본에서 서구어인 네이처nature의 번역어로 자연을 차용하면서 형성된 뜻이지요. 인간으로부터 독립되어 있지만 인간이 경험할 수 있는 모든 영역의 총체를 가리킵니다. 과학자가 탐구 대상으로 삼고, 도시인이 향유 대상으로 삼는 그 자연입니다.

자연의 전통적 의미는 이와 달랐습니다. '인간의 행위를 더하지 않은, 인위적이지 않은', '스스로' 또는 '저절로'라는 뜻이었습니다. 즉 '자연스럽다'의 자연에 가까웠지요. 그래서 문장에서도 형용사나 부사로 쓰여서 서술어를 구성하는 경우가 흔했습니다. 도법자연道法自然의 자연 역시 전통적 용법을 보여 주는 사례입니다.

다만 노자에게 자연이란 무정한 과정이었습니다. 천지가 스스로, 저절로 난 길을 따른다고 했을 때 그 위대한 길은 인간의 욕망과 기대를 벗어나 있었습니다. 천장지구天長地久, 하늘은 길고 땅은 오래이니 천지는 무심하게 흘러가지요. 과학의 탐구 대상이 되는 자연도 스스로의 법칙에 따라 인간의 의도에 상관없이 변화합니다. 이런 점에서 자연의 전통적 의미와 근대적 의미는 통하는 지점도 있습니다.

어법 한문의 어순은 주어+서술어+목적어/보어

우리말과 한문은 어순이 같기도 하고 다르기도 합니다. 한문의 어순을 간단하게 세 가지 원칙으로 요약했을 때 '주어는 서술어 앞에 온다' '꾸미는 말(수식언)은 꾸밈을 받는 말(피수식언) 앞에 온다'라는 이 두 원칙은 우리말과 한문이 같습니다.

그렇지만 '목적어나 보어는 서술어 뒤에 온다'라는 원칙은 한문에만 적용됩니다. 우리말은 목적어나 보어가 서술어 앞에 오니까요. 한문을 해석할 때는 아무래도 우리말과 다른 어순에 좀 더 주의를 기울여야 합니다.

그런데 목적어니 보어니 하는 말은 국어 문법에서 가져온 용어라 사실 한문에 맞춤한 옷이 아닙니다. 이를테면 우리말에선 타동사 앞에서 '—을/를'로 끝나는 어절이 목적어입니다. 그리고 '아니다', '되다'

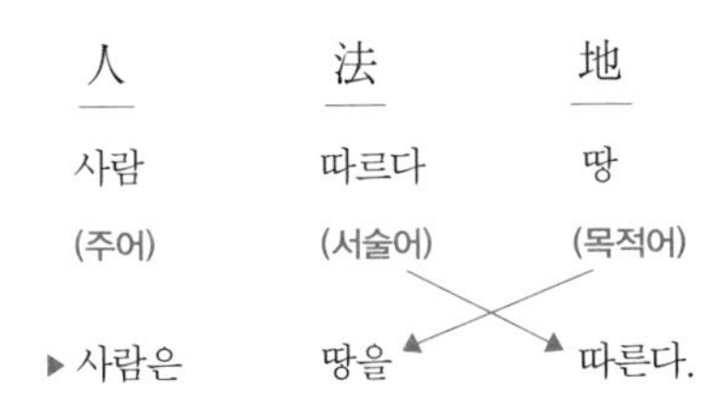

앞에서 '—이/가'로 끝나는 어절이 보어이지요. 둘의 구분이 확실합니다.

그러나 한문에서는 목적어와 보어의 양상이 우리말보다 복잡합니다. 서술어 뒤의 문장 성분을 우리말로 옮겼을 때 주어나 부사어처럼 해석되는 사례가 흔한데 그런 경우를 어디에 귀속시킬지 학자마다 의견이 조금씩 갈리기 때문입니다.

難解	이해가 어려움.	多情	정이 많음.
下車	차에서 내림.	登山	산에 오름. 산을 오름.

그러므로 한문에서 '서술어+목적어/보어' 관계를 해석할 땐 목적어냐 보어냐를 세밀하게 따지기보다 서술어 자리에 오는 동사와 목적어/보어 자리에 오는 명사 사이의 의미 관계를 살피는 게 핵심입니다. 그런 다음 그 의미 관계에 따라 뒤에 오는 명사에 '—을/를'이나 '—이/가', '—에/—에서' 같은 우리말 조사를 붙여서 풀이하는 게 좋습니다.

연습

1 兵貴勝, 不貴久.

병귀승 불귀구 — 손자 작전

- 兵, 군사/전쟁 병. 兵士, 兵法. 貴, 귀할 귀. 勝, 이길 승. 不, 아닐 불/부. 久, 오랠 구.
- 貴와 不貴를 '귀하게 여기다', '귀하게 여기지 않다'로 풀기도 한다. 한문에서 형용사는 동사처럼 기능하므로 둘의 의미 차이가 뚜렷하지 않을 때가 많다.

➡ 병법에서는 이기는 것이 귀하고 오래 끄는 것이 귀하지 않다.

2 戰死易, 假道難.

전사이 가도난 — 송상현

- 戰死, 싸움/싸울 전, 죽을 사. 싸우다 죽음. 假, 거짓/빌릴 가.
- 임진왜란 때에 일본군이 길을 빌려 달라며 항복을 권유하자 동래부사 송상현이 거절하며 남긴 글이다. 송상현은 일본군과 싸우다가 장렬하게 전사했다.

➡ 싸우다 죽기는 쉽고 길을 빌리기는 어렵다.

3 去好去惡, 群臣見素.

거호거오 군신현소 — 한비자 이병

- 去, 갈/없앨 거. 除去. 好, 좋을 호. 惡, 나쁠 악/미워할 오. 群, 무리 군. 臣, 신하 신. 見, 볼 견/나타날(보일) 현. '나타나다'는 뜻으로 쓰일 땐 現과 통한다. 素, 바탕/휠 소.

➡ 좋고 싫음이 없어야 신하들이 본심을 내보인다.

4 是謂是, 非謂非, 曰直.

시위시 비위비 왈직 — 순자 수신

- 是, 이/옳을 시. 謂, 이를 위. 非, 아닐/그를 비. 曰, 가로/말할 왈. 直, 곧을 직. 正直, 率直, 剛直.

➡ 옳은 것은 옳다 하고 그른 것은 그르다 하는 것을 정직이라고 한다.

5 羈鳥戀舊林, 池魚思故淵.

기조련구림　　　지어사고연　　　— 도연명 귀전원거

● 羈, 굴레 기. 鳥, 새 조. 戀, 그리워할 련. 舊, 예 구. 林, 수풀/숲 림. 池, 못 지. 魚, 물고기 어. 思, 생각 사. 故, 연고/예 고. 淵, 못 연.

➡ 잡힌 새는 옛 숲을 그리워하고, 갇힌 물고기는 옛 연못을 생각한다.

3구

한문은 고럽어

의심하는 것도 믿음이다

信信信也, 疑疑亦信也.

신신신야 의의역신야

— 순자 비십이자

믿을 것은 믿는 것이 믿음이나
의심할 것은 의심하는 것도 믿음이다.

信 믿을 신. 也 어조사 야. 판단이나 긍정, 추측, 감탄의 어기를 나타내는 조사.
疑 의심할 의. 亦 또 역.

유가 또는 유학의 대표 인물이라고 하면 대개 공자나 맹자, 주자 정도를 손에 꼽습니다. 순자荀子를 빼고 말할 때가 많지만 당대에 떨친 명성만으로 보면 순자는 맹자를 넘어서는 사상가였습니다. 맹자보다 조금 아랫대인 전국 시대 말기를 살았고, 이름은 황況이었습니다.

순자의 중요한 업적 중의 하나가 전국 시대의 종결과 통일을 전망하면서 당대의 중요 사상을 종합해 낸 것이었습니다. 그는 유가가 강점을 지녔던 정치, 교육, 문학, 음악뿐 아니라 약점을 지녔던 군사, 논리, 경제 같은 분야에도 관심을 기울였습니다. 법가나 묵가 같은 다른 학파의 논리도 비판적으로 수용해서 유학의 현실 적응력을 키워 나갔지요. 기원전 230년경에 썼다고 하는 『순자』에 그 성과가 담겨 있습니다.

신신신야信信信也 의의역신야疑疑亦信也도 순자의 현실적 태도를 잘 보여 주는 구절입니다. 고대나 현대나 믿음이란 대개 무조건적인 믿음을 의미할 때가 많습니다. 그렇지만 순자에겐 택도 없는 소리였지요. 그에게 믿음이란 의심할 것은 의심할 줄 아는 믿음이었습니다.

순자의 의견을 따르면 믿고 맡겼더라도 중간에 의심쩍은 것을 확인하는 일도 믿음의 표현이 됩니다. 또 어떤 주장을 믿더라도 그 말의 의심스러운 전제를 하나하나 따져 보는 일 역시 믿는 과정이 됩니다. 뭔가 순자에게서 스마트폰을 들고 다니며 꼬장꼬장하게 일을 점검하는 현대인의 냄새가 나지 않나요?

어법 한문은 고립어이다

혹시 고립어나 교착어 같은 말을 들어본 적이 있습니까? 한문은 고립어입니다. 개개 낱말이 저마다 고립되어 있어서 다른 낱말의 영향으로 형태가 변하지 않지요. 이를테면 '나 아我'는 주어로 쓰이건 목적어로 쓰이건 서술어로 쓰이건 전부 我로 씁니다.

	우리말 : 교착어	한문 : 고립어
주어	나는	我
목적어	나를	我
관형어	나의	我
서술어	나이다	我
종결(평서형)	먹다	食
연결(종속적)	먹으면	食
전성(관형사형)	먹는	食
전성(명사형)	먹기, 밥(먹이)	食

이에 반해 우리말은 교착어(또는 첨가어)입니다. 조사나 어미 따위를 단어의 기본형에 교착膠着해서(붙여서) 써야 온전하게 말이 되는 언어이지요. 그래서 같은 낱말이라도 '나는', '나를', '나의'처럼 조사를 다르게 붙이거나 '먹다', '먹으면', '먹는'처럼 어미를 활용해서 문법적 관계와 의미 차이를 나타냅니다. 우리말과 한문은 비교 언어학에서 말하는 언어 유형이 완전히 다른 언어입니다.

그렇다면 한문은, 우리말이라면 조사나 어미로 구별되는 문법적 관계나 의미 차이를 어떻게 나타낼까요? 그런 의미를 아예 표현하지 못할까요? 아닙니다. 한문에도 그 나름의 방법이 있습니다. 바로 어순입니다.

같은 단어라도 주어 자리에 있으면 명사 구실을 하면서 명사적인 뜻을 나타내고, 서술어 자리에 있으면 동사나 형용사 구실을 하면서 동사나 형용사적인 뜻을 나타내지요. 관형어 자리에 가면 형용사 구실을 하고, 부사어 자리에 가면 부사 구실을 합니다. 그래서 한문을 해석할 때 눈에 힘줄 대목은 첫째도 자리, 둘째도 자리, 셋째도 자리입니다. 어순의 차이가 보여 주는 문맥이 그 어떤 언어보다 중요한 언어가

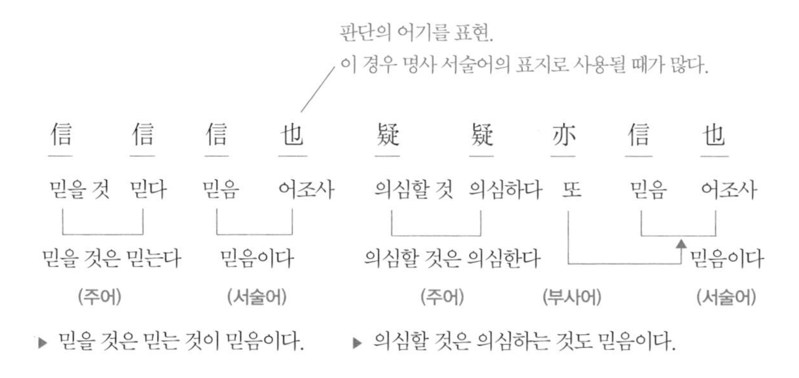

한문입니다.

信信信也의 信信信은 주어와 서술어를 나눴을 때 '信이 信信이다'나 '信信이 信이다' 두 가지 해석이 모두 가능합니다. 그러나 뒤 구절인 疑疑亦信也에 비추어 보면 '信信이 信이다'가 더 합당할 것입니다. 앞 구절이나 뒤 구절이 같은 구조의 말이니까요. '또 역亦'은 부사어로 쓰일 때 주어와 서술어를 가려내는 표지 구실도 합니다.

연습

1 君君, 臣臣, 父父, 子子.

군군 신신 부부 자자 — 논어 안연

- 君, 임금 군. 臣, 신하 신. 父, 아비/아버지 부. 子, 아들 자.
- 정치에 대해 묻는 제나라 경공에게 공자가 답한 말.
- 君君은 "임금이 임금답다" 처럼 서술어를 형용사로 풀이하는 해석 외에 "임금이 임금이다" 또는 "임금이 임금 노릇 하다" 처럼 서술어를 동사로 풀이하는 해석도 가능하다. 臣臣, 父父, 子子도 마찬가지이다. 이 구절의 서술어를 형용사로 풀이하는 것은 전통적인 해석의 한 관례이다. 그렇지만 한문에선 관례도 어법의 한 요소이므로 쉽사리 무시하기 어렵다.

➡ 임금이 임금답고 신하가 신하답고 아비가 아비답고 아들이 아들다워야겠지요.

2 是是非非謂之知, 非是是非謂之愚.

시시비비위지지 비시시비위지우 — 순자 수신

- 是, 이/옳을 시. 非, 아닐/그를 비. 謂, 이를 위. 之, 갈/그(그것) 지. 앞 구절의 之는 是是非非, 뒤 구절의 之는 非是是非를 지칭한다. 知, 알 지. 愚, 어리석을 우.

➡ 옳은 것은 옳다, 그른 것은 그르다 하는 것을 안다고 하고, 그른 것은 옳다, 옳은 것은 그르다 하는 것을 어리석다고 한다.

3 人人親其親, 長其長, 而天下平.

인인친기친 장기장 이천하평 — 맹자 이루 상

- 親, 친할/어버이 친. 肉親. 其, 그 기. 長, 길/어른 장. 而, 말 이을 이. 접속사로 쓰여 나열(~고, ~며), 상반(~나, ~지만), 가정(~면), 배경(~는데) 등의 뜻을 두루 나타낸다. 天下, 하늘 천, 아래 하. 세상. 平, 평평할/다스릴 평. 平定, 平安, 平和.
- 人人처럼 명사가 중첩되면 문맥에 따라 每의 의미가 부가될 수 있다. 이때 '모두' 또는 '~마다'의 의미를 붙여 풀이한다.

➡ 사람마다 그의 부모를 친하게 대하고 어른을 어른으로 대하면 천하가 평정된다.

4 子又生孫, 孫又生子, 子又有子, 子又有孫, 子子孫孫, 無窮匱也.
자우생손 손우생자 자우유자 자우유손 자자손손 무궁궤야

— 열자 탕문

- 又, 또 우. 生, 날/낳을 생. 孫, 손자 손. 有, 있을/가질 유. 無, 없을 무. 窮, 다할 궁. 匱, 다할 궤.
- 산을 옮겨 길을 내려는 우공이 자신을 비웃는 이에게 대꾸한 말. 우공은 자신이 죽더라도 자손대대로 산을 옮기면 언젠가는 옮길 수 있다고 주장한다. 이 우공의 이야기에서 우공이산愚公移山이란 고사성어가 나왔다.
- 1의 子子와 4의 子子가 같은 형태임에도 해석이 달라지는 문맥을 비교해 보라.

➡ 아들이 또 손자를 낳고, 손자가 또 아들을 낳고, 아들에게 또 아들이 있고, 그 아들에게 또 손자가 있을 테니 아들과 아들, 손자와 손자가 끝이 없을 것이다.

4구

之의 쓰임

모르는 것을 알아차리는 데서 시작하라

知之爲知之, 不知爲不知, 是知也.

지지위지지 부지위부지 시지야 — 논어 위정

아는 것은 안다고 하고 모르는 것은 모른다고 하는 것,
이것이 아는 것이다.

知 알 지. 之 갈/그(그것)/~의(~이/가, ~을/를) 지. 爲 할 위. 不 아닐 불/부.
是 이/옳을 시. 也 어조사 야. 판단이나 긍정, 추측, 감탄의 어기를 나타내는 조사.

공자孔子는 유학자들 사이에서 학문의 세계를 열어젖힌 인물로 평가받습니다. 여러 학자 가운데 뛰어난 사람 정도가 아니라 배움에 가치를 부여하고, 그 대상과 방식, 과정 등을 처음 만들어 낸 사람이라는 것이지요. 19세기 중후반기에 서구 학문이 동아시아에 소개되기 전까지 이 주장은 타당했습니다. 전통 학문이 갖는 특징들 대부분이 유학의 특징에 겹쳐 있었으니까요.

지지위지지知之爲知之로 시작되는 위 구절도 인식에서 무지에 대한 자각을 중시했던 공자의 생각 한 자락을 보여 줍니다. 자신이 얼마나 모르는지 무엇을 모르는지 아는 데에서 배움의 첫발을 내디디라는 조언입니다.

이 구절은 공자가 자신의 제자였던 자로에게 한 말입니다. 마치 대

단한 배움의 비밀을 알려 줄 듯이 자로의 자세를 가다듬게 한 뒤에 남긴 말이지요. 2500여 년 전의 저 조언은 지금도 공부 잘하는 비결이 될 수 있을까요? '그렇다' 쪽에 한 표 던집니다.

어법 한문은 성조 언어이다

한문을 눈으로만 읽다 보면 알고 있으면서도 늘 망각하는 대목이 생깁니다. 한문이 성조 언어라는 사실입니다. 한문은 우리말과 다르게 한자마다 음의 높낮이 변화에 따른 성조를 지니고 있습니다. 그래서 성조를 살려서 한문을 읽으면 한문 특유의 리듬감이 생겨납니다.

혹시 종묘 제례 같은 큰 제사에서 축문 읽는 소리를 들어본 적이 있나요? 마치 힙합 음악의 랩을 서너 배 저속으로 읊는 것 같은 낭랑한 소리, 그 소리에서 느껴지는 리듬감이 바로 성조가 빚어내는 효과입니다. 한문을 평탄하게 읽어선 그 느낌을 알기 어렵지요. 한문에서 허사가 중요한 이유가 바로 여기에 있습니다.

허사란 실질적 의미를 지닌 실사에 상대되는 말인데, 실사는 문장에

성조		음가	예
평성		낮고 평평한 짧은 소리	知, 之, 爲(하다)
측성	상성	처음에 낮았다 높아지는 긴 소리	是, 也
	거성	높고 긴 소리	地
	입성	급하게 그치는 소리	列

* 전통적인 성조는 1400~1000여 년 전의 수당 시대 중국어를 수용하면서 형성됐다고 추정된다. 현대 중국어의 사성 체계와는 다르다.

서 뼈대 구실을 하는 명사, 형용사, 동사를 가리킵니다. 이에 반해 어구와 어구의 관계를 보여 주고, 말의 느낌인 어기를 나타내는 말이 허사입니다. 전치사, 조사(어조사), 감탄사 등이지요. 대명사와 부사는 실사와 허사의 성격을 동시에 지니고 있습니다. 위 구절에선 '지之'와 '야也'가 허사로 쓰였습니다.

허사는 한문을 읽을 때 한문이 성조 언어로서 지닌 음조와 호흡을 추정하도록 도와줍니다. 문장을 어디에서 끊고 이어야 하는지 알려줘서 의미의 덩어리를 구분하기 쉽게 해 주지요. 또 말의 성격이나 느낌을 표시해 문장에 배인 감정이나 정조를 파악할 수 있게 해 줍니다.

어법 '갈 지之'

之는 한문에서 사용 빈도가 대단히 높은 한자입니다. 허성도 교수가 시행한 『고려사』 대상의 한자 사용 빈도 조사에서 모든 한자를 제치고 당당히 1등을 차지했을 정도지요. 다른 문헌에서도 비슷한 빈도로 쓰이니까 꼭 알아두어야 할 한자입니다. 이 之의 용법은 크게 세 가지로 나뉩니다.

1 동사로 쓸 때는 '가다'란 뜻이다.

沛公引兵之薛　패공(유방)이 병사를 이끌고 설로 갔다.

— 자치통감 2세 황제 2년

2 대명사(대사)로 쓸 때는 '그', '그것'이란 뜻이다.

王見之曰　왕이 그것을 보고 말했다.

— 맹자 양혜왕 상

3 조사(어조사)로 쓸 때는 ~의(한), ~을(를), ~이(가) 등으로 해석 된다.

民神之主也 백성이 신들의 주인이다.

— 좌전 환공 6년

이 가운데 대명사로 쓰이는 之는 종종 구체적인 대상이 아니라 막연한 대상을 지칭하기도 합니다. 이때 之는 앞에 쓰인 한자가 동사임을 분명히 하거나 음절수를 늘리는 구실을 하지요. 이 경우 之는 해석하지 않는 편이 우리말 흐름에 더 자연스럽습니다. 知之爲知之의 之가 바로 뒷 구절과 음절수를 맞추기 위해 쓴 之라고 할 수 있습니다.

知之爲知之 不知爲不知 是知也 = 知爲知 不知爲不知 是知也
지지위지지 부지위부지 시지야 지위지 부지위부지 시지야

이 之는 의미만 살리자면 생략할 수 있습니다. 그러나 생략하게 되면 '지'라는 음이 반복되면서 생겨나는 경쾌한 효과가 사라집니다. 괜히 간결하게 쓴다고 之 자를 빼면 공자가 하늘에서 "이런, 한문의 라임(운율)과 플로우(흐름)도 모르는 놈!" 하고 '디스' 할지도 모릅니다.

한편 조사(어조사)로 쓸 때의 之는 '~의'로 쓰이는 예만 들었지만 용법이 다양합니다. 목적어를 之 앞으로 끌어왔을 땐 '~을(를)'로, 之를 주어와 서술어 사이에 삽입해서 절을 만들 때는 '~이(가)'로 풀이하지요. 은(는)은 두 경우 모두에 붙일 수 있습니다. 연습에 예를 몇 개 들어놓았습니다.

연습

1 弱之肉, 强之食.

약지육　　강지식　　— 한유 송부도문창사서

- 弱, 약할 약. 肉, 고기/살 육. 强, 강할 강. 食, 밥(먹이)/먹을 식.
- 弱之肉 强之食→弱肉强食. "약한 것의 살은 강한 것의 먹이가 된다"라고 풀이하기도 한다.
- 之가 주어와 서술어 사이에 삽입된 예이다. '~의(하는)'의 의미로 쓰여 관형어를 만드는 예로 볼 수도 있다.

➡ 약한 것은 고기가 되고 강한 것은 먹는다.

2 天乎, 予之無罪也.

천호　　여지무죄야　　— 예기 단궁 상

- 乎, 어조사 호. 감탄이나 의문의 어기를 나타내는 조사. 予, 나/줄 여. 無, 없을 무. 罪, 허물/죄 죄.
- 之가 주어와 서술어 사이에 삽입된 예이다.

➡ 하늘이여! 나는 죄가 없습니다.

3 我之謂風波之民.

아지위풍파지민　　— 장자 외편 천지

- 我, 나 아. 謂, 이를/말할 위. 風波, 바람 풍, 물결 파. 거센 바람과 물결. 民, 백성/사람 민.
- 『장자』에서 공자의 제자인 자공이 그의 제자에게 했던 말로 나온다. 밭일 하는 노인을 만난 뒤에 그처럼 온전한 덕을 지닌 사람과 대비해서 스스로를 낮췄던 말이다.
- 我之謂의 之는 전치된 목적어 뒤에서 '~을(를)', '~은(는)'의 의미로 사용됐고, 風波之民의 之는 관형어를 만드는 '~의(하는)'의 의미로 쓰였다.

➡ 나는 풍파에 흔들리는 사람이라고 해야겠지.

4 天命之謂性, 率性之謂道, 修道之謂教.

천명지위성　　　솔성지위도　　　수도지위교　　　— 중용 1장

- 命, 목숨/명령할 명. 性, 성품/성질 성. 本性, 特性, 性格. 率, 거느릴/따를 솔. 修, 닦을 수. 教, 가르칠 교. 教育, 教訓.
- 전통적인 교육관에 결정적인 영향력을 행사했던 구절이다. 천명을 무엇으로 보느냐에 따라 해석이 달라져 논쟁이 끊이지 않았던 구절이기도 하다. 최근에 과학 저널리스트인 신성욱은 天命之謂性을 "하늘 아래 나 아닌 다른 존재들과 만나는 것이 우리를 인간답게 만드는 특성이요"라고 번역했다. 해석의 폭이 얼마나 넓어질 수 있는지를 보이기 위해 소개한다.
- 之는 연습 3과 용법이 같다. 목적어 之가 전치됐을 경우 그 목적어는 보통 강조되므로 옮길 때 '을/를'과 함께 '은/는'으로 번역해도 무방하다. 우리말에서 화제나 대조를 표시하는 보조사 '은/는'은 주격과 목적격을 다 대치할 수 있다.

➡ 하늘에게 명령받은 것을 타고난 성질이라 하고, 이 성질에 따르는 것을 살아가는 길이라 하고, 그 길을 갈고 닦는 일을 교육이라고 한다.

5 博學之, 審問之, 愼思之, 明辯之, 篤行之.

박학지　　심문지　　신사지　　명변지　　독행지　　　— 중용 20장

- 博, 넓을 박. 學, 배울 학. 審, 살필 심. 꼼꼼하게 보거나 따지다. 問, 물을 문. 愼, 삼갈 신. 愼重. 思, 생각 사. 明, 밝을 명. 辨, 분별할/가릴 변. 篤, 도타울/독실할 독. 깊고 굳다. 行, 다닐(갈)/행할 행.
- 之가 대명사로 쓰인 예이다. 막연한 대상을 지칭한다.

➡ 폭넓게 배우고 꼼꼼하게 물으며 깊이 생각하고 밝게 분별하여 굳세게 행한다.

6 居天下之廣居, 立天下之正位, 行天下之大道.

거천하지광거　　　입천하지정위　　　행천하지대도　　　— 맹자 등문공 하

- 居, 살 거. 天下, 하늘 천, 아래 하. 세상. 廣, 넓을 광. 立, 설 립. 正, 바를 정. 位, 자리 위. 大, 큰 대. 道, 길 도.
- 之가 '~의(하는)'의 의미로 쓰인 예이다.

➡ 천하라는 넓은 곳에 살고 천하의 바른 자리에 서며 천하의 큰 길을 간다.

5구

한문은 단음절어

서로 이롭게 하는 사랑

兼相愛, 交相利.

겸상애 교상리

— 묵자 겸애 중편

다 같이 서로 사랑하고 서로 이롭게 한다.

兼 겸할/아우를/같을 겸. 相 서로 상. 愛 사랑 애.
交 사귈/서로 교. 利 이할/이로울 리.

앞 꼭지에 나온 순자가 유학자 가운데 비주류였다면 묵자墨子는 동양 사상에서 비주류였습니다. 전국 시대 초기에 전쟁을 반대하고 유가를 비판하는 활동으로 꽤 큰 세력을 일구었지만 전국 시대 통일 후 그를 추종하던 묵가 세력이 사그라지면서 최근까지도 잊힌 사상가였지요. 이름은 적翟이었고, 그의 언행을 모아둔 책으로 『묵자』(기원전 390년경)가 전합니다.

이 묵자의 핵심 주장 중 하나가 겸애설이었습니다. 그는 요즈음 말로 사랑, 연민, 인간성, 관용 등으로 두루 해석되는 공자의 인仁을, 친족과 타인 사이를 차별하는 사랑이라 해서 별애別愛라고 규정지었습니다. 그래서 별애를 반대하고, 세상을 '다 같이 서로 사랑하고 서로 이롭게 하는 방법'으로 바꾸자고 주장했지요. 겸상애兼相愛 교상리交相利는 이런 주장을 함축한 구절이었습니다.

그런데 이 구절에서 사랑에다 이익을 짝 지운 방식이 독특합니다. 만약 평소에 직원들에게 사랑한다는 말을 즐겨하는 회사의 대표가 회사에 큰 이익이 생겼는데도 보너스 지급에 인색하다면 어떨까요? 현대인 대부분은 그 사랑의 진정성을 의심할 것입니다.

시대 차이를 무시한다면 묵자 역시 그랬을 것입니다. 묵자에게 사랑이란 항상 물질적 이득의 교류 또는 공리의 추구를 의미했으니까요. 겸상애가 곧 교상리였지요. 그래서 "다 같이 서로 사랑하자"라는 말은 "가족과 타인을 가리지 말고 생존에 필요한 먹을 것과 입을 것, 휴식을 서로 챙겨 주자"라는 주장의 또 다른 표현이었습니다. 만인에 대한 복지가 사랑의 증표였던 셈입니다.

어휘 겸애

한문 어휘 가운데는 어떤 문장이나 어구의 축소판인 개념들이 꽤 많습니다. 겸애도 그런 단어입니다. 겸애兼愛의 겸은 보통 '겸할 겸'으로 새기지만 '같을 동同'이나 '아우를 병幷'의 유의어이기도 한 한자입니다. '겸+애'로 쓰면 '아울러 사랑한다', '같이 사랑한다'의 뜻이 되지요.

그런데 겸애를 검색해 보면 "누구라도 차별하지 않는 동등한 사랑" 정도로 풀이되어 있습니다. 한자 하나하나의 합산으로 보기에는 조금 더 무게감이 있는 뜻이지요. 이렇게 개별 한자의 합보다 단어의 의미가 큰 까닭은 겸애가 묵자의 문맥 속에서 '겸상애' 또는 '겸상애 교상리'의 줄임말이거나 '별애'의 반대말로 쓰이기 때문입니다. 그런 쓰임 속에서 형성된 의미가 겸애에 추가됐다고 볼 수 있습니다.

한문은 한자 하나하나가 관념과 의미를 갖고 있어서 단어를 늘리거나 줄이기가 자유롭습니다. 문장에서 한자를 따와서 개념을 만들어 내기가 쉽지요. 흔히 쓰는 고사성어도 한문의 이런 특징이 만들어 낸 언어 현상입니다.

어법 한문은 단음절어이다

한문은 단음절어입니다. 한 단어가 1음절 한자로 이루어진 언어라는 뜻입니다. 우리말에 곰, 솜, 몸, 숨, 소 같은 단어밖에 없는 상황을 상상해 보세요. 한문은 그게 상상이 아니라 실제인 언어입니다. '공자'나 '묵자'처럼 인명이나 지명 같은 고유명사는 2음절 이상인 경우도 있지만 비중이 낮지요. 현대 중국어도 2음절 단어 비중이 80퍼센트에 달한다고 하니 단음절어는 고대 한문의 독특한 특징입니다.

<table>
<tr><td>주술 관계</td><td>주어와 서술어 관계</td><td>~이/가 ~하다(명사+형용사),
~이/가 ~한다(명사+동사),
~이/가 ~이다(명사+명사)
예 天知 : 하늘이 안다. 天長 : 하늘은 길다.</td><td rowspan="3">순서
대로
풀이</td></tr>
<tr><td>병렬 관계</td><td>자격이 대등한 말들이
나란히 놓인 관계</td><td>~ 와/과/하고 ~
예 天地 : 하늘과 땅. 洪荒 : 넓고 거칠다.</td></tr>
<tr><td>수식 관계</td><td>꾸미는 말과
꾸밈을 받는 말 관계</td><td>~ 하는/한 ~, ~하게 ~하다
예 人道 : 사람의 길. 相利 : 서로 이롭게 하다.</td></tr>
<tr><td>술목 관계</td><td>서술어와 목적어 관계</td><td>~을/를 ~한다(동사+명사)
예 假道 : 길을 빌리다.</td><td rowspan="2">역순
으로
풀이</td></tr>
<tr><td>술보 관계</td><td>서술어와 보어 관계</td><td>~가/이 ~한다, ~에 ~한다(동사+명사)
예 無窮 : 끝이 없다.</td></tr>
</table>

여기에서 한문의 또 다른 특징 하나가 도출됩니다. 바로 단어와 문장의 기본 구조가 유사하다는 점입니다. 이 때문에 한문은 단어의 짜임을 확장하면 그것이 곧 문장 구조가 됩니다.

이를테면 단어의 짜임에서 주술 관계는 문장 구조에서 주술 구조이기도 합니다. 다른 관계도 마찬가지이지요. 그래서 한문에서 단어의 짜임을 알면 한문 문장을 이해할 때에도 도움이 됩니다. 한문 공부란 결국 위의 다섯 가지 관계가 다양하게 얽히는 양상을 분별할 줄 아는 것입니다. 겸상애 교상리는 수식 구조로 이루어진 문장입니다.

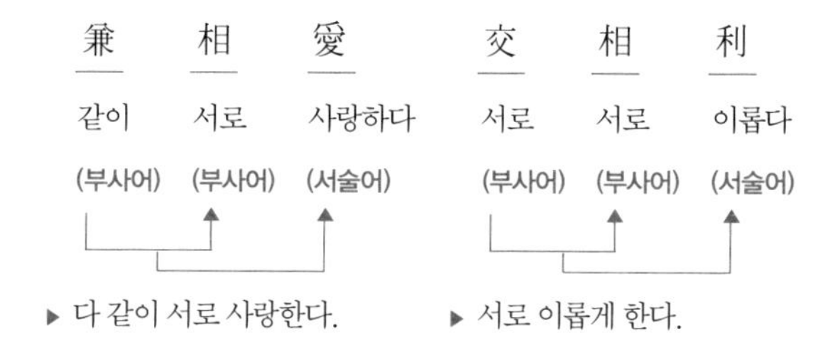

▶ 다 같이 서로 사랑한다. ▶ 서로 이롭게 한다.

연습

1 敬而遠之.

경이원지

- 敬, 공경 경. 而, 말 이을 이. 접속사로 쓰여 나열(~고, ~며), 상반(~나, ~지만), 가정(~면), 배경(~는데) 등의 뜻을 두루 나타낸다. 遠之, 멀 원, 갈/그(그것) 지. 귀신을 지칭하는 목적어 之가 遠이 동사로 쓰였음(멀다 → 멀리하다)을 알려 주는 표지 구실을 한다.
- 敬而遠之 ← 敬鬼神而遠之.(논어 옹야) "귀신을 공경하나 멀리해야 한다"라는 말에서 왔다. 敬而遠之를 더 줄인 敬遠은 공경하지만 멀리한다는 뜻 외에 겉으로 공경하는 체하면서 멀리하는 태도를 나타낸다.

➡ 공경하나 멀리한다.

2 曲學阿世.

곡학아세

- 曲, 굽을 곡. 學, 배울 학. 阿, 언덕/아첨할 아. 阿附, 阿諂. 世, 인간/세상/세대 세.
- 曲學阿世 ← 無曲學以阿世.(사기 유림열전) "배운 것을 굽혀 세상에 아첨하지 말라"라는 말에서 왔다.

➡ 배운 것을 굽혀 세상에 아첨한다.

3 口蜜腹劍.

구밀복검

- 口, 입 구. 蜜, 꿀 밀. 腹, 배 복. 劍, 칼 검.
- 口蜜腹劍 ← 口有蜜腹有劍.(통감절요 당기)
- "입에는 꿀, 뱃속엔 칼"이라고 번역할 수도 있지만 대개 생략된 有의 뜻을 살려서 번역한다. 고립어와 단음절어인 한문의 특성이 반영된 관례라 할 수 있다.

➡ 입에는 꿀이 있지만 뱃속에는 칼이 있다.

4 居安思危.

거안사위 — 춘추좌씨전(좌전) 양공

- 居, 살 거. 安, 편안 안. 편안 → 편안함. 思, 생각 사. 危, 위태할 위. 위태하다 → 위태로움.

➡ 편안하게 살 때 위태로움을 생각한다.

5 不恥下問.

불치하문 — 논어 공야장

- 不, 아닐 불. 恥, 부끄러울 치. 부끄럽다 → 부끄러워하다. 下, 아래 하. 問, 물을 문.

➡ 아랫사람에게 묻는 것을 부끄러워하지 않는다.

6 滄海一粟.

창해일속

- 滄, 푸를/큰 바다 창. 粟, 조 속.
- 滄海一粟 ← 滄海之一粟.(소식 전적벽부)

➡ 넓은 바다의 좁쌀 한 톨.

2장

판단, 지칭

6구

A者B也(A는 B이다) 형식

제목 나라를 정복하다

題目者, 敵國也. 掌故者, 戰場墟壘也.

제목자 적국야 장고자 전장허루야 — 연암집 소단적치인

제목은 적국이요, 과거의 고사는 전쟁터의 보루이다.

題目 제목 제, 눈/조목 목. 者 사람/것/어조사 자. 敵國 대적할 적, 나라 국.
也 어조사 야. 판단이나 긍정, 추측, 감탄의 어기를 나타내는 조사.
掌故 손바닥/맡을 장, 연고/예 고. 과거의 제도나 관례, 고사.
戰場 싸움/싸울 전, 마당 장. 전쟁터. 墟 언덕/터 허. 壘 진/보루 루.

연암燕巖 박지원朴趾源이 쓴 소단적치인騷壇赤幟引에 나오는 구절입니다. 소단騷壇은 소음 가득한 과거 시험장이고, 적치赤幟는 승리의 붉은 깃발입니다. 그러므로 소단적치란 과거 시험을 평정했던 뛰어난 글이라는 뜻이지요. 연암의 친구가 편집한 책의 이름이었는데 여기에 붙인 서문이 소단적치인이었습니다.

박지원은 조선 후기 문단에 우뚝한 대작가였습니다. 여행 문학의 걸작인 『열하일기』나 유머와 재치가 넘치는 『양반전』, 『허생전』 같은 한문 소설이 다 박지원의 작품입니다. 이 대단한 작가가 알려 주는 글쓰기 비법이 바로 글의 제목을, 싸우고 있는 적국에 비유하는 것이었습니다.

써야 할 글의 제목을 적국으로 놓고, 글 쓸 때 사례나 논거로 제시하는 옛 고사를 전투의 거점이 되는 보루로 보았지요. 그리고 너무 길어서 생략했지만 위 구절 다음에 병사를 글자로, 글자가 만들어 내는 문장을 군대 행렬에 비유했습니다. 연암은 글쓰기를 제목의 출제 의도를 파악해서 글자 병사로 제목 나라를 정복해 가는 과정으로 본 셈입니다.

한번 상상해 보세요. 글자들이 벌떡 일어나서 하나! 둘! 하나! 둘! 하면서 문장 대열을 지어 제목 나라로 행군하는 모습. 또 제목을 공략하는 데 실패해서 퇴각한 한자들이 고사 목록이 잔뜩 쌓인 보루에 의지해서 다시 짝을 지어 글 짓는 광경도 떠올려 보세요. 연암의 유쾌한 상상력이 느껴질 것입니다.

어휘 제목, 적국, 장고

제목과 적국은 요즈음에도 자주 쓰는 살아 있는 단어입니다. 뜻도 조선 시대나 지금이나 크게 다르지 않지요. 제목은 글이나 그림, 강연, 영화 등을 대표하는 이름이고, 적국은 싸울 때 상대하는 나라입니다.

그렇지만 장고掌故는 죽은 단어입니다. 오늘날에는 거의 쓰지 않지요. 과거의 제도나 관례, 고사를 뜻하는데 '손바닥/맡을 장掌'과 '옛/연고 고故'라는 기본 뜻만으로 단어의 뜻을 유추하기 어렵습니다. 다만 과거의 용례를 살폈을 때 장고는 고사故事를 관장管掌하여 현실에 적용하던 경험 속에서 생겨난 용어로 추정됩니다. 장고에는 '고사를 관장하는 직책'이란 의미도 있었습니다.

어법 A者 B也 : A는 B이다

'~者 ~也'는 어떤 사건이나 사실의 판단을 나타낼 때 자주 쓰던 고정 형식입니다. '명사(명사구)+者+명사(명사구)+也'의 형태로 쓰였고, '~는(은) ~이다', '~라는 것은 ~이다' 정도로 번역합니다.

A			B								
題	目	者	敵	國	也	=	題	目	敵	國	
(명사)			(명사)				題	目	敵	國	也

▶ 제목은 적국이다.

우리말에서 者는 흔히 '사람/놈 자'로 새깁니다. 부자富者는 부유한 사람이고 현자賢者는 현명한 사람입니다. 그러나 '~者 ~也' 형식에서 者는 한 호흡 쉬면서 앞 구절을 제시하고 다음 문장을 이끄는 구실만 합니다. 也도 잠깐 멈춰서 글을 정돈하고, 긍정적인 판단의 느낌을 표현하지요. 둘 다 허사인 어조사로 쓰였습니다.

그런데 제목자적국야題目者敵國也는 제목적국題目敵國 또는 제목적국야題目敵國也로 써도 동일한 뜻이 됩니다. 한문에서는 동사나 형용사뿐 아니라 명사도 동사 자리에 놓여서 서술어 구실을 할 수 있지요. 그렇지만 題目敵國이라 하면 제목의 적국(수식 관계)이나 제목과 적국(병렬 관계)으로도 해석이 가능합니다. 者와 也의 삽입은 이런 모호성을 줄여 주는 역할을 합니다.

연습

1 人之性惡, 其善者僞也.

인지성악　　　기선자위야　　　— 순자 성악

- 惡, 나쁠 악/미워할 오. 其, 그 기. 善, 착할/좋을 선. 僞, 거짓/인위 위.
- 순자는 僞를 부정적 의미로 쓰지 않는다. 그에게 僞는 마음으로 생각하고 생각에 따라 행동하는 것을 뜻했다.

➡ 인성은 악하다. 그것의 착함은 인위에 따른 것이다.

2 仁人心也, 義人路也.

인인심야　　　의인로야　　　— 맹자 고자 상

- 仁, 어질/인자할 인. 仁慈, 仁者人也.(중용 20장) 心, 마음/속 심. 義, 옳을/뜻 의. 義理, 正義. 路, 길 로.
- 仁과 義는 유학의 핵심 개념이라서 따로 풀이하지 않고 仁과 義 그대로 번역하는 경우가 많다. 그렇지만 인간을 기본으로 인간적, 인간답다, 인간성 등의 용어를 활용해 내용을 이해하면 仁의 가치를 이해하는 데 도움이 된다. 우리말에서 인간은 사람이란 뜻 외에 세상과 사람됨의 의미를 동시에 지니고 있어서 仁이 지향하는 가치에 맞닿아 있다. 義 역시 정의로 이해하는 게 도움이 된다. → 11구

➡ 인仁은 사람의 마음이고 의義는 사람의 길이다.

3 辯而不說者, 爭也.

변이불설자　　　쟁야　　　— 순자 영욕

- 辯, 말 잘할 변. 而, 말 이을 이. 접속사로 쓰여 나열(~고, ~며), 상반(~나, ~지만), 가정(~면), 배경(~는데) 등의 뜻을 두루 나타낸다. → 18구. 不, 아닐 불. 說, 말씀 설/달랠 세. 說得, 說明, 說服. 爭, 다툴 쟁.
- 한문에서 판단은 이유에 대한 판단을 포함한다. 한문은 결과를 앞에 놓고 원인을 뒤에 놓는 것만으로 이유를 나타낼 수 있다. 이때 A者 B也는 'A는 B 때문이다'라고 해석된다.

➡ 말을 잘하는데 설득하지 못하는 것은 다투기 때문이다.

4 誠者, 天之道也. 誠之者, 人之道也.
성자 천지도야 성지자 인지도야 — 중용 20장

- 誠, 정성/진실로 성. 精誠, 誠實. 道, 길 도. 之, 갈/그것/~의(하는, ~을/를, ~이/가) 지.
- 誠之者의 之는 誠之를 수식 관계(부사어+서술어)로 보아 동사로 해석하기도 하고, 誠之를 술목 관계(서술어+목적어)로 보아 대명사로 해석하기도 한다. 여기서는 전자의 관점에서 해석했다. 맹자는 후자의 관점을 취해서 誠之만 思誠으로 바꾼 문구를 남기기도 했다. (맹자 이루 상)

➡ 성실은 하늘의 길이고, 성실하게 살아가는 것은 사람의 길이다.

5 非我而當者, 吾師也. 是我而當者, 吾友也.
비아이당자 오사야 시아이당자 오우야 — 순자 수신

- 非, 아닐/그를 비. 非難, 是非. 我, 나 아. 而, 말 이을 이. 접속사로 쓰여 나열(~고, ~며), 상반(~나, ~지만), 가정(~면), 배경(~는데) 등의 뜻을 두루 나타낸다. 當, 마땅/당할 당. 當然, 妥當, 合當. 吾, 나 오. 師, 스승(선생) 사. 是, 이/옳을 시. 友, 벗(친구) 우.
- 者가 어조사가 아니라 대명사로 쓰인 예이다. →7구

➡ 나를 그르다 하지만 타당한 사람은 내 선생이고, 나를 옳다 하는데 타당한 사람은 내 친구이다.

6 庸也者, 用也. 用也者, 通也. 通也者, 得也.
용야자 용야 용야자 통야 통야자 득야 — 장자 제물론

- 庸, 떳떳할/범상할/쓸 용. 也, 어조사 야. 문장 중간에 오면 잠시 호흡을 고르면서 뒤에 올 내용에 대해 주의를 환기시키는 기능을 한다. 用, 쓸 용. 作用, 使用, 利用. 通, 통할 통. 得, 얻을 득. 獲得.
- 원문이 용庸, 용用, 통通의 운을 살려 서술된 글이라 의역하지 않더라도 우리말로 "평범하면 쓰이고 쓰이면 통하고 통하면 얻는다"라는 식으로 구조를 바꿔서 이해해야 자연스럽다.

➡ 평범한 것이 쓸모 있는 것이고, 쓸모 있는 것이 통하는 것이고, 통하는 것이 얻는 것이다.

7구

者의 쓰임

남 탓, 하늘 탓 하지 말라

自知者不怨人, 知命者不怨天. 怨人者窮, 怨天者無志.
자지자불원인 지명자불원천 원인자궁 원천자무지

— 순자 영욕

자신을 아는 사람은 남을 탓하지 않고
운명을 아는 사람은 하늘을 탓하지 않는다.
남을 탓하는 사람은 곤궁하고
하늘을 탓하는 사람은 어리석다.

自 스스로 자. 自身, 自己. 知 알 지. 者 사람/것/어조사 자. 不 아닐 불/부.
怨 원망할 원. 탓하다, 불평하다. 窮 다할/궁할 궁. 窮塞, 窮乏, 困窮.
無志 없을 무, 뜻 지. 무지無知와 통한다.

재앙과 어려움이 닥치기 전에 미리 대비해야 함을 경고하는 구절입니다. 자기 자신을 알고 자신이 해야 할 일을 알고 있다면 누구든 실패를 피할 수 있다, 그러므로 실패한 뒤에 다른 사람과 하늘 탓을 해 봐야 스스로를 궁지에 내모는 어리석은 짓이다, 이런 말이지요.

순자 사상의 전제 가운데 하나가 천인지분天人之分, 다시 말해 하늘과 사람의 직분을 구분하는 것이었습니다. 여기에서 하늘은 천지, 오늘날의 자연 개념을 내포하고 있다고 봐야겠지요. 이 하늘은 변함없는 도에 따라 운행될 뿐 사람을 다스리지 않습니다. 하늘의 운행에 따라 계절이 변하고 만물이 생성되고 양육되지만 하늘이 사람의 행위에 간

섭해서 복이나 화를 주지는 않지요. 만물이 자라나는 땅 역시 마찬가지입니다.

순자는 이를, 하늘은 사람들이 추위를 싫어한다고 겨울을 없애 주지 않고 땅은 사람들이 먼 곳을 싫어한다고 넓이를 줄여 주지 않는다는 비유를 들어 설명합니다. 가난이나 질병, 재앙과 같은 재난은 사람이 벌인 행위의 결과일 뿐입니다. 근본에 힘쓰지 않고 사치하면 가난하고, 몸을 기르며 제때 운동하지 않으면 병이 오고, 합당한 길을 어기고 함부로 행동하면 재난이 닥칩니다.

순자는 유학자들 가운데 인간 행위의 가치를 가장 높이 평가했던 사상가일 것입니다. 공자나 맹자만 해도 인격화된 하늘을 사유한 것은 아니지만 하늘의 뜻이나 하늘의 명에 대한 존중과 믿음을 가지고 있었지요. 순자에게 하늘은 도의 형태로 뒤로 물러나 있습니다. 사람은 그것을 이용하여 사람의 일, 자신의 일을 해야 합니다.

어법 者의 용법

者의 용법은 크게 세 갈래로 나뉩니다.

먼저 者는 독립성이 없는 대명사로서 명사구의 표지 역할을 합니다. '동사(동사구)+者' 또는 '형용사+者'의 형태로 명사구를 이루어 목적어, 관형어, 서술어로 두루 쓰이지요. 이때는 '~하는(한) 것' 또는 '~하는(한) 이(사람)'란 뜻으로 해석합니다. 여기서 者를 사람으로 볼지 사물로 볼지는 문맥에 따릅니다. '것'은 곳, 때, 일 등의 뜻을 함축합니다. 自知者나 知命者의 者는 사람을 지칭하는 예입니다. 여기에서 者는 '之+명사(사물, 사람)'의 축약형으로 기능합니다. 우리말 풀

▶ 스스로를 아는 사람은 남을 원망하지 않는다.

▶ 운명을 아는 사람은 하늘을 원망하지 않는다.

이로만 따지면 의존명사에 가까운데 중국학자들은 앞 구절을 대신 가리키는 것으로 봐서 대명사(대사)로 보지요. 독립성이 없는 점에 주목해서 조사의 일종으로 보기도 합니다.

다음으로 者는 어조사로서 화제를 제시하고 강조하는 구실을 합니다. 앞서 6구에서 다룬 A者 B也 형식이 이런 기능에서 생겨난 관용 형식이지요. 보통 '명사+者'의 형태로 명사구를 이루어 판단의 의미를 나타낼 때가 많습니다. '~라는 것' 또는 '~라는 이(사람)'로 풀이하거나 해석하지 않고 '은/는'만 붙여서 풀이합니다. 今者나 昔者 같은 경우도 따로 者를 해석하지 않고 '지금은', '옛날에는' 정도로 해석합니다.

마지막으로 者는 문장과 문장 사이에서 접속사로 쓰여서 가정 관계를 나타낼 수 있습니다. 이때는 者를 '~한다면'으로 해석합니다. 그렇지만 이 가정의 의미는 판단의 의미에서 분명하게 갈라내기 어려울 때가 많습니다. 어쩌면 우리말로 번역하면서 생겨나는 의미 차이일 수도 있어서 者가 가정의 의미를 나타내는 조건은 연구가 더 필요합니다.

秋	霜	降 者	草	花	落
가을	서리가	내릴 때에는	풀과	꽃이	떨어진다

▶ 가을 서리가 내리면 풀과 꽃이 떨어진다. — 사기 이사 열전

연습

1 兵戰其心者勝.

병전기심자승 — 한비자 심도

- 兵戰, 병사 병, 싸움/싸울 전. 전쟁. 其, 그 기. 心, 마음 심. 勝, 이길 승. 勝利, 勝戰.
- 위 구절 앞에 "군대를 쓰는 이는 백성의 마음에서부터 전쟁을 수행한다[用兵者, 服戰於民心]"는 대목이 나온다. 兵戰其心者勝은 이 앞 구절의 변주이다.

➡ 꼭 이기겠다는 마음으로 전쟁하는 자가 승리한다.

2 善戰者勝, 勝易勝者也.

선전자승 승이승자야 — 손자 형편

- 善, 착할/좋을/잘할 선. 易, 바꿀 역/쉬울 이.
- 이기기 쉬운 상황을 조성해서 이기기 쉬운 적에게 승리한다. 勝易勝者也 = 勝於易勝者也.

➡ 싸움을 잘하는 이의 승리는 이기기 쉬운 적에게 이기는 것이다.

3 水廣者魚大, 山高者木脩.

수광자어대 산고자목수 — 회남자 설산

- 廣, 넓을 광. 魚, 물고기 어. 大, 큰 대. 高, 높을 고. 脩, 닦을/길 수. 길다, 크다.

➡ 물이 넓으면 물고기가 크고 산이 높으면 나무가 크다.

4 圖大於細者興, 忘難於易者亡.

도대어세자흥 망난어이자망 — 주세붕 무릉잡고 이상잠

- 圖, 그림/그릴 도. 圖謀. 於, 어조사 어. 전치사로 쓰여 시간이나 장소(~에, ~에서, ~로부터), 비교(~보다) 등의 뜻을 나타낸다. 細, 가늘 세. 興, 일/홍할 홍. 忘, 잊을 망. 難, 어려울 난. 亡, 망할 망.

➡ 작은 데에서 큰 그림을 그리는 사람은 홍하고 쉬운 데에서 어려움을 잊는 사람은 망한다.

5 好而知其惡, 惡而知其美者, 天下鮮矣.

호이지기악 오이지기미자 천하선의 — 대학 전8장

● 好, 좋을 호. 而, 말 이을 이. 접속사로 쓰여 나열(~고, ~며), 동시(~면서), 상반(~나, ~지만, ~도), 가정(~면) 등의 뜻을 나타낸다. 知, 알 지. 惡, 나쁠 악/미워할 오. 美, 아름다울 미. 天下, 하늘 천, 아래 하. 세상. 鮮, 고울/드물 선. 矣, 어조사 의. 단정이나 의문, 반어, 감탄 등의 어기를 나타내는 조사.

➡ 좋아하면서 그의 나쁜 면을 알고 미워하면서 그의 아름다운 면을 아는 이가 천하에 드물다.

6 故明主擧實事去無用, 不道仁義者故, 不聽學者之言.

고명주거실사거무용 부도인의자고 불청학자지언

— 한비자 현학

● 故, 연고 고. 접속사로 쓰이면 그러므로, 곧 등의 뜻을 나타낸다. 연고는 사유, 까닭, 관계, 인연 등을 의미한다. 明, 밝을 명. 賢明, 聰明, 明哲. 主, 주인/임금 주. 君主, 人主. 擧, 들 거. 實, 열매/실제 실. 事, 일/섬길 사. 去 갈/없앨 거. 去勢, 除去. 無用, 없을 무, 쓸 용. 쓸모없다. 不道, 아닐 불/부, 길/말할 도. 말하지 않다. 仁, 어질 인. 인간. 仁慈, 仁者人也.(중용 20장) 義, 옳을/뜻 의. 義理, 正義. 聽, 들을 청. 學者, 배울 학, 사람 자. 과거 문헌에 능통한 사람. 之, 갈/그것/~의(하는, ~을/를, ~이/가) 지.

● 不道仁義者故의 者가 같은 문장 구조인 不聽學者之言의 之 자리에 쓰였다는 점에 주의한다. '之+명사'의 기능을 하는 者는 명사 의미가 생략되면 之처럼 쓰일 수 있다.

➡ 그러므로 현명한 군주는 실제 사실을 들어 쓸모없는 것을 버리고, 인仁이니 의義니 하는 것의 이유를 따져 말하지 않으며, 학자의 말을 듣지 않는다.

8구

A爲B, A是B(A는 B이다) 형식

전체를 봐야 길을 안다

萬物爲道一偏, 一物爲萬物一偏.

만물위도일편 일물위만물일편 ㅡ 순자 천론

만물은 도의 일부분이고
한 사물은 만물의 일부분이다.

萬物 일만 만, 물건/만물 물. 모든 것. 爲 할/될/~이다 위.
道 길 도. 一偏 한 일, 치우칠 편. 치우친 일부분.

순자는 유학자치고는 드물게 말이나 글의 논리성을 강조했던 학자였습니다. 글에서 주장의 논거나 사례 제시를 분명히 하는 편이었고, 어떤 주장을 펼 때에도 그 주장의 논리적 전제를 따지는 경우가 많았지요. 순자가 요즈음 같은 세상에 살았다면 아마 꽤 유명한 논리학 선생이 되었을 것입니다.

위 구절도 제자백가의 다른 학파를 비판하기 위해 전제처럼 제시한 구절이었습니다. 온갖 만물도 도, 즉 길이라는 전체 과정으로 보면 한 순간일 뿐이고, 사물 하나하나는 그런 만물의 일부분이다, 그러므로 한 부분만 보고 전체를 판단하는 것은 어리석다, 이런 논증을 위한 전제였지요.

순자가 보기에 노자나 묵자는 전체의 한 부분만 아는 어리석은 인물이었습니다. 그래서 노자를 굽히는 것만 알았지 펴는 것을 몰랐다고 비판하고, 묵자를 가지런함만 알았지 들쭉날쭉함은 몰랐다고 비판합니다. 노자처럼 생각하면 귀하고 천한 관계를 분별하지 못하고, 묵자처럼 생각하면 정책을 제대로 시행하지 못한다는 게 순자의 생각이었습니다.

어휘 만물

만물은 이 세상 온갖 것, 모든 것입니다. '일만 만萬'이 아주 많다는 뜻으로 쓰인다는 사실만 알면 물物을 '것'으로 새겨서 쉽게 해석할 수 있는 한자어이지요. 物은 요즈음 한자 사전에서 대개 '만물 물, 물건 물' 정도로 새깁니다. 그렇지만 과거엔 '것 물'로 새기기도 했습니다. 조선시대 한자 학습서인 『훈몽자회訓蒙字會』에 뜻이 나옵니다.

이 새김을 알아두면 우리말 단어를 이해할 때에도 도움이 됩니다. 건물은 세운 것, 생물은 살아 있는 것, 오물은 더러운 것으로 풀이할 수 있습니다. 농산물은 농사로 생산된 것, 불순물은 순수하지 않은 것이 되겠지요.

어법 A爲B, A是B : A는 B이다

앞서 보았던 A者B也는 A爲B, A是B 형식으로도 쓸 수 있습니다. 爲나 是가 우리말의 '~이다'에 대응하는 형식이지요. 이때 서술어 자리에 놓인 爲, 是를 일컫는 문법 용어가 정돈되어 있지 않습니다. 앞뒤 어구를 연계시킨다고 해서 계사라고도 하고, 판단의 작용을 한다고 해서 판단사라고도 합니다. 문법 책에 따라 판단 동사란 말을 쓰는 경우도 있지요.

그렇지만 이런 명칭에 매이기보다 그만큼 독특한 작용을 하는구나, 하는 정도로 받아들이면 됩니다. 우리말에서도 '~이다'는 서술격 조사라 해서 조사로 분류되지만 다른 조사와 달리 어미가 활용되어 동사나 형용사처럼 쓰입니다.

萬 物	爲	道 一 偏
만물	이다	도의 일부분

▶ 만물은 도의 일부분이다.

어법 '할 위爲', '이 시是'

爲는 용법이 무척 다양한 한자입니다. 대형 한자 사전을 찾아보면 뜻 갈래만 서른 개가 넘습니다. 뜻이 다양할뿐더러 조사, 동사, 전치사 등 품사 활용도 전방위적이지요. 이 가운데 동사로 쓰이는 경우만 살펴도 뜻의 갈피가 만만치 않습니다. '하다'가 기본이 되는 뜻이지만 '되다', '만들다(짓다)', '여기다', '위하다' 등 흔하게 새기는 뜻만 너댓 개가 훌쩍 넘어갑니다.

하다	爲政以德	덕으로써 정치하다.	논어 위정
만들다(짓다)	束字爲句	글자를 묶어 구절을 짓다.	연암집 소단적치인
~라 하다, 여기다	是爲是	옳은 것은 옳다고 한다.	순자 강국
되다, 이루다	爲宋國笑	송나라의 웃음거리가 되었다.	한비자 오두
위하다	爲國獻身	나라를 위하여 헌신하다.	안중근 유묵

발음이 같은 '위謂' 자와도 통용되어서 爲를 '~라고 하다'란 뜻으로 풀이할 때도 많습니다. 이런 사례에 비하면 '~이다'로 새기는 경우는 상대적으로 빈도가 낮은 편입니다. 그래서 爲는 같은 서술어 자리에 놓일 때라도 앞뒤 문맥을 세심히 살펴서 풀이할 필요가 있습니다.

是도 원래는 '옳다'는 뜻 외에 대명사로 써서 '이, 이것(곳)'이란 뜻을 나타낸 한자였습니다. 전국 시대 말기까지는 '~이다'란 뜻으로 잘 쓰지 않았지요. 주어가 길 때 그 주어를 是로 다시 지칭해서 주어임을 분명히 해 주다가 한나라 이후부터 '~이다'란 뜻으로 사용되기 시작했습니다. 是 앞에 부사어가 오거나 是 앞의 주어가 간단하다면 그때의 是는 '~이다'란 뜻일 확률이 높습니다.

이, 이것	是知也	이것이 아는 것이다.	논어 위정
~이다	其是商君也	그가 상군이다.	사기 상군열전
옳다	是是非非	옳은 것은 옳다 하고 그른 것은 그르다 한다.	순자 수신

연습

1 爾爲爾, 我爲我.

이위이　　아위아　　— 맹자 만장 하

● 爾, 너 이. 我, 나/우리 아.

➡ 너는 너이고 나는 나이다.

2 高岸爲谷, 深谷爲陵.

고안위곡　　심곡위능　　— 시경 소아 시월지교

● 高, 높을 고. 岸, 언덕 안. 谷, 골(골짜기) 곡. 深, 깊을 심. 陵, 언덕 능.

➡ 높은 언덕은 골짜기 되고, 깊은 골짜기는 언덕이 되었다.

3 誰爲大王爲此計者.

수위대왕위차계자　　— 사기 항우본기

● 誰, 누구 수. 大王, 큰 대, 임금 왕. 임금을 높여 이르는 말. 此, 이 차. 計, 셀/꾀할 계. 者, 사람(놈)/것 자.
● 爲가 서술어 앞에서 '爲+목적어' 구를 이루어 부사어로 쓰이면, 즉 전치사로 쓰이면 '~을 위하여', '~ 때문에', '~에 대하여' 등의 뜻을 지닌다. 爲大王은 그 사례이다.

➡ 대왕을 위해 이 일을 꾀한 이가 누구입니까?

4 人之患在好爲人師.

인지환재호위인사　　— 맹자 이루 상

● 之, 갈/그(것)/~의(~하는, ~을/를, ~이/가) 지. 患, 근심 환. 患難, 憂患. 在, 있을 재. 師, 스승(선생) 사.

➡ 사람의 근심거리는 남의 선생 되기를 좋아하는 데에 있다.

5 過而不改, 是謂過矣.

과이불개　　시위과의　　— 논어 위령공

- 過, 지날/허물(잘못) 과. 而, 말 이을 이. 접속사로 쓰여 나열(~고, ~며), 동시(~면서), 상반(~나, ~지만), 가정(~면) 등의 뜻을 나타낸다. 改, 고칠 개. 矣, 어조사 의. 감탄, 의문, 단정의 어기를 나타내는 조사.
- 是가 대명사로 쓰인 예이다. 過而不改를 지칭한다.

➡ 잘못하고도 고치지 않는 것, 이것이 잘못이다.

6 **子龍一身, 都是膽也.**

자룡일신　　　도시담야　　　　　　　　　　— 삼국지 촉서 조운전

- 子龍, 아들 자, 용 룡. 유비의 신하였던 조운趙雲을 가리킨다. 一身, 한 일, 몸 신. 온몸. 都, 도읍/모두 도. 膽, 쓸개/담력 담. 也, 어조사 야. 판단이나 긍정, 추측, 감탄의 어기를 나타내는 조사.
- 유비가 조자룡이 싸우는 모습을 보고 감탄하며 했던 말이다.

➡ 자룡의 몸은 온통 담력이구나.

9구

A惟B(A는 B이다) 형식

지배층은 바람, 피지배층은 풀

爾惟風, 下民惟草.

이유풍 하민유초 — 서경 군진

너는 바람이고 아래 백성은 풀이다.

爾 너/가까울 이. 惟 생각할/오직 유. 風 바람 풍. 下 아래 하. 民 백성/사람 민. 草 풀 초.

『상서尙書』라고도 하는 『서경書經』은 고대 중국의 역사서입니다. 요순시대부터 하나라, 상나라, 주나라까지 왕이나 신하들의 어록이나 포고, 훈계, 대화 등을 모아 놓은 기록물이지요. 기원전 600년경에 쓰인 상당히 이른 시기의 한문 자료입니다.

그러나 내용의 상당 부분이 후대의 위작으로 평가받는 터라 역사 자료로서 갖는 가치는 떨어집니다. 사건의 진실성을 의심할 수밖에 없기 때문이지요. 그래서 『서경』은 사실보다 내용에 깃들인 이념적, 문학적 가치 때문에 중요하게 다루어졌던 책입니다.

이유풍爾惟風 하민유초下民惟草가 보여 주는 바람과 풀의 은유도 후대의 정치 철학에 큰 영향을 끼쳤던 문학적 비유입니다. 여기에서 너는 주나라 성왕의 신하였던 군진君陳을 가리킵니다. 군진은 성왕의 조카이자 제후였습니다. 주나라가 멸망시켰던 은나라 지역을 관할하였지요.

그러니까 바람과 풀의 은유는 지배층과 피지배층의 관계를 바람과 풀에 빗대는 비유였습니다. 비유 속에 백성을 바람처럼 다스리라는 주문이 담겨 있습니다. 다시 말해 군주가 무력이나 폭력을 행사하기보다 덕성을 기르고 퍼뜨리면 바람에 풀이 눕듯 백성이 자연히 교화될 것이라는 믿음이 깔려 있지요. 이 비유는 『시경』, 『논어』 등에서도 찾아볼 수 있습니다. 현대에 들어서는 김수영의 〈풀〉이라는 시에서 중요한 모티브로 작용했습니다.

어법 A 惟(維, 唯) B : A는 B이다

惟는 보통 '생각하다'라는 뜻으로 새기는 한자입니다. 사유思惟라는 단어에 그런 뜻의 흔적이 남아 있습니다. 그렇지만 부사어로 쓰면 '오직', '단지', '바라건대'라는 뜻을 나타냅니다. 흔히 이런 뜻으로 사용되는데 이때 惟는 발음이 같은 '벼리 유維'나 '오직 유唯'와 같은 글자처럼 통용됩니다.

- 惟(唯)獨　여럿 가운데 오로지 홀로.
- 唯一無二　오직 하나이고 둘은 없음.

그런데 이 惟(維, 唯)가 爲나 是 같은 구실을 할 때가 있습니다. 『논어』, 『맹자』보다 앞선 시기에 쓰인 『시경』이나 『서경』 같은 텍스트에서 그렇게 쓰였습니다. 이 시기에 惟는 부사적 의미가 약화된 채 판단의 의미를 강조하기도 했습니다. 惟B를 '오직 B이다'로 풀이했을 때

'오직'보다 '~이다'에 방점이 찍힌 용법이라 할 수 있습니다. 爾惟風下民惟草도 그런 예였지요.

爾	惟	風
너	(오직) ~이다	바람

▶ 너는 바람이다.

下 民	惟	草
아래 백성	(오직) ~이다	풀

▶ 아래 백성은 풀이다.

『논어』, 『맹자』 시기 이후에는 이런 용법이 사라지고 '오직', '단지' 같은 부사적 의미가 분명해집니다.

연습

1 人亦有言, 進退維谷.

인역유언 진퇴유곡

— 시경 대아 상유

- 亦, 또 역. 문맥에 따라 '단지', '이미'의 뜻을 내포할 수 있다. 有言, 있을 유, 말씀(말) 언. 떠도는 말이 있다. 進退, 나아갈 진, 물러날 퇴. 나아가고 물러남. 谷, 골(골짜기) 곡.
- 앞 구절에 어지러운 시국과 조정을 묘사한 대목들이 나온다. 이런 상황이 예전부터 전해 오던 進退維谷이란 말에 부합한다는 의미이다.
- 이 구절에서 進退維谷이란 고사성어가 나왔다. 진퇴유곡은 궁지에 빠져서 어쩌지 못하는 상황이다.
- 惟, 唯, 維가 통용될 때 『시경』에서는 주로 維를 쓴다.

➡ 사람들이 또한 말들 하기를 나아가고 물러남이 골짜기로다.

2 禍福無門, 唯人所召.

화복무문 유인소소

— 좌전 양공 23년

- 禍, 재앙 화. 福, 복 복. 幸福. 無, 없을 무. 門, 문 문. 所召, 바/것 소, 부를 소. 부르는 것. '所+동사' 구조는 '~하는 것'이란 뜻을 나타낸다. →17구
- 唯가 부사어로 쓰인 예이다. 惟, 唯, 維가 통용될 때 『좌전』에서는 주로 唯를 쓴다.

➡ 재앙과 행복에는 문이 없으니 오직 사람이 불러오는 것이다.

3 嘒彼小星, 維參與昴.

혜피소성 유삼여묘

— 시경 소남 소성

- 嘒, 희미할 혜. 彼, 저 피. 小, 작을 소. 星, 별 성. 參, 석/별 이름 삼. 與, 더불/줄/~와(과) 여. 昴, 별자리 이름 묘.

➡ 희미한 저 작은 별, 삼별과 묘별.

4 唯仁之爲守, 唯義之爲行.

유인지위수 유의지위행

— 순자 불구

- 仁, 어질/인자할 인. 仁慈. 之, 갈/그것/~의(하는, ~을/를, ~이/가) 지. 之가 목적어가 전치됐다는 표지로 쓰이면 '~을(를)'로 풀이한다. 爲, 할 위. 守, 지킬 수. 義, 옳을/뜻 의. 正義, 義理. 行, 다닐/행할 행.
- 爲守, 爲行처럼 동사 앞에서 爲가 '하다'로 쓰일 때에는 爲를 빼고 해석해야 우리말에 자연스러울 때가 있다. 爲守는 守와 같고, 爲行은 行과 같다. 이런 표현법은 『순자』, 『맹자』 등에서 자주 쓰인다.

➡ 오직 인仁을 지키고, 오직 의義를 행한다.

10구

판단 작용을 하는 부사

하늘은 이불, 땅은 베개!

醉來臥空山, 天地卽衾枕.
취래와공산　　　　천지즉금침

— 이백 우인회숙

술에 취해 빈산에 누우니
하늘땅이 이불과 베개로구나.

醉 취할 취. 來 올/어조사 래. 어세를 강조하는 조사. 臥 누울 와.
空山 빌 공, 산 산. 빈산. 卽 곧(바로) 즉.
衾枕 이불 금, 베개 침. 이불과 베개.

밤이 밤 같지 않은 거대도시에 사는 사람이라면 아마 잘 모를 것입니다. 맑은 날 달밤에 인적 없는 빈산으로 얼마나 따스한 달빛이 쏟아져 내리는지, 그곳의 풀벌레 소리가 얼마나 찌르륵대는지…. 그런 곳에 누워 하늘을 보고 있노라면 누구라도 아! 하고 절로 탄성이 나올 수밖에 없습니다. 이백李白의 〈우인회숙友人會宿〉이라는 시 구절을 한 번이라도 들어봤다면 "하늘은 이불이요, 땅은 베개로구나!" 하는 감탄까지 나오겠지요.

이태백이라 부르기도 하는 이백은 중국 당나라의 시인이었습니다. 한시 중에서 당시唐詩를 최고로 치곤 하는데, 그 중에서도 두보와 함께 쌍벽을 이루는 시인으로 평가받지요. 두보가 썼던 〈음중팔선가飮

中八仙歌〉라는 시에 따르면 이백은 술 한 잔에 시 백 편을 지었다고 하는 천재 시인이었습니다. 늘 술에 취해 다녔다고 할 정도로 술을 좋아했고, 중국을 떠돌며 술, 꽃, 달 등을 소재로 무수한 시를 지었습니다.

여기 인용한 구절도 술 취했을 때의 정취와 감정을 담고 있습니다. 우인회숙友人會宿은 "친구를 만나 함께 자면서"라는 뜻입니다. 이백이 친구와 만나 취하도록 마신 뒤 빈산에 누워 달빛을 덮으며 읊었던 시였습니다.

어법 판단 작용을 겸하는 부사 : 卽(即), 乃, 則, 必, 誠, 實, 亦

卽은 부사어로 쓰일 때 '곧', '바로'라는 뜻을 지니는 한자입니다. 보통은 동사, 형용사로 이루어진 서술어나 문장 전체를 수식하지만 간혹 명사 앞에 놓여 판단 작용을 겸할 때가 있습니다. 이 경우 명사에 '~이다'를 붙여 풀이하고, 문맥에 따라 부사적 의미를 생략하고 해석합니다. 天地卽衾枕에서 卽이 그렇게 쓰인 예이지요.

天地	卽	衾枕
하늘과 땅	곧	이불과 베개
(주어)	(부사어)	(서술어)

▶ 하늘과 땅이 이불과 베개이다.

이 卽이 爲나 是처럼 우리말 '~이다'에 대응하는 뜻을 내포했다고 보긴 어렵습니다. 앞에서 말했듯이 한문에서 명사는 서술어 자리에 놓이는 것만으로 서술어로 쓰일 수 있으니까요. 하지만 卽의 부사적 의미가 판단의 효과를 강조한다고 볼 수는 있습니다.

한문에는 이처럼 부사로 쓰일 때 판단 작용을 겸하는 한자가 꽤 있습니다. '곧 즉卽(即)', '이에/곧 내乃', '곧 즉則', '진실로 성誠', '열매/참될 실實', '반드시 필必', '또 역亦' 등이 그런 한자들입니다.

• 卽(即), 乃 : 곧, 바로 (~이다)

是乃仁術也. 이것이 바로 인간적인 방법이다.

—맹자 양혜왕 상

• 則 : 곧

此則岳陽樓之大觀也. 이것이 악양루의 장대한 볼거리이다.

—범중엄 악양루기

• 誠, 實 : 진실로, 정말로 (~이다)

子誠齊人也. 그대는 정말 제나라 사람이다.

—맹자 공손추 상

앞에서 잠깐 언급했지만 이 한자들은 모두 명사뿐 아니라 동사나 형용사 앞에서도 부사 기능을 합니다. 이때는 당연히 '~이다'라는 말을 덧붙여 풀이할 수 없지요. 또 다양한 의미의 부사로 변주되므로 문장의 앞뒤를 잘 살필 필요가 있습니다.

연습

1 此乃天授, 非人力也.

차내천수 비인력야 — 사기 효문본기

- 此, 이 차. 乃, 이에 내. 부사어로 쓰이면 '이에(곧, 바로)'가 기본 뜻이지만 문맥에 따라 '비로소', '단지', '도리어' 등으로 풀이한다. 판단의 의미가 강조된 경우 우리말의 자연스러움을 위해 해석을 생략하기도 한다. 授, 줄 수. 非, 아닐 비. 人力, 사람 인, 힘 력. 사람 힘. 也, 어조사 야. 판단, 긍정, 추측, 감탄 등의 어기를 나타내는 조사.
- 此는 기원전 180년 여태후(한 고조 유방의 부인)가 죽은 뒤 여씨 일족의 반란이 일어나자 이를 유씨들이 진압했던 일을 지칭한다.

➡ 이는 하늘이 준 것이지 사람이 힘쓴 일이 아니다.

2 此誠危急存亡之秋也

차성위급존망지추야 — 제갈량 전출사표

- 誠, 정성/진실로 성. 危急, 위태할 위, 급할 급. 위태롭고 급함. 存, 있을 존. 存續, 生存. 亡, 망할 망. 滅亡. 之, 갈/그것/~의(하는, ~을/를, ~이/가) 지. 秋, 가을/때 추.

➡ 이는 진실로 위급한, 존속과 멸망이 갈리는 때이다.

3 容乃公, 公乃王.

용내공 공내왕 — 노자 16장

- 容, 얼굴/담을 용. 包容, 寬容, 從容. 公, 공평할 공. 公平, 公正. 王, 임금 왕.
- "容은 곧 公이고 公은 곧 王이다"라는 뜻이지만 우리말로는 容과 公을 조건(~면)의 의미로 풀어야 자연스럽다.

➡ 포용하면 곧 공평하고, 공평하면 곧 왕이 된다.

4 非知之難也, 處之則難也.

비지지난야 처지즉난야 — 한비자 세난

● 難, 어려울 난. 處, 곳/처리할 처. 處理, 處身. 之, 갈/그것/~의(하는, ~을/를, ~이/가) 지. 知之難의 之는 조사로 쓰였고 處之의 之는 대명사(대사)로 쓰였다. → 4구. 則, 곧 즉.
● 則이 판단의 의미를 강조한 사례이다. 하지만 則은 보통 '~하면'이란 뜻으로 쓰여 가정과 조건의 의미를 나타낼 때가 많다. → 35구

➡ 아는 것이 어려운 일이 아니라 처신이 어렵다.

5 實事求是, 此言乃學問最要之道.
실사구시 차언내학문최요지도 — 김정희 완당집

● 實, 열매/실제/참될 실. 實證, 實際. 事, 일/섬길 사. 事實, 事例. 求, 구할 구. 是, 이/옳을 시. 言, 말씀(말) 언. 學問, 배울 학, 물을 문. 지식을 배우고 익힘. 最, 가장 최. 要, 요긴할(중요할) 요. 重要, 必要. 道, 길 도. 方道, 道具.

➡ 실제 사실에서 옳음을 구한다. 이 말이 학문 하는 데서 가장 중요한 방도이다.

11구

有의 어순

'인의'의 역설

大道廢, 有仁義. 慧智出, 有大僞.
대도폐 유인의 혜지출 유대위

— 노자 18장

위대한 도가 없어지니 인仁과 의義가 있게 되었다.
지혜가 생겨나니 커다란 위선이 있게 되었다.

大 큰 대. 偉大, 寬大. 道 길 도. 道理, 道德. 廢 폐할(없앨) 폐.
有 있을 유. 仁 어질/인자할 인. 義 옳을/뜻 의.
慧智 슬기로울 혜, 슬기(지혜) 지. 이치를 알고 그에 맞게 일을 풀어가는 힘.
出 날 출. 僞 거짓 위. 僞善

어느 사회든 그 사회의 지식층이 귀중하게 여기는 가치가 있습니다. 현대 한국 사회라면 민주, 자유, 정의, 행복, 평화 같은 것일 테고, 중국 고대 사회라면 인仁, 의義, 예禮, 법法 같은 것이 그런 가치겠지요.

그렇지만 가치가 지향하는 이념과 그것이 작용하는 현실 사이에는 언제나 모순과 역설이 존재합니다. 이를테면 어떤 이념을 내세운 집단이 그 이념의 실현을 방해하는 가장 큰 걸림돌일 때가 있습니다. 또 이념의 실현 수단이 본래의 이념적 가치와 상충되는 경우도 많습니다.

노자는 이런 가치의 역설을 예민하게 포착했던 사상가였습니다. 특히 유학자들이 강조했던 인이나 의 같은 이념에 대해 비판적이었습니다. 인의는 유학자들이 인간의 길(道)에 이르는 덕목으로 내세우고 강조했던 이념이었지요.

그러나 노자에겐 이 인의와 도의 인과 관계가 전도됩니다. 인仁하네 인하지 않네, 의義롭네 의롭지 않네 등을 따지는 일 자체가 위대한 도, 즉 자연의 진정한 도리나 도덕의 상실을 알리는 징표였습니다. 인의가 도에 이르는 수단이 아니라 도를 벗어난 일탈이었던 셈입니다. 마찬가지로 지혜도 위선을 분별하는 힘이 아니라 위선을 초래하는 원인이 됩니다.

어휘 도와 인의

한문에서 도道는 함의가 무척 풍부한 개념입니다. 가깝게는 도로에서부터 방도나 방법, 노정이나 진로, 기술, 기예라는 뜻까지 포괄합니다. 멀게는 인간이 따라야 할 도리나 도덕, 만물의 근원이나 생성 원리를 가리키지요. 대개 길이라고 옮기지 않고 그냥 도라고 씁니다.

그러나 내용을 이해할 때는 토박이말인 길이 주는 생생한 느낌을 활용하는 편이 좋습니다. 도가 도덕이나 근원, 원리 같은 추상적인 개념으로 쓰일지라도 자연의 길이나 인간이 나아갈 길을 묻는 구체적이고 현실적인 맥락을 벗어나지 않습니다.

인의의 인仁 역시 함축된 뜻이 풍성하다 못해 차고 넘치는 용어입니다. 인은 본래 신분이 높은 사내의 고귀함이나 늠름함을 묘사하던 말이었습니다. 이를 인간의 가치와 관련된 개념으로 확장한 이가 공자였지요. 여기에 의義를 짝지어서 인의를 유학의 슬로건처럼 내세운 이가 맹자였습니다.

인仁은 오늘날 일상에서 잘 쓰지 않는 말입니다. 따라서 적절한 단어로 대치해서 이해할 필요가 있지요. 이때 옛 문헌에서 풀이한 정의가 도움이 됩니다. 중용에선 "인자인야仁者人也"라고 하여 인을 인간이라 했고, 맹자는 "인인심야仁人心也"라고 하여 인이 인심이라는 말을 남겼지요. 공자는 인을 묻는 질문에 '애인愛人', 즉 남을 아끼거나 사랑하는 것이라고 답했습니다. 당대唐代의 한유는 '박애博愛'라고 해설했습니다.

이를 모두 포괄하여 대치할 수 있는 단어는 없습니다. 그러나 사랑을 인간이 지닌 가치의 하나로 본다면 인간과 이를 변용한 인간성, 인간답다, 인간적 등의 단어를 대입해서 인仁의 핵심에 얼추 다가설 수 있지요. 우리말에서 인간은 사람이란 뜻 외에 사람이 관계 맺는 세상과 사람됨의 의미도 지니고 있습니다. 인의 가치가 포괄하는 범위에 맞닿아 있지요. 영어권에서도 인의 의미를 휴먼human이나 휴메인humane으로 해설하곤 합니다.

어법 '있을 유有'의 어순

대도폐大道廢 유인의有仁義에서 뭔가 이상한 점을 느끼지 않았나요? 대도폐 유인의는 대도폐 인의유로 쓰지 않습니다. '유명有名하다'를 명유하다로 쓰지 않고, '유권자有權者'를 권유자로 쓰지 않는 것과 마찬가지 이유입니다.

有는 동사로 쓸 때 주로 '있다(있게 되다)'로 뜻을 새기는 한자입니다. 이때 '있다'는 뜻으로 존재나 출현을 나타내면 일반적인 '주어+동사(+장소)'의 어순을 따르지 않습니다. 주어가 有 뒤로 도치돼서 목적어 자리에 놓이고 외견상 주어 없이 쓰이지요. 有 앞에 주어가 오더라도

어於(~에/~에서)가 생략된 장소구로 해석될 때가 많습니다. 有와 같은 뜻으로 새기는 '있을 재在'라면 장소구가 보통 동사 뒤에 옵니다.

有	仁 義		在	仁 義
있다	인과 의		있다	인과 의

▸ 인과 의가 있다.

▸ (무언가가) 인과 의에 있다.

그렇지만 有도 있다는 뜻이 아니라 주어에 행위의 주체인 사람이 오고 '가지다'(보존, 보유, 소지)는 뜻으로 쓰일 때는 일반적인 타동사와 어순이 같아집니다. 有의 부정은 無로 나타내고, 無 역시 어순은 有와 같습니다.

연습

1 宋人有閔其苗之不長而揠之者.

송인유민기묘지부장이알지자 — 맹자 공손추 상

- 宋, 송나라 송. 춘추 전국 시대에 중국에 존재했던 한 국가. 閔, 걱정할/가엽게 여길 민. 其, 그 기. 苗, 싹 묘. 之, 갈/그것/~의(하는, ~을/를, ~이/가) 지. 不, 아닐 불/부. 不은 초성이 ㄷ, ㅈ으로 시작되는 한자 앞에서는 '부'로 읽는다. 長, 길/어른/자랄 장. 而, 말 이을 이. 접속사로 쓰여 나열(~고, ~며), 동시(~면서), 상반(~나, ~지만), 가정(~면) 등의 뜻을 나타낸다. 揠, 뽑을 알.
- 조장助長이란 고사성어와 관련된다. 싹을 당겨서 싹이 자라도록 도와주다가 끝내 뽑아 버린 송나라 사람의 일화 중 한 구절이다.

➡ 송나라 사람 가운데 싹이 자라지 않는다고 걱정하며 그 싹을 뽑아 버린 사람이 있었다.

2 有恒產者有恒心. 無恒產者無恒心.

유항산자유항심 무항산자무항심 — 맹자 등문공 상

- 恒, 항상 항. 恒常, 恒久. 產, 낳을 산. 財產, 生產. 無, 없을 무.
- 일반 백성, 일반 사람에게 해당되는 얘기이다. 선비라면 재산이 없어도 변치 않는 마음을 갖는다.
- 항산과 항심의 번역은 떳떳한 재산과 떳떳한 마음, 일정한 재산과 일정한 마음 등, 여러 갈래로 나타난다. 有를 '가지다'로 풀이하기도 한다.

➡ 변함없는 재산이 있는 사람이라야 변치 않는 마음이 있게 된다. 변함없는 재산이 없는 사람은 변치 않는 마음도 없다.

3 兵出必取, 取必能有之, 案兵不攻, 必富.

병출필취 취필능유지 안병불공 필부 — 한비자 칙령

- 兵出, 병사(군사) 병, 날 출. 군대를 내보냄. 必, 반드시 필. 取, 가질/취할 취. 能, 능할 능. 할 수 있다. 案, 책상 안. '누를 안按'과 통용된다. 攻, 칠 공. 攻擊, 侵攻. 富, 부자/부유할 부.
- 군대의 힘이 강해진 뒤의 결과를 말하고 있다.

● 보유나 소유의 의미를 갖는 有의 예이다.

➡ 군대를 내보내면 반드시 취하고 취한 것은 반드시 보유할 수 있게 되니, 군대를 눌러 앉히고 공격하지 않더라도 반드시 부유해질 것이다.

4 善言古者, 必有節於今. 善言天者, 必有徵於人.

선언고자 필유절어금 선언천자 필유징어인 — 순자 성선

● 善, 착할/좋을/잘할 선. 言, 말씀 언. 古, 옛 고. 節, 마디/부절 절. 부절符節의 은유로 쓰였다. 부절은 반으로 쪼갠 나무나 댓가지로, 약속한 것을 맞추어 보는 징표였다. 今, 이제 금. 只今. 徵, 부를 징. 徵兆, 徵驗, 徵候. 於, 어조사 어. 전치사로 쓰여 시간이나 장소(~에, ~에서, ~로부터), 대상(을/를, ~에게, ~에 대해), 비교(~보다) 등의 뜻을 나타낸다.

● 者는 보통 대명사로 봐서 '~한 사람', '~한 것'으로 해석하지만, 가정을 나타내는 접속사로 봐서 '~한다면'으로 해석할 수도 있다. 두 가지 해석 다 가능하다. →7구

➡ 옛일을 잘 말하려면 반드시 지금에 들어맞는 면이 있어야 하고, 하늘을 잘 말하려면 반드시 사람에게 드러나는 징후가 있어야 한다.

3장

묘사, 서술, 수식

●12구
師道之不傳也사도지부전야 — 스승의 길이 없으면 배움도 없다
어조사 矣와 也의 차이

●13구
人主以二目視一國인주이이목시일국 — 임금은 보이지 않아야 한다
以의 기원과 쓰임

●14구
以家爲家이가위가 — 성씨와 마을과 나라가 다르다고 말하지 말라
以A爲B(A를 B로 여기다) 형식

●15구
仰以觀於天文앙이관어천문 — 천문과 지리의 관찰
어조사 於의 용례

●16구
邦有道방유도 — 나아가고 물러남의 원칙
焉(=於之)과 諸(=之於)의 의미

●17구
居視其所親거시기소친 — 이극의 다섯 가지 인사 원칙
所+동사(~하는 바/것) 구조

●18구
博學而篤志박학이독지 — 자하의 인
접속사 而의 용례

●19구
何必曰利하필왈리 — 여전히 이익인가
而已, 而已矣의 의미

●20구
范增數目項王범증삭목항왕 — 범증의 신호
명사의 동사화, 부사화

12구

어조사 矣와 也의 차이

스승의 길이 없으면 배움도 없다

師道之不傳也, 久矣. 欲人之無惑也, 難矣.
사도지부전야 구의 욕인지무혹야 난의 — 한유 사설

스승의 길이 전하지 않은 지가 오래구나.
사람들 의문을 없이하고자 하나 어렵구나.

師道 스승 사, 길 도. 스승의 도리, 스승의 길. 之 갈/그것/~의(하는, ~을/를, ~이/가) 지. 不傳 아닐 불/부, 전할 전. 전하지 않다. 也 어조사 야. 久 오랠 구. 矣 어조사 의. 欲 하고자 할 욕. 無惑 없을 무, 미혹할/의심할(의문할) 혹. 의혹이 없다. 迷惑, 疑惑. 難 어려울 난.

한유韓愈는 중국 당나라 때 사람입니다. 중국 문학사에서 고문 부흥 운동을 펼친 인물로 유명합니다. 그가 살았던 시대는 불교, 도교가 융성하고 유교와 유학이 의례와 행정의 기술 취급을 받던 시기였습니다. 당대에 유행했던 글들도 변려문이라 해서 운문의 율조가 잔뜩 섞인 미문체가 대다수였지요. 미사여구가 많았고 장식적이었습니다.

여기에 문제의식을 느끼고, 어법이 소박하고 도리가 분명했던 옛글을 본받아야 한다고 주장했던 이가 한유였습니다. 옛글이라 함은 공자, 맹자, 사마천을 중심으로 한 한나라 이전 시기의 글을 가리킵니다.

이 때문에 한유의 글은 대개 맺고 끊음이 분명하고 주장이 명쾌합니다. 스승을 논한 글인 사설師說에 나오는 위 구절도 메시지가 분명하지요. 스승의 길이 사라졌으니 사람들 의문을 풀어주려 해도 풀기 어렵다, 이런 탄식이었습니다.

한유의 사설 뒷부분에는 이 사도가 사라진 현실을 좀 더 구체적으로 비판하는 대목이 나옵니다. 무당이나 의원, 장인 들은 서로를 스승으로 삼아 배우는데 사대부들은 그러지 않는다, 자식은 좋은 스승을 찾아다니며 가르치면서 정작 자신들은 그렇게 배우지 않는다 하면서 이런 점들을 한탄합니다. 약 1300여 년 전의 진단이었지만 왠지 낯설지 않습니다.

어휘 사도

사도師道는 스승으로서의 도리, 즉 스승의 길을 가리킵니다. 한유도 사도를 이런 뜻으로 썼습니다. 도리나 방법을 전하는 전도傳道, 학업을 주는, 다시 말해 지식이나 기술을 가르쳐 주는 수업授業, 의문과 의심을 풀어주는 해혹解惑이 그 길의 실제 내용이었습니다.

그렇지만 한유에게 사도는 스승의 길 외에 한 가지 의미를 더 지니고 있었습니다. 도를 스승으로 삼는 태도 역시 사도였습니다. 이는 스승 삼는 길이라 풀 수 있습니다. 한유는 신분이 귀하거나 천하거나 나이가 많거나 적거나 상관없이 사람이 살아가야 할 길을 아는 이라면 그를 스승으로 삼아 배워야 함을 강조했습니다.

어법 '어조사 의矣'와 '어조사 야也'의 차이

矣와 也는 한문 문법에서 어기조사 또는 어기사라 부르는 조사들입니다. 우리말에 비슷한 부류의 품사가 없어서 문법적 기능이나 의미를 우리말로 표현하기가 쉽지 않지요. 둘 다 문장 중간에서 잠깐의 휴지를 나타내거나 문장 끝에서 문장의 종결을 표시하고, 말에 따르는 판단이나 긍정, 확신, 추측, 감탄 같은 어기를 전달합니다.

이 조사들은 문장부호가 발달하지 않았던 과거에 쉼표나 마침표, 느낌표처럼 쓰여서 멈춤이나 종결, 확정이나 판단 등의 어기를 표시했다고 볼 수 있습니다. 현대 출판물에서는 대개 문장부호로 표점을 찍어서 矣와 也의 기능을 도드라지게 보여 주고 읽기 쉽게 해 줍니다.

- 옛 문헌의 표기 師道之不傳也久矣欲人之無惑也難矣
  - 矣: 문장을 끝맺고 확정의 어기를 표현한다.
  - 也: 잠시 멈추고 정돈한다.
- 현대 출판물의 표기 師道之不傳也, 久矣. 欲人之無惑也, 難矣.

矣와 也의 가장 큰 차이는 시간의 변동과 관련 있습니다.

矣는 어떤 사건의 변화와 단계를 표현해 줍니다. 이미 완료된 어떤 일을 서술할 때나 앞으로 일어날 일을 추측하는 경우, 또 어떤 조건에서 반드시 일어나는 일을 말할 때 矣를 써서 문장을 종결합니다. 주로 이미 완료된 일이나 일어날 일에 대한 확정의 어기를 전달하지요. 이때 따로 특별한 어구를 덧붙이지 않거나 '~일 것이다', '~구나', '~로다' 등으로 풀이합니다. 矣가 문장 중간에 오면 앞 구절을 강조하면서 확정의 어기를 나타냅니다.

이에 반해 也는 시간 변동과 상관없이 어떤 사실의 판단을 나타냅니다. 인과 관계의 판단에도 쓰이지요. 문장 끝에서 그 판단에 대한 긍정

또는 확신의 어기를 표현할 때가 많습니다. 보통 '~이다', '~ 때문이다' 등으로 해석합니다. 也가 문장 중간에 오면 잠시 멈춰 호흡을 정돈하면서 뒤에 올 내용에 대해 주의를 환기시켜 줍니다. 보통 '~는'으로 해석하지만 '~면', '~야(말로)' 등으로 풀이해서 어기를 드러내 주기도 합니다.

연습

1 吾老矣. 不能用也.

오로의 불능용야 — 논어 미자

- 吾, 나 오. 老, 늙을 로. 不能, 아닐 불, 능할 능. ~ 할 수 없다. 用, 쓸 용.
- 제나라 경공이 공자를 등용하려 하다가 번복하는 대목이다. 공자는 바로 제나라를 떠났다.
- 矣와 也의 차이를 선명하게 보여 주는 구문이다. 矣가 확정 또는 단정이라면 也는 확신 또는 판단을 드러낸다.

➡ 나는 늙었다. (공자를) 쓸 수 없다.

2 巧言令色, 鮮矣仁.

교언영색 선의인 — 논어 학이

- 巧, 공교할/교묘할 교. 言, 말씀 언. 令色, 하여금/명령/착할(좋을) 령, 색 색. 안색을 좋게 하다. 鮮, 고울/드물 선. 仁 어질/인자할 인. → 11구
- 矣가 확정과 감탄의 어기를 나타내는 예이다. 仁矣鮮이 도치되면서 鮮이 강조됐다.

➡ 교묘한 말과 꾸미는 낯빛에는 인仁함이 드물다!

3 上下交征利而國危矣.

상하교정리이국위의 — 맹자 양혜왕 상

- 交, 사귈/서로 교. 征, 칠 정. 利, 이할(이로울) 이. 而, 말 이을 이. 접속사로 쓰여 나열(~고, ~며), 상반(~나, ~지만), 가정(~면), 이유(~아서/어서) 등의 뜻을 나타낸다. 國, 나라 국. 危, 위태할 위.
- 矣가 추측의 어기를 나타냈다.

➡ 위와 아래가 서로 이익을 다투어 나라가 위태로워질 것이다.

4 所惡於智者, 爲其鑿也.

소오어지자 위기착야 — 맹자 이루 하

- 所惡, 바/것 소, 나쁠 악/미워할 오. 미워하는 것. 於, 어조사 어. 전치사로 쓰여 시간이나 장소(~에, ~에서, ~로부터), 대상(을/를, ~에게, ~에 대해), 비교(~보다) 등의 뜻을 나타낸다. 智, 슬기 지. 智慧. 爲, 할/될/위할 위. ~ 때문이다. 也와 함께 쓰여 이유(판단)를 나타냈다. 其, 그 기. 鑿, 뚫을/캘 착. 穿鑿.

➡ 지혜를 미워하는 것은 그것이 따지고 파고들기 때문이다.

5 天下之不助苗長者, 寡矣.
천하지부조묘장자 과의 — 맹자 공손추 상

- 不助, 아닐 불/부, 도울 조. 돕지 않다. 苗, 싹 묘. 長, 길/자랄 장. 寡, 적을 과.
- 矣가 감탄(탄식)의 어기를 나타낸다.

➡ 천하에 싹이 자라도록 돕지 않는 이가 적구나.

6 人之生也直, 罔之生也幸而免.
인지생야직 망지생야행이면 — 논어 옹야

- 生, 날/살 생. 人生, 生活. 直, 곧을 직. 正直, 率直. 罔, 없을/속일 망. 幸, 다행 행. 多幸, 僥倖. 免, 면할 면.
- 也가 문장 중간에 쓰여 앞 구절을 정돈하고 뒤 구절을 강조했다.

➡ 인생이란 정직하다. 정직하지 않은 삶이란 운이 좋아 화나 면하고 있을 따름이다.

7 惻隱之心, 仁之端也. 羞惡之心, 義之端也.
측은지심 인지단야 수오지심 의지단야 — 맹자 공손추 상

- 惻隱, 슬플/가엽게 여길 측, 숨을/불쌍히 여길 은. 가엽고 불쌍하다. 端, 끝/실마리 단. 端緖, 端初. 羞, 부끄러워할 수. 惡, 나쁠 악/미워할 오. 義, 옳을/뜻 의. 正義, 義理.
- 仁과 義를 인간과 정의로 대치해서 해석해 보면 내용을 좀 더 현실감 있게 이해할 수 있다. →11구

➡ 가엽고 불쌍히 여기는 마음은 인仁의 실마리이다. 부끄러워하고 미워하는 마음은 의義의 실마리이다.

13구

以의 기원과 쓰임

임금은 보이지 않아야 한다

人主以二目視一國, 一國以萬目視人主.
인주이이목시일국 일국이만목시인주 — 한비자 외저설우 상

임금은 두 눈으로 한 나라를 보고
한 나라는 만인의 눈으로 임금을 본다.

人主 사람 인, 주인 주. 군주, 임금. 以 써/로써 이. 萬 일만 만. 目 눈 목.
視 볼 시. 一國 한 일, 나라 국. 한 나라, 온 나라.

최고 통치자의 지위가 갖는 무게감을 이렇게 간단하게 표현한 말이 또 있을까요? 임금이 두 눈으로 신하 한 명 한 명을 바라볼 때마다 수만 수십만 백성의 눈은 모두 임금에게 쏠립니다. 임금을 지지하건 지지하지 않건 임금의 눈길이 쏠리는 방향은 만인의 관심거리일 수밖에 없습니다.

이 구절은 한비자韓非子가 '군주가 신하 다스리는 법'을 '새 잡는 방법'에 비유하는 대목에 등장합니다. 사냥꾼이 새를 잡으려면 경계하는 새 무리의 눈에 띄면 안 된다, 임금 역시 자신을 주시하는 만인의 눈으로부터 숨어야 스스로를 보존하고 신하와 백성을 통제할 수 있다, 이런 주장을 이끌어 내려는 비유였지요.

한비자는 유가와 대척점에 놓여 있던 사상가입니다. 유가인 순자의

제자로 학문적 이력을 시작했지만 상앙의 법치와 신불해의 통치술, 노자의 무위 사상 등을 종합해서 지극히 현실적이고 냉혹한 통치 이론을 발전시켰습니다.

상앙과 신불해는 기원전 4세기 중엽에 각각 진秦나라와 한韓나라에서 법가적 개혁을 이끌어 두 나라를 전국 시대의 강자로 만들었던 인물들이지요. 이들과 마찬가지로 한비자 역시 법가로 분류되고, 춘추전국 시대를 종결지은 진시황에게 지대한 영향을 끼쳤습니다.

이 한비자가 이상으로 여겼던 통치 방법이 군주의 위세와 교묘한 통치술에 기초한 강력한 법치였습니다. 그는 이런 법치가 자연 법칙처럼 신분을 가리지 않고 가혹하게 작동할 때 군주가 애써 작위하지 않는 무위의 정치가 행해진다고 보았습니다. 그럴 때 비로소 군주는 만인의 눈을 피해 숨을 수 있게 됩니다.

어법 '써 이以'의 기원은 '쓰다'라는 동사이다

'써 이以'는 '갈 지之'만큼이나 한문에 자주 등장하는 한자입니다. 『고금횡단 한자여행』에 소개된 통계에 따르면 사마천의 사기에 나온 모든 한자 중에 빈도수 순위로 10위 안에 들어갑니다. 앞서 나온 '지之'도 그 안에 포함되지요. 以는 주로 전치사(개사) 또는 접속사로 쓰입니다.

1 전치사로 쓸 때는 수단이나 방법, 이유, 시점, 대상 등을 표시하고 '~로(~로써)', '~ 때문에(~로 인해)', '~에서(~에)', '~을(~와 함께)' 등으로 풀이한다.

以敬孝易, 以愛孝難.

공경으로 효도하기는 쉽지만 사랑으로 효도하기는 어렵다.

— 장자 외편 천운

不以物喜, 不以己悲.

재물 때문에 기뻐하지 않고 자기 때문에 슬퍼하지 않는다.

— 범중엄 악양루기

2 접속사로 쓸 때는 발음이 같은 而와 통용되고 '~와', '~하여(서)', '~하지만', '~ 때문에' 등으로 풀이한다. 해석을 안 하는 것이 자연스러울 때도 있다.

殺身以成仁. 자신을 죽여 인을 이룬다.

— 논어 위령공

전치사는 우리말에는 없는 품사입니다. 그래서 영문법에서 차용해 방편 삼아 부르는 용어입니다. 중국학자들은 대개 개사라고 합니다. '전치사+목적어' 구를 이루어 서술어 앞이나 뒤에서 행위의 시간, 장소, 방향, 대상, 원인 등을 표시해 줍니다.

한문에서 전치사는 상당수가 동사에서 기원합니다. 동사(동사구)를 연이어 써서 동작과 행위의 서술을 보충하다가 의미가 확대된 품사로 봅니다. 以도 '쓰다(써서 하다)'라는 동사에서 기원한 전치사입니다. 이런 사실을 기억해 두면 종종 以의 뜻이 떠오르지 않을 때 의미를 추정하는 데 도움이 됩니다.

人 主	以 二 目	視 一 國
임금은	두 눈을 써서	한 나라를 본다
▸ 임금은	두 눈으로	한 나라를 본다.

以는 전치사이므로 말 그대로 목적어(명사, 대명사) 앞에 옵니다. 하지만 때로 以 뒤의 목적어를 以 앞으로 도치해 강조할 때가 있습니다. 또 목적어로 대명사를 취하는 경우 以 뒤의 대명사를 생략할 때가 많습니다. 이때는 以의 목적어가 무엇인지 문장 앞뒤를 잘 살펴서 해석해야 합니다.

한편 접속사는 단어와 단어, 구나 절, 문장과 문장을 연결하는 품사입니다. 以가 이런 접속사로 쓰일 때는 대개 동사나 동사구를 연결합니다. 또 以가 갖는 의미의 특성상 以 뒤에 오는 구절이 以 앞 구절의 목적이나 결과, 원인을 가리킬 때가 많습니다.

연습

1 以直報怨, 以德報德.

이직보원 이덕보덕 — 논어 헌문

- 直, 곧을 직. 正直, 率直, 剛直. 怨, 원망할 원. 怨望, 怨恨. 德, 큰/덕 덕. 美德, 恩德. 報, 갚을 보.
- "원한을 덕으로 갚으면 어떤가"라는 질문에 대한 공자의 대답이다.

➡ 강직함으로 원한을 갚고 덕으로 덕을 갚는다.

2 此木以不材得, 終其天年.

차목이부재득 종기천년 — 장자 산목

- 此, 이 차. 不, 아닐 불/부. 才, 재목/재주 재. 材木, 材料, 木材. 得, 얻을 득. 終, 마칠 종. 其, 그 기. 天年, 하늘 천, 해 년. 타고난 수명. 천수, 천명과 같은 말이다.
- 以가 이유(~ 때문에)의 의미로 쓰인 예이다.

➡ 이 나무는 재목으로 거두어 쓰지 못하므로 자신의 천수를 다한다.

3 是以一人投命, 足懼千夫.

시이일인투명 족구천부 — 오자 여사

- 是以, 이/옳을 시, 써 이. 이 때문에, 이렇게. 投, 던질 투. 命, 목숨/명령할 명. 足, 발/족할 족. 충분히 ~할 수 있다. 懼, 두려워할 구. 千夫, 일천 천, 지아비/사내 부. 천 명.

➡ 이 때문에 한 사람이 목숨을 던지면 천 명을 두렵게 할 수 있다.

4 忠信以得之, 驕泰以失之.

충신이득지 교태이실지 — 대학 전 10장

- 忠, 충성/정성 충. 忠實, 忠直. 信, 믿을 신. 信義, 信念. 得, 얻을 득. 之, 갈/그것/~의(하는, ~을/를, ~이/가) 지. 之는 생략된 앞 구절에 나오는 大道를 가리킨다. 驕泰, 교만할 교, 클/심할 태. 교만하고 방자하다.

➡ 충실함과 믿음으로 얻고 교만과 방자함으로 잃는다.

5 舟搖搖以輕颺, 風飄飄以吹衣.

주요요이경양 풍표표이취의 — 도연명 귀거래사

- 舟, 배 주. 搖, 흔들릴 요. 輕, 가벼울 경. 颺, 날릴 양. 飄, 회오리바람/나부낄 표. 吹, 불 취. 衣, 옷 의.
- 搖搖나 飄飄처럼 동사가 중첩되면 모양이나 소리를 묘사할 수 있다.
- 以가 而처럼 쓰인 예이다. 而는 부사어와 서술어 사이를 연결할 수 있다.

➡ 배는 흔들흔들 가벼이 떠다니고 바람은 살랑살랑 옷자락에 불어대네.

6 故破國亡主, 以聽言談者之浮說.

고파국망주 이청언담자지부설 — 한비자 오두

- 故, 연고 고. 접속사로 쓰이면 그러므로, 곧 등의 뜻을 나타낸다. 破, 깰 파. 主, 주인 주. 君主, 人主. 聽, 들을 청. 言, 말씀 언. 談, 말씀 담. 浮說, 뜰 부, 말씀 설/달랠 세. 떠도는 말, 뜬소리.

➡ 그러므로 나라가 깨지고 군주가 망하는 것은 말로 떠드는 이들의 뜬소리를 들었기 때문이다.

7 以道觀之, 物無貴賤. 以物觀之, 自貴而相賤.

이도관지 물무귀천 이물관지 자귀이상천 — 장자 추수

- 觀, 볼 관. 物, 물건/만물 물. 無, 없을 무. 貴賤, 귀할 귀, 천할 천. 귀하고 천함. 自, 스스로 자. 自身, 自己. 相, 서로 상.

➡ 도에 근거해서 보면 사물에 귀하고 천함이 없다. 사물에 근거해서 보면 자신은 귀하고 상대는 천하다.

14구

以A爲B(A를 B로 여기다) 형식

성씨와 마을과 나라가 다르다고 말하지 말라

以家爲家, 以鄕爲鄕, 以國爲國, 以天下爲天下.

이가위가 이향위향 이국위국 이천하위천하 — 관자 목민

집안을 집안으로 여기고 마을을 마을로 여기고
나라를 나라로 여기고 천하를 천하로 여긴다.

以~爲— 써 이, 할 위. ~을 —로 여기다(삼다). 家 집(집안) 가.
鄕 시골/고장(마을) 향. 國 나라 국.

언뜻 보면 당연하고 동어 반복에 지나지 않는 소리입니다. 집안을 집안으로 여기고 마을을 마을로 여겨야지, 그럼 집안을 마을로 여기고 마을을 집안으로 여기나? 이런 의문이 따를 법한 구절이지요. 그렇지만 관자管子가 반대한 대목이 바로 그 지점이었습니다.

관자는 이가위향以家爲鄕 즉 집안을 마을로 여기면, 다시 말해 집안을 다스리던 관례를 그대로 마을에 적용하면 마을을 다스릴 수 없다고 봤습니다. 마을에서 같은 성씨가 아닌 사람들이 배제되고, 그러면 이들에게 말이 먹히지 않는다고 생각했기 때문이지요. 마찬가지로 마을을 나라로 여기면 나라에서 동향이 아닌 사람이 배제되고, 나라를 천하로 여기면 천하에서 같은 나라 출신이 아닌 사람이 배제됩니다.

그래서 관자가 강조한 실천 행위가 마을에서 집안, 즉 성씨가 다름을 운운하지 말라는 것이었습니다. 나라에선 동향이 아님을, 천하에선 같은 나라 출신이 아님을 따지지 말라는 것이었지요. 2500여 년 전의 글이지만 이런저런 차별이 남아 있는 현대에도 울림이 있습니다.

집안에서 천하까지 통치 범위가 넓어질 때마다 그에 걸맞게 다스리는 기준과 방법을 달리 해야 한다, 이것이 위 구절에 담긴 전제였습니다. 유학자들 특히 성리학자들과는 사유 전통이 조금 다릅니다. 유학자들은 수신제가치국평천하修身齊家治國平天下라고 해서 천하를 평정하는 단초를 제왕의 수양과 학문에서 구했습니다.

관자는 중국 춘추 시대(기원전 722~기원전 681) 초기를 살았던 인물입니다. 제나라 환공을 춘추 시대의 다섯 패자 가운데 첫 주자로 밀어 올렸던 능력 있는 재상이었습니다. 대개 법가로 분류하지만 도가나 유가의 면모도 지니고 있어서 사상의 폭이 넓습니다. 당대에 보기 드물게 상업의 중요성을 강조했던 터라 상가라는 독자적인 학파로 분류하는 학자도 있습니다. 이름은 중仲이고 그의 언행을 기록한 책으로 『관자』가 전합니다.

어법 以A爲B : A를 B로 여기다(삼다), A로 B하게 하다

전치사 以와 동사 爲는 결합해서 고정된 형식으로 자주 쓰입니다. 이때 以A爲B라면 보통 'A를 B로 여기다', 'A를 B로 삼다'로 해석합니다. 간혹 'A를(로) B하게 하다'로 풀이해야 자연스러울 때도 있지만 흔하진 않습니다.

以~爲~는 以爲의 형식으로 쓰이기도 합니다. 以爲는 以가 목적어를 대명사로 취했을 때 이 대명사를 생략하거나 以 뒤의 목적어를 以

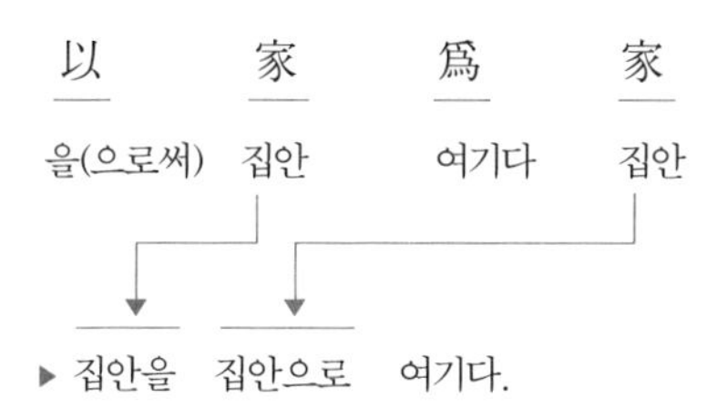

앞으로 전치한 형태이지요. 그런데 이때 '(~를) ~로 여기다'라는 풀이를 기계적으로 대응시키면 뜻이 통하지 않을 때가 많습니다. 문맥에 따라 그때그때 以 따로 爲 따로 각각의 뜻을 살려 해석하는 게 좋습니다.

人而不能言, 何以爲人.

사람이면서 말을 잘 못한다면 무엇으로 사람이 되겠는가?

— 곡량전 희공 22년

연습

1 天地不仁, 以萬物爲芻狗.

천지불인 이만물위추구 — 노자 5장

- 不仁, 아닐 불, 어질/인자할 인. 인자하지 않다, 인간적이지 않다. 仁慈, 仁者人也.(중용 20장) 萬物, 일만 만, 물건/만물/것 물. 모든 것. 芻狗, 꼴/짚 추, 개 구. 짚으로 만든 개 인형. 병렬 관계로 보아서 풀(← 짚)과 가축(← 개)으로 해석하기도 한다.

➡ 천지는 인자하지 않으니 만물을 짚으로 엮은 강아지 인형으로 여긴다.

2 埏埴以爲器, 當其無, 有器之用.

연식이위기 당기무 유기지용 — 노자 11장

- 埏埴, 이길 연, 찰흙 식. 찰흙을 이겨 반죽함. 器, 그릇 기. 當, 마땅(마땅히, 마땅할)/당할 당. 無, 없을 무. 有, 있을 유. 用, 쓸 용.

➡ 찰흙을 이겨 그릇을 만들지만 그 속이 비어야 그릇의 쓸모가 있다.

3 先須大其志, 以聖人爲準則, 一豪不及聖人, 則吾事未了.

선수대기지 이성인위준칙 일호불급성인 즉오사미료.

— 율곡전서 권14 자경문

- 先, 먼저 선. 須, 모름지기 수. 당연히, 마땅히. 志, 뜻 지. 志向, 意志. 聖人, 성인 성, 사람 인. 요나 순임금, 공자나 맹자처럼 지혜와 덕이 뛰어난 사람. 準則, 준할/표준 준, 법칙 칙/곧 즉. 기준이 되는 규칙이나 법칙. 一毫, 한 일, 터럭(털) 호. 한 오라기의 털, 털끝. 及, 미칠 급. 吾, 나 오. 事, 일/섬길 사. 未, 아닐 미. 了, 마칠 료.
- 율곡 이이가 젊은 시절 약 1년 반의 가출과 방황을 끝낸 후 스스로에게 다짐하며 썼던 글이다.

➡ 먼저 마땅히 그 뜻을 크게 하라. 성인을 기준으로 삼아 털끝만치라도 성인에게 미치지 못하면 내 일은 아직 끝나지 않은 것이다.

4 妻不以我爲夫, 嫂不以我爲叔, 父母不以我爲子,

처불이아위부 수불이아위숙 부모불이아위자

是皆秦之罪也.

시개진지죄야

— 전국책 진책

- 妻, 아내 처. 我, 나 아. 夫, 지아비(남편)/사내 부. 嫂, 형수 수. 叔, 아재비(아저씨)/시동생 숙. 皆, 다/모두 개. 秦, 나라 이름 진. 蘇秦, 차조기 소, 나라 이름 진. 장의의 연횡책에 대항해 합종책을 내세우고 실현시켰던 전국 시대의 사상가. 罪, 허물 죄.
- 소진이 아직 뜻을 얻지 못하던 시절, 가족에게 무시당했던 때를 한탄하는 구절이다.

➡ 아내가 나를 남편으로 여기지 않았고, 형수가 나를 시동생으로 여기지 않았고, 부모가 나를 아들로 여기지 않았다. 이것이 다 나 소진의 죄였다.

15구

어조사 於의 용례

천문과 지리의 관찰

仰以觀於天文, 俯以察於地理, 是故知幽明之故.

앙이관어천문　부이찰어지리　시고지유명지고

— 주역 계사 상

우러러 천문을 보고 구부려 지리를 살펴,
이에 따라 어둡고 밝아지는 까닭을 안다.

仰 우러를 앙. 以 써/로써 이. 而와 통한다. 觀 볼 관. 於 어조사 어.
天文 하늘 천, 글월(글)/무늬 문. 하늘의 무늬, 우주와 천체의 온갖 현상.
俯 구부릴 부. 察 살필 찰. 地理 땅 지, 다스릴/이치/결 리.
是故 이/옳을 시, 연고 고. 이 때문에, 그러므로, 이에 따라. 연고는 사유, 까닭, 관계, 인연 등을 의미한다.
幽明 그윽할/어두울 유, 밝을 명. 어두움과 밝음.

『주역周易』은 주나라의 점술 책입니다. 고대 중국의 주나라는 거북의 배딱지나 동물의 뼈, 톱풀(시초)이나 댓개비(서죽) 등으로 특정 시기마다 점을 쳐서 그 결과를 통치 행위에 반영했습니다. 이 가운데 시초 또는 댓개비 점과 관련된 기록을 바탕으로 나온 책이 『주역』입니다.

『주역』「계사전」은 이에 대한 해석 이론입니다. 보통 십익十翼이라고 해서 「계사전」 상, 하 외에 「단전」 상, 하 「상전」 상, 하 등 총 열 개의 전傳을 『주역』에 대한 권위 있는 해석서로 평가합니다. 모두 공자가 지었다는 학설도 있지만 부정하는 학자도 많지요. 문헌의 정리는 대략 전국 시대 말기부터 한나라 초기 사이에 이루어졌다고 봅니다. 『주역』을 해석하는 관점은 크게 두 가지로 나뉩니다. 하나는 그 옛날처럼 『주역』에서 미래를 읽어 내려는 방식이고, 다른 하나는 『주역』을 세상 변화의 원리와 이치를 보여 주는 사례로 간주합니다. 『주역』「계사전」은 후자의 관점에 서 있지요. 위 구절에서도 그런 태도가 드러납니다. 신령이나 귀신의 계시가 아니라 천문과 지리의 관찰을 통해 세상의 이치를 밝히려는 지향을 보여 줍니다.

어휘 천문, 지리, 관찰

오래된 유물은 국보나 보물로 지정해서 관리하면서 왜 오래된 개념은 그렇게 하지 않을까요? 만약 유래가 이천 년이 넘어가는 단어만 따로 모아 보물 단어로 지정하는 제도가 생긴다면 천문과 지리는 그 목록에서 단연 윗자리에 놓일 만한 단어입니다.

천문天文은 '하늘의 무늬'입니다. 해와 달과 별의 자취가 드러내는 형상이지요. 지리地理는 '땅의 결', 즉 땅의 높낮이나 너비 등이 보여 주는 지형입니다. 아울러 두 단어 다 무늬와 결의 모양을 지어내는 이치까지 내포한 개념입니다. 이런 기본 뜻은 근대 과학의 수용에 따라 지칭하는 대상의 범위나 내용, 사용 문맥이 달라졌을 뿐 지금까지 이어지고 있습니다.

관찰觀察은 '자세히 보다'라는 같은 뜻을 지닌 두 한자, 관과 찰을 합친 단어입니다. 전통적인 의미로는 보다는 뜻 외에도 시찰의 뜻을 갖고 있었습니다. 관찰사라는 과거 관직명에 그 뜻의 흔적이 남아 있지요. 요즈음 자주 쓰이는 실험 관찰의 의미는 19세기 말 일본 학자들이 관찰을 오브저베이션observation의 번역어로 차용하면서 부가됐습니다.

어법 '어조사 어於'

於는 '써 이以'처럼 전치사로 쓰이는 대표적인 한자입니다. '어於+목적어(명사, 대명사)' 구를 이루어 동사의 앞이나 뒤에 놓이지요. 이때 동작이나 행위의 시간이나 장소, 범위, 유래(근거), 대상 등을 두루 나타내고 '~에', '~에서', '~에게' 등으로 해석합니다. 때에 따라 '~로(부터)', '~에 대해', '~에 의해' 등으로도 풀이하지요. 간혹 於가 동작의 직접적 대상을 나타낼 때 해석을 생략하기도 합니다.

仰以觀	於	天文	俯以察	於	地理
우러러 보다	에서 (으로부터)	천문	굽어 살피다	에서 (로부터)	지리

▶ 우러러 천문을 보고 구부려 지리를 살피다.

於는 또 비교 대상을 나타내기도 합니다. 이때는 '~보다'라는 뜻으로 풀이합니다. 뜻의 범위가 넓지요? 그렇지만 於가 비교 대상을 나타낼 때에는 於 앞의 서술어가 형용사일 경우가 많으므로 이 점을 문법적 표지로 여길 수 있습니다.

防民之口, 甚**於**防川.

백성의 입을 막는 일이 강을 막는 일보다 심대하다.

— 십팔사략 주

於도 以처럼 동사 기원의 전치사입니다. 대개 '~에 있다'는 뜻에서 확장된 것으로 보지만 以처럼 동사의 흔적이 크게 남아 있지는 않습니다. 於와 비슷한 음인 '어조사 우于'도 於처럼 사용되고, '어조사 호乎' 역시 문장 중간에 쓰일 때는 於와 비슷한 용법으로 쓰입니다. 이는 '~에(서)'란 뜻뿐 아니라 '~보다'라는 뜻에도 적용됩니다.

연습

1 博學於文, 約之以禮.

박학어문 약지이례 — 논어 옹야

- 博, 넓을 박. 學, 배울 학. 約, 맺을/간략할 약. 要約, 縮約. 之, 갈/그것 지. 以, 써 이. 전치사로 쓰여 수단이나 방법(~로써, ~로), 이유(~ 때문에) 등을 나타낸다. 禮, 예도 례.
- 배운 것을 시험 문제의 오답 노트가 아니라 일상생활에서 따라야 할 행위나 일의 순서, 갖추어야 할 태도 등으로 간추려서 간직한다는 의미이다.

➡ 폭넓게 글을 배우고 배운 것을 예의로 요약한다.

2 出乎爾者, 反乎爾者也.

출호이자 반호이자야 — 맹자 양혜왕 하

- 出, 날 출. 乎, 어조사 호. 於와 같다. 爾, 너/가까울 이. 反, 돌이킬(돌아올)/반대할 반.
- 추나라 임금이 전쟁 때 윗사람을 돕지 않은 이들을 어떻게 처리해야 할지를 묻자 맹자가 대답했던 말의 일부이다. 증자의 말을 인용했다.

➡ 너에게서 나온 것이 너에게로 되돌아간 것이다.

3 天下難事, 必作於易. 天下大事, 必作於細.

천하난사 필작어이 천하대사 필작어세 — 노자 63장

- 難, 어려울 난. 事, 일/섬길 사. 必, 반드시 필. 作, 지을/일어날 작. 易, 바꿀 역/쉬울 이. 細, 가늘 세.

➡ 천하에 어려운 일은 반드시 쉬운 데에서 일어나고 천하에 큰일은 반드시 작은 데에서 일어난다.

4 青取之於藍, 而青於藍. 氷水爲之, 而寒於水.

청취지어람 이청어람 빙수위지 이한어수 — 순자 권학

- 青, 푸를 청. 取, 가질/취할 취. 藍, 쪽 람. 氷, 얼음 빙. 爲, 할(될)/만들 위. 寒, 찰 한.

● 학문을 해야만 더 나아질 수 있음을 염색과 얼음이 어는 과정에 비유했다. 이 구절에서 靑出於藍이란 고사성어가 나왔다. 靑出於藍은 원 문맥과 달리 제자가 스승보다 낫다는 의미로 쓰인다.
● 동작의 원인(~에서, ~ 때문에)을 나타내는 於와 비교(~보다)를 나타내는 於가 한꺼번에 쓰인 구문이다.

➡ 푸른색은 쪽 풀에서 취하지만 쪽보다 푸르고 얼음은 물로 만들지만 물보다 차갑다.

5 生乎吾後, 其聞道也, 亦先乎吾, 吾從而師之.
생호오후 기문도야 역선호오 오종이사지 — 한유 사설

● 生, 날 생. 吾, 나 오. 後, 뒤 후. 其, 그 기. 聞, 들을 문. 先, 먼저 선. 從, 좇을(따를) 종. 師, 스승 사.
● 동작의 시간(~에)을 나타내는 乎와 비교(~보다)를 나타내는 乎가 한꺼번에 쓰인 구문이다.

➡ 내 뒤에 났어도 그가 도를 들음이 역시 나보다 먼저라면 나는 그를 따르고 선생으로 삼는다.

6 始吾於人也, 聽其言而信其行.
시오어인야 청기언이신기행

今吾於人也, 聽其言而觀其行.
금오어인야 청기언이관기행 — 논어 공야장

● 始, 비로소(처음) 시. 聽, 들을 청. 行, 다닐/행할 행. 行爲, 行動, 行實. 今, 이제 금. 觀, 볼 관. 觀察, 觀望.
● 동작의 대상(~에 대하여)을 나타내는 於의 예이다.

➡ 처음에 나는 사람에 대해 그의 말을 듣고 나서 그의 행동을 믿었다. 지금 나는 사람에 대해 그의 말을 들어도 그의 행동을 관찰한다.

16구

焉(=於之)과 諸(=之於)의 의미

나아가고 물러남의 원칙

邦有道, 貧且賤焉, 恥也. 邦無道, 富且貴焉, 恥也.
방유도 빈차천언 치야 방무도 부차귀언 치야

— 논어 태백

나라에 도가 있는 데에서는 가난하고 천한 것이 부끄럽고
나라에 도가 없는 데에서는 부유하고 귀한 것이 부끄럽다.

邦 나라 방. 貧 가난할 빈. 且 또 차. 賤 천할 천.
焉 어찌/어조사 언. 於之와 같다.
恥 부끄러울 치. 富 부자/부유할 부. 貴 귀할 귀.

출처에 대한 공자의 생각을 보여 주는 문구입니다. 언제 세상에 나와 벼슬을 살거나 정치를 하고 언제 물러나야 하는지 조언해 주면서 나왔던 구절이지요. 다음은 그 구절이 포함된 전체 문장입니다. 말씀의 느낌을 살리기 위해 구어체로 다듬었습니다.

믿음을 돈독히 하고 학문을 좋아하며 목숨으로 도를 지켜야 하네. 위태로운 나라에 들어가지 말고 어지러운 나라에서 살지 말게. 천하에 도가 있으면 나오고 도가 없으면 숨어야지. 나라에 도가 있는 데에서는 가난하고 천한 것이 부끄럽고 나라에 도가 없는 데에서는 부유하고 귀한 것이 부끄럽거든.

이 구절은 조선 시대 선비라면 누구나 한번쯤 가슴에 새겼을 문구입니다. 유학을 왜 공부하는지, 유학을 공부해서 어디다 쓰는지 선비의 정체성과 관련된 조언이기 때문이지요. 이황이나 이이 같은 이도 사적으로 주고받은 편지를 보면 나아가고 물러남에 대한 고민을 담은 시나 문답이 심심치 않게 등장합니다. 도를 정의나 공정, 민주주의 같은 현대 정치학 용어로 바꿔 본다면 오늘날 지식인도 벗어나기 어려운 고민이기도 합니다.

어법 焉=於之(於是), 諸=之於(之乎)

焉은 중국 문법서에서 합음사 또는 겸사라고 설명하는 한자입니다. 한 글자가 두 글자 구실을 하고 있다는 뜻이지요. 焉에는 '於+대명사 之'의 의미가 담겨 있습니다. 대개 문구의 말미에 놓이는데 '그곳에(서), 거기에(서)', '그것으로', '그것보다' 등으로 해석합니다. 앞서 나왔던 於의 의미에 대명사로 쓰일 때 之가 갖는 의미가 결합돼 있습니다. 직역하면 우리말 어법에 자연스럽지 않아서 번역할 때는 대개 풀이가 생략됩니다.

邦有道　貧且賤　焉　恥也
(於之)

나라에 도가 있는 데 (그곳에서) 가난하고 천한 것은 부끄럽다.

▶ 나라에 도가 있는 데에서는 가난하고 천한 것이 부끄럽다.

於와 之의 의미를 동시에 갖는 한자로 諸도 있습니다. 다만 諸는 於와 之의 순서가 바뀌어서 '대명사 之+於'의 의미로 사용됩니다. 뜻만 놓고 보면 '~에(서) 그것을', '~에게 그것을' 정도로 풀이할 수 있지요. 그렇지만 이때 諸에 내포된 之는 대개 일반적이고 막연한 대상을 지칭하거나 諸 앞의 동사가 목적어를 취하는 타동사임을 분명히 해 주는 구실을 합니다. 그러므로 풀이를 생략하거나 그 대상을 추정해서 해석합니다.

君子求諸己, 小人求諸人.

군자는 자기에게서 (잘못을) 찾고 소인은 남에게서 (잘못을) 찾는다.

— 논어 위령공

간혹 대명사가 아니라 어조사로 쓰이는 之에 於가 붙어서 之於로 사용되는 경우가 있습니다. 이때는 之於를 諸로 대치할 수 없습니다.

연습

1 寡人之於國也, 盡心焉耳矣.
과인지어국야 진심언이의 — 맹자 양혜왕 상

● 寡人, 적을 과, 사람 인. 나를 일컫는 겸칭. 之, 갈/그것/~의(하는, ~을/를, ~이/가) 지. 於, 어조사 어. 전치사로 쓰여 시간이나 장소(~에, ~에서, ~로부터), 대상(을/를, ~에게, ~에 대해) 등의 뜻을 나타낸다. 盡, 다할 진. 耳, 귀/뿐 이. 발음이 비슷한 而已의 축약된 형태로 쓰여 '뿐'이라는 뜻을 나타냈다. →19구
● 諸로 대치할 수 없는 之於의 예이다.

➡ 저는 나라에 대해서 (거기에) 마음을 다해 왔을 뿐입니다.

2 衆惡之, 必察焉. 衆好之, 必察焉.
중오지 필찰언 중호지 필찰언 — 논어 위령공

● 衆, 무리 중. 惡, 나쁠 악/미워할 오. 必, 반드시 필. 察, 살필 찰. 好, 좋을 호.

➡ 사람들이 미워해도 반드시 (그에 대해) 살펴보고 사람들이 좋아해도 반드시 (그에 대해) 살펴본다.

3 道在爾而求諸遠, 事在易而求諸難.
도재이이구제원 사재이이구제난 — 맹자 이루 상

● 在, 있을 재. 爾, 너/가까울 이. 求, 구할 구. 遠, 멀 원. 事, 일/섬길 사. 易, 바꿀 역/쉬울 이. 難, 어려울 난.

➡ 길은 가까이 있는데 멀리서 (그것을) 구하고 일은 쉬운 데 있는데 어려운 데서 (그것을) 구한다.

4 浸潤之譖, 膚受之愬, 不行焉, 可謂明也已矣.
침윤지참 부수지소 불행언 가위명야이의 — 논어 안연

● 浸潤, 잠길/스며들 침, 젖을 윤. 젖어서 배어든다. 譖, 참소할 참. 膚, 살갗 부. 受, 받을 수. 愬, 하소연할 소. 行, 다닐/행할 행. 可謂, 옳을/가할 가, 이를/말할 위. 말할 만하다, 말할 수 있다. 明, 밝을 명. 明晳, 明哲, 分明. 也已矣, 어조사

야, 이미/뿐 이, 어조사 의. 감탄이나 제한의 어기를 나타낸다. '~구나', '~뿐이다'의 의미로 풀이한다.

- 참소와 하소연이 진실한지 살펴야 한다.

➡ 젖어서 배어드는 듯한 참소와 살갗에 닿는 듯한 하소연이 (그에게서) 행해지지 않는다면 명석하다고 할 수 있다.

5 我不欲人之加諸我也, 吾亦欲無加諸人.

아불욕인지가제아야 오역욕무가제인 — 논어 공야장

- 我, 나/우리 아. 不欲, 아닐 불, 하고자 할 욕. 하고자 하지 않다. 加, 더할 가. 吾, 나 오. 亦, 또 역. 無, 없을/아닐 무.
- 공자 제자인 자공이 공자에게 한 말이다. 그러나 공자에게 네가 할 수 있는 수준의 일이 아니라는 답변만 얻는다.

➡ 나는 남이 나에게 (그렇게) 하지 않았으면 하는 일은 나 또한 남에게 (그렇게) 하지 않으려 한다.

17구 所+동사(~하는 바/것) 구조

이극의 다섯 가지 인사 원칙

居視其所親, 富視其所與, 達視其所擧,
거시기소친 부시기소여 달시기소거

窮視其所不爲, 貧視其所不取.
궁시기소불위 빈시기소불취 — 십팔사략 춘추 전국 위

평소에는 그가 가까이하는 사람을 보고,
부유할 때는 그가 내주는 것을 보고,
지위가 높을 때는 그가 천거하는 사람을 보고,
궁지에 몰렸을 때는 그가 하지 않는 일을 보고,
가난할 때는 그가 가지지 않는 것을 본다.

居 살/평소 거. 視 볼 시. 其 그 기. 所 바/것 소. 親 친할/어버이(부모) 친.
與 더불/줄 여. 達 통달할/출세할 달. 擧 들 거. 薦擧. 窮 다할 궁. 窮地, 窮乏.
不爲 아닐 불, 할 위. 하지 않다. 貧 가난할 빈. 取 가질/취할 취.

중국의 전국 시대(기원전 475?~기원전 221)는 진晉나라 애공의 신하였던 위씨, 한씨, 조씨 세 경대부 가문이 진나라를 위나라, 한나라, 조나라 셋으로 나눠 가지면서 시작됩니다. 세력과 무력만 있으면 신하도 제후가 될 수 있다는 사실이 공인받으면서 이전과 다른 국제 질서와 체제가 형성되지요. 작은 나라가 점점 큰 나라에 병합되고 나라와 나라 간 전쟁의 양상이 격렬해집니다.

이 전국 시대 초창기에 위魏 나라를 강국으로 만들었던 이가 문후文侯입니다. 이회李悝를 재상으로 등용해 구 귀족 세력을 약화시키는 정치 경제 개혁을 시행하고, 오기(오자)를 발탁해 무패의 군대를 키워냅니다. 이때 위 문후가 실시했던 각종 개혁 조치들은 이후 다른 나라들에게 부국강병을 위한 모델 역할을 하지요.

위 구절은 문후에게 이극李克이 했던 말입니다. 문후가 두 명의 재상 후보 중에서 한 명을 선택해 달라고 조언을 구하자 스스로 선택하시라며 일러준 원칙이었습니다. 문후는 이 말을 듣고 그 자리에서 바로 재상을 결정합니다. 어떤가요? 위나라를 강성하게 만들었던 인사 원칙으로 느껴지나요? 이극은 공자의 제자였던 자하의 제자로, 문헌에 따라 이회와 동일 인물로 보기도 합니다.

어법 所＋동사 : ～하는 바(것)

한문은 우리말에 비해 명사화된 표현이 발달된 언어입니다. 우리말이라면 동사나 형용사로 나타낼 것을 명사와 명사의 연결로 나타내는 경우가 많지요. 이것이 한문을 번역한 글에 '～하는 것'이란 어투가 흔한 이유입니다.

'所＋동사'는 동사를 명사로 만드는 대표적인 고정 형식입니다. 동사의 동작이나 행위의 대상이 되는 사건, 사물, 사람 등을 나타내지요. '～하는 바', '～하는 것(사람, 곳)' 등으로 풀이합니다. 일반적인 명사처럼 주어, 목적어, 관형어, 서술어 자리 어디에나 놓일 수 있습니다. 居視其所親에서는 '所＋동사' 구가 其와 함께 구를 이루어 視의 목적어로 쓰였습니다.

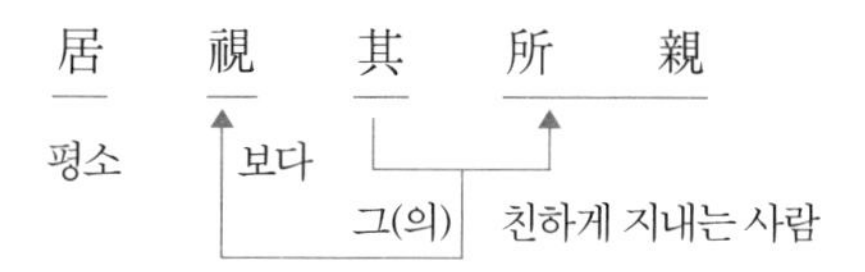

▶ 평소에 그가 친하게 지내는 사람을 보다.

당연한 말이지만 '所+동사' 구조에서 所 뒤에는 항상 동사가 옵니다. 그러므로 所 뒤에 명사(대명사)나 형용사로 자주 쓰이는 글자가 오더라도 그 글자는 동사처럼 해석합니다. 우리말로 의미 차이가 크진 않지만 所親도 '친한 사람'이라고 하기보다는 '친하게 지내는 사람', '가까이하는 사람' 정도로 풀이해서 행위를 강조하는 게 한문 어법에 더 부합하지요.

또 '所+동사' 구가 동작의 대상을 나타낸다는 점도 놓치지 말아야 합니다. 이는 '~한 것', '~한 사람'을 뜻하는 또 다른 표현인 '~者' 구가 동작의 행위자, 주동자를 주로 나타낸다는 점과 구별됩니다.

- 所信　믿는 바, 믿는 것
- 信者　믿는 사람

'所+동사' 구조는 '所+전치사+동사' 형식으로도 사용할 수 있습니다. 所 다음에 以, 爲, 與, 從 등이 와서 각각의 뜻을 더해 '것'이나 '바'로 지칭하는 대상의 의미를 더 구체적으로 지시해 주지요. 所以는 '~하는 까닭', '~하는 방법'으로, 所爲는 '~하는 까닭'으로 풀이합니다.

연습

1 少所見多所怪.

소소견다소괴 — 모자 이혹론

- 少, 적을 소. 見, 볼 견. 多, 많을 다. 怪, 괴이할 괴.
- 少와 多는 서술어로 쓰일 때 有나 無 같은 어순을 따른다. 즉 의미상 주어가 목적어 자리에 온다.

➡ 보는 것이 적으면 괴이한 것이 많다.

2 應無所住, 而生其心.

응무소주 이생기심 — 금강경 장엄정토분

- 應, 응할/응당 응. 無, 없을/아닐 무. 住, 살/머무를 주. 而, 말 이을 이. 접속사로 쓰여 나열(~고, ~며), 상반(~나, ~지만) 등의 뜻을 나타내거나 부사어와 서술어 사이를 연결한다. 生, 날/살 생.

➡ 마땅히 머무는 바 없이 그 마음을 낸다.

3 是非之彰也, 道之所以虧也.

시비지창야 도지소이휴야 — 장자 내편 제물론

- 是非, 옳을 시, 그를 비. 옳고 그름. 之, 갈/그것/~의(하는, ~을/를, ~이/가) 지. 彰, 밝을 창. 所以, 바/것 소, 써 이. 동사(동사구) 앞에 쓰여 '~하는 방법', '~하는 까닭'의 의미를 나타낸다. 虧, 이지러질 휴.

➡ 옳고 그름을 밝히는 일이 도가 어그러지는 이유이다.

4 見漁人, 乃大驚, 問所從來.

견어인 내대경 문소종래 — 도연명 도화원기

- 漁, 물고기 어. 乃, 이에 내. 驚, 놀랄 경. 問, 물을 문. 從, 좇을 종. 전치사로 쓰이면 '~에서부터', '~에 따라' 등의 뜻을 갖는다. 來, 올 래.
- 所從來가 '所＋전치사＋동사' 형식의 사례이다.

➡ 어부를 보고 이에 크게 놀라 온 곳을 물었다.

5 天之所助者順也, 人之所助者信也.

천지소조자순야　　　　인지소조자신야　　　　— 주역 계사 상

● 助, 도울 조. 順, 순할/따를 순. 順理. 信, 믿을 신. 信義, 信念.

➡ 하늘이 돕는 것은 순리에 따른 것이고 사람이 돕는 것은 신의를 지키기 때문이다.

6 物有本末, 事有終始. 知所先後, 則近道矣.

물유본말　　사유종시　　지소선후　　즉근도의　　　　— 대학 경1장

● 物, 물건/만물 물. 事物, 萬物. 本末, 근본 본, 끝 말. 근본과 말단, 처음과 끝. 事, 일/섬길 사. 終始, 마칠 종, 비로소/처음 시. 종결과 시작, 마지막과 처음. 先後, 먼저/앞설 선, 뒤 후. 앞뒤, 먼저와 나중. 則, 곧 즉/법칙 칙. 近, 가까울 근. 道, 길/방법 도. 方道.

➡ 사물에는 근본과 말단이 있고 일에는 종결과 시작이 있다. 먼저 하고 나중에 할 것을 안다면 최선의 방도에 가까울 것이다.

18구

접속사 而의 용례

자하의 인仁

博學而篤志, 切問而近思, 仁在其中矣.

박학이독지 절문이근사 인재기중의 — 논어 자장

폭넓게 배우고 뜻을 돈독히 하며,
절실하게 묻고 가까이에서 생각하면 인이란 그 가운데 있다.

博學 넓을 박, 배울 학. 넓게 배움. 而 말 이을 이. 篤 도타울 독. 篤實, 敦篤.
志 뜻 지. 切 끊을 절. 切實. 問 물을 문. 近 가까울 근. 思 생각할 사.
仁 어질/인자할 인. 인간이나 인간다움을 대입해 내용을 이해할 수 있다. →11구
在 있을 재. 其 그 기. 中 가운데 중. 矣 어조사 의.

공자가 아니라 그의 제자인 자하子夏가 했던 말입니다. 자하는 자장, 증삼 등과 더불어 공자가 천하를 떠돌던 오십 대 중반 이후에 받아들였던 제자였지요. 진晉나라 출신으로 위 문후의 스승을 지냈습니다. 앞에서 말했듯이 위 문후는 진나라가 위, 한, 조 세 나라로 갈라진 전국 시대 초기에 위나라의 전성기를 이끌었던 군주입니다.

『사기』의 「중니제자열전」에 따르면 자하가 강점을 지닌 분야가 문학文學이었습니다. 문학예술 작품이라는 좁은 의미의 문학이 아니라 『시경』이나 『서경』, 『주역』처럼 글로 쓰인 문헌을 가리키는, 넓은 의미의 문학에 능통했다는 뜻입니다. 이를 근거로 고대 경전에 대한 최초의 주석과 해설이 자하에게서 시작됐다고 추정하는 학자도 있지요.

그만큼 자하가 동양적 학문 체계와 내용에 끼친 영향이 컸습니다.

위 구절은 그런 자하의 성향이 드러나는 문구입니다. 고대 문헌의 폭넓고 깊은 이해와 이를 당장의 절실하고 가까운 문제에 적용하려는 태도를 엿볼 수 있지요. 자하가 글공부와 공부한 내용의 실천에서 인간의 가치, 즉 인仁을 찾으려 했다는 점을 알 수 있습니다. 공부를 강조하더라도 그 과정에서 효의 습득과 실행을 더 중시했던 증삼(증자), 맹자 계열과는 결이 조금 다릅니다.

어휘 박학, 독지

박학博學이나 독지篤志는 문어체 글에서 종종 발견되는 한자어입니다. 단독으로 쓰이기보다 다른 말에 섞여 있을 때가 많지요. 박학다식은 '배움이 넓고 아는 것이 많다'는 뜻입니다. 독지가는 '어려운 이를 돕는 사람'입니다.

독지가는 한자 뜻만으로 단어 뜻을 알기 어려운 불투명어이지만 이는 '뜻이 돈독하거나 독실한 사람'이라는 기본 의미에서 확장된 것입니다. 우리말에서 가家를 접미사로 써서 '전문적으로 일하는 사람'을 나타내는 용법은 19세기 말 일본의 언어 습관이 밀려들면서 널리 퍼지게 됩니다. 그러므로 빨라도 그 이후에 갖게 된 뜻일 것입니다.

어법 '말 이을 이而'

이而는 훈을 새기는 방식이 독특합니다. 대부분의 한자는 '사람 인人', '믿을 신信' 등과 같이 한자 뜻에 음을 붙여서 새깁니다. 그렇지만 而

는 말을 잇는다는 문법적 기능을 들어서 '말 이을 이而'라고 새기지요. 오늘날 접속사라 부르는 기능을 조선 시대 용어로 표현한 말입니다.

새김에서 알 수 있듯이 而는 한문에서 접속사를 대표하는 한자입니다. 단어와 단어, 구와 구, 절과 절 사이를 이어서 병렬이나 나열, 시간의 전후, 상반이나 전환, 가정, 인과 관계 등을 나타냅니다. 우리말로는 '~와(과)', '~하고(서)', '~한 후에', '~하지만', '~한 데다(게다가)', '만약(~면)', '~하여(서)' 등으로 해석합니다. 뜻의 범위가 무척 넓은 단어입니다.

그렇지만 이때 而가 앞뒤 구절을 어떤 관계로 연결 짓는지는 而가 지닌 고유의 뜻이 결정하는 것이 아닙니다. 앞뒤 구절의 의미 관계에 따라 좌우되므로 문맥을 통해 추론해야 합니다. 博學而篤志 切問而近思는 일반적으로 나열(~고, ~며)로 해석합니다.

博 學	而	篤 志	切 問	而	近 思
넓게 배우다		뜻을 돈독히 하다	절실하게 묻다		가까이에서부터 생각하다

▶ 폭넓게 배우고 뜻을 돈독히 하다.　　▶ 절실하게 묻고 가까이에서 생각하다.

이처럼 而의 사용 범위가 넓기는 하지만 아예 문법적인 제한 조건이 없는 것은 아닙니다. 而는 주로 동사(동사구)나 형용사(형용사구)를 연결합니다. 명사나 대명사의 병렬 관계를 나타낼 때는 주로 與를 쓰지요. 그래서 而가 명사와 동사 사이에 쓰일 경우 그 명사는 동사적으로 해석합니다. 또 而는 부사어와 서술어를 연결할 수 있습니다. 관형어와 체언 사이에는 주로 之를 사용합니다.

한편 而는 접속사뿐 아니라 대명사로도 쓰입니다. 이때는 발음이 비슷하거나 같은 '너 여汝', '너 이爾'와 통용해서 쓴 것으로 보고 '너'라는 뜻으로 해석합니다. 빈도로 보면 접속사로 네 번 쓰일 때 대명사로 한 번 정도 쓰이니까 비중은 낮습니다. 그렇지만 대명사로 쓰인 而를 접속사로 해석하면 그 한문은 암호문이 됩니다.

연습

1 天地本寬, 而鄙者自隘.

천지본관 이비자자애 — 채근담 후집

- 本, 근본 본. 本來. 寬, 너그러울/넓을 관. 鄙, 더러울 비. 鄙陋. 自, 스스로 자. 隘, 좁을 애.
- 而가 상반(~지만, ~나)의 뜻을 나타낸 예이다.

➡ 천지는 본래 넓으나 비루한 이가 스스로 좁힌다.

2 欲富而家, 先富而國.

욕부이가 선부이국 — 한비자 외저설우 하

- 欲, 하고자 할 욕. 家, 집/집안 가. 先, 먼저 선.
- 而가 '너 이爾'와 통용돼서 이인칭 대명사(너)로 쓰인 예이다.

➡ 네 집안을 부유하게 하려면 먼저 네 나라를 부유하게 한다.

3 念天地之悠悠, 獨愴然而涕下.

염천지지유유 독창연이체하 — 진자앙 등유주대가

- 念, 생각 념. 悠悠, 멀 유. 아득하니 먼 모양. 獨, 홀로 독. 愴然, 슬플 창, 그럴 연. 슬퍼하는 모양. 然은 형용사 뒤에서 접미사로 쓰이면 '~하는 모양'의 의미를 나타낸다. 涕, 눈물 체. 下, 아래 하.

➡ 천지의 아득함을 생각하다가 홀로이 슬퍼져 눈물이 흐른다.

4 默而識之, 學而不厭, 誨人不倦, 何有于我哉.

묵이지지 학이불염 회인불권 하유우아재 — 논어 술이

- 默, 잠잠할/묵묵할 묵. 識, 알 식/윌(새길) 지. 學, 배울 학. 不, 아닐 불/부. 厭, 싫을 염. 厭症. 誨, 가르칠 회. 倦, 게으를 권. 何, 어찌/무엇 하. 于, 어조사 우. ~에게. 我, 나/우리 아. 哉, 어조사 재. 何와 호응해 의문의 어기를 나타낸다.
- 默而識之는 而가 부사어와 서술어 사이에 쓰인 사례이다. 學而不厭도 같은 사례이지만 여기 而는 동시(~면서)나 나열(~고, ~며)로 해석하기도 한다.

● 일본 학자인 미야자키 이치사다宮崎市定나 중국 학자인 리쩌허우李澤厚는 이 구절을 우리나라 학계의 일반적 관례와 정반대로 해석한다. "'默而識之, 學而不厭, 誨人不倦' 이 세 가지 외에 무엇이 있겠는가? 그것뿐이다"라는 맥락으로 풀이한다.

➡ 묵묵히 기억하고, 배움에 싫증내지 않고, 남을 가르치는 데 게으르지 않은 것, 이 중에 나에게 무엇이 있던가?

5 淵深而魚生之, 山深而獸往之, 人富而仁義附焉.

연심이어생지 산심이수왕지 인부이인의부언 — 사기 화식열전

● 淵, 못 연. 深, 깊을 심. 獸, 짐승 수. 往, 갈 왕. 仁, 어질 인. 義, 옳을/뜻 의. 正義. 附, 붙을 부. 附着, 附與. 焉, 어찌/어조사 언. 於之와 같다.
● 인의를 부유함과 결합시키는 사유는 유학자들의 일반적인 관념과는 거리가 멀다. 관자 계열의 사상이 반영된 구절이다.
● 而가 가정(~면)의 의미로 사용된 예이다. 당위(~어야)로 해석하기도 한다.

➡ 연못이 깊으면 물고기가 살고 산이 깊으면 짐승이 몰려가며 사람이 부유하면 인仁과 의義가 따라붙는다.

19구 而已, 而已矣의 의미
여전히 이익인가

何必曰利. 亦有仁義而已矣.

하필왈리　　역유인의이이의　　— 맹자 양혜왕 상

어찌 이익을 말하는가.
역시 인과 의가 있을 뿐이다.

何必 어찌 하, 반드시 필. 어째서 꼭. 曰 가로/말할 왈.
利 이할/이로울 리. 利益, 利己. 亦 또 역. 有 있을 유. 仁 어질/인자할 인.
義 옳을/뜻 의. 正義. 而已矣 말 이을 이, 이미/그칠(뿐) 이, 어조사 의. ~할 뿐이다.

양나라 혜왕이 맹자에게 "내 나라를 이롭게 할 방법이 있습니까?" 하고 묻자 맹자가 대답한 말입니다. 나라를 인간적으로 정의롭게 다스릴 방법을 묻지 않고 왜 이익부터 묻느냐는 반문입니다. 언제나 인의仁義의 정치가 기본이라는 맹자의 생각을 엿볼 수 있지요.

이 주장은 서로 이익을 공유하거나 교환해서 삶을 꾸려 가는 현대인들에게 순진한 생각으로 비칠 수 있습니다. 또 권력과 부를 선점한 세력이 새로운 세력의 성장을 차단하는 논리라고 비판받을 수도 있지요. 하지만 위 구절에서 이익은 상업이나 기업 활동을 통한 이득의 획득과는 거리가 멉니다. 전쟁을 통한 영토와 권력, 부의 획득이란 의미가 컸습니다.

그런데 이 당시 양 혜왕은 그의 할아버지 위 문후가 일궈 놓은 강대했던 나라를 거의 말아먹은 상태였습니다. 장기 전략에 따라 주로 서쪽의 진나라와 싸웠던 문후와 달리 단기 이익을 좇아 진, 조, 한, 송, 제나라 등과 동서남북 사방으로 전쟁을 벌였던 탓이지요. 영토가 쪼그라들고 위나라가 양나라로 불리게 된 때도 그 어름이었습니다.

사정이 이런 데도 혜왕은 맹자를 보자마자 또 이익 타령이었습니다. 마치 도박에서 재산을 거의 날리고도 여전히 돈 따는 방법을 묻는 도박 중독자랑 비슷했지요. 그러니까 맹자의 반문은 이제 이익을 그만 찾고 백성의 안녕과 생존을 살피는, 정치의 기본으로 돌아가라는 항의였습니다. 당시 상황에서는 할 만한 말이었습니다.

맹자는 조선 시대 내내 주자와 함께 공자의 적통을 잇는 유학자로 평가받았던 인물입니다. 알게 모르게 현대 한국인의 사유에도 짙은 흔적이 남아 있는 사상가이지요. 학문에서 내면 수양을 강조해서 제도를 통한 규율을 중시했던 순자와 성향이 구분됩니다. 노나라 이웃 동네 추나라 출신이고 이름은 가軻입니다. 그의 어록을 모아 놓은 책으로 『맹자』가 전합니다.

어법 而已, 而已矣=耳(爾) : ~할 뿐이다, ~할 따름이다

而는 고정된 뜻을 지니지 않기에 而 뒤에 동사나 명사 따위를 붙여서 뜻을 분명히 해 주는 경우가 많습니다. 而已는 而 뒤에 동사를 붙인 형태입니다. 곧이곧대로 풀면 '~(하고) 말다', '(~하고) 그치다'는 뜻인데 여기에서 '~할 뿐이다', '~할 따름이다'란 뜻이 생겼습니다. 문장의 끝에서 한정의 어기를 나타냅니다.

而已矣는 여기에 矣를 더한 형태로 而已와 같은 뜻으로 쓰입니다. 耳 역시 而已의 음을 합쳐서 단축한 형태이지요. 같은 음인 爾로 대신 쓰기도 합니다.

亦 有 仁 義 而 已 矣

있다 ~할 뿐이다(~하고 그치다)

▶ 역시 인과 의가 있을 뿐이다.

而 뒤에 명사가 오는 사례로는 而前, 而後, 而上, 而下 등이 있습니다. 모두 而 다음에 오는 단어인 '앞 전前', '뒤 후後', '위 상上', '아래 하下'의 뜻에 따르고, 시간이나 장소의 범위를 분명히 해 줍니다. 또 而와 以는 발음이 같아서 통용되기도 하므로 각각 以前, 以後, 以上, 以下와 같은 뜻으로 쓰일 때가 많습니다.

연습

1 人生行樂耳.

인생행락이 — 한서 양운전

- 行, 다닐/갈/행할 행. 樂, 즐길 락/노래 악/좋아할 요. 耳, 귀/뿐 이.
- 耳가 而已의 축약된 음을 대신한 사례이다.

➡ 인생은 즐거이 갈 뿐이다.

2 形而上者謂之道. 形而下者謂之器.

형이상자위지도 형이하자위지기 — 주역 계사 상

- 形, 모양/형상 형. 形狀, 形態, 形體. 上, 위 상. 者, 사람(이)/것/어조사 자. 謂, 이를/말할 위. 下, 아래 하. 器, 그릇 기. 器物, 器官, 器具, 機器.
- 形而上에 學을 붙인 형이상학은 메타피직스metaphysics의 번역어로 사용된다. metaphysics는 아리스토텔레스가 '자연학 다음', '자연학 넘어'의 의미로 사용한 용어에서 기원한다.
- 而는 발음이 같은 以와 통용된다. 而上과 而下는 以上, 以下와 같다.

➡ 형상 위에 있는 것을 도라 하고 형상 아래에 속한 것을 기라 한다.

3 學問之道無他也, 求其放心而已矣.

학문지도무타야 구기방심이이의 — 맹자 고자 상

- 學問, 배울 학, 물을 문. 배우고 물어서 익히다. 無, 없을 무. 他, 다를 타. 求, 구할 구. 其, 그 기. 放, 놓을 방.

➡ 학문의 길은 다른 게 없다. 자신이 놓쳐 버린 마음을 찾는 일일 뿐이다.

4 欲貴者, 人之同心也. 人人有貴於己者, 弗思耳.

욕귀자 인지동심야 인인유귀어기자 불사이 — 맹자 고자 상

- 欲, 하고자 할 욕. 貴, 귀할 귀. 同, 한가지/같을 동. 人人, 사람/남 인. 사람마다. 명사가 중첩되면 '~마다'의 의미가 부가된다. 於, 어조사 어. 전치사로 쓰여 시간이나 장소(~에, ~에서, ~로부터), 대상(을/를, ~에게, ~에 대해) 등의 뜻을

나타낸다. 己, 몸/자기 기. 弗, 아닐 불. 思, 생각 사.

➡ 귀해지고자 함은 사람의 똑같은 마음이다. 사람마다 자기 자신에게 귀함이 있다는 사실을 생각하지 못할 뿐이다.

5 故凡亂也者, 必始乎近而後及遠, 必始乎本而後及末.
고범란야자 필시호근이후급원 필시호본이후급말

— 여씨춘추 사순론 처방

● 故, 연고 고. 접속사로 쓰이면 '그러므로', '곧' 등의 뜻을 나타낸다. 凡, 무릇/평범할 범. 亂, 어지러울 란. 混亂, 亂離. 始, 비로소/처음 시. 乎, 어조사 호. ~에서. 近, 가까울 근. 而後, 말 이을 이, 뒤 후. 以後와 같다. 及, 미칠/이를 급. 遠, 멀 원. 本, 근본 본. 末, 끝 말. 末端.

➡ 그러므로 대개 혼란은 반드시 가까이에서 시작된 후에 멀리 이르고, 반드시 근본에서 시작되고 난 후에 말단에 이른다.

6 人必自侮然後人侮之, 家必自毁而後人毁之,
인필자모연후인모지 가필자훼이후인훼지

國必自伐而後人伐之.
국필자벌이후인벌지

— 맹자 이루 상

● 自, 스스로 자. 侮, 업신여길 모. 侮辱, 侮蔑, 受侮. 然後, 그럴 연, 뒤 후. 그런 뒤. 家, 집/집안 가. 毁, 헐 훼. 毁損. 伐, 칠 벌.

➡ 사람은 반드시 스스로 업신여긴 뒤에 남이 업신여기고, 집안은 반드시 스스로 허물고 난 뒤에 남이 허물며, 나라는 반드시 스스로 치고 난 뒤에 남이 친다.

20구

명사의 동사화, 부사화

범증의 신호

范增數目項王, 擧所佩玉玦以示之者三, 項王默然不應.
범증삭목항왕 거소패옥결이시지자삼 항왕묵연불응

— 사기 항우본기

범증이 항우에게 여러 번 눈짓하며
차고 있는 옥결을 들어 보인 적이 세 차례였으나
항우가 말없이 응하지 않았다.

范增 성씨 범, 더할 증. 항우의 신하. **數** 셈 수/자주 삭. **目** 눈 목.
項王 목 항, 임금 왕. 항우. **擧** 들 거. **所佩** 바/것 소, 찰 패. 찬 것.
玉玦 옥 옥, 패옥 결. 옥으로 만든 고리.
以 써 이. 而와 통용된다. **示** 보일 시.
者 사람(이)/것 자. '것'의 뜻으로 옮길 때는 문맥에 따라 '곳', '적', '데' 등으로 지칭 대상을 좁혀 주면 우리말 어법에 자연스러워진다.
默然 묵묵할 묵, 그럴 연. 묵묵한 모양. **應** 응할 응.

고대 중국 역사에서도 손꼽히는 결정적 순간 가운데 한 장면입니다. 기원전 206년 12월, 홍문鴻門(현재의 산시성陝西省 동쪽)에서 차려진 연회에서 있었던 일이지요. 범증이 자신의 주군인 항우에게 연회에 참석한 유방을 죽이라고 신호를 보내는 대목입니다.

그렇지만 범증의 애타는 재촉에도 불구하고 항우는 미적대며 결정을 내리지 못했습니다. 이 틈을 타서 유방이 화장실을 간다며 자리를 벗어나서 도망치지요. 그로부터 4년 후, 유방은 진秦나라의 멸망으로 분열됐던 중국을 재통일하고 한나라의 첫 황제인 한고조로 등극하게 됩니다. 항우는 유방에게 패하여 스스로 목숨을 끊었습니다.

홍문의 연회는 진나라가 멸망한 직후에 한나라의 유방과 초나라의 항우가 천하의 패권을 두고 대립하기 시작하던 초창기에 벌어진 사건입니다. 이 당시에는 항우의 군대가 수에서나 전투 경험에서나 유방의 군대를 압도했지요.

그러나 홍문의 연회에서 죽을 위기를 넘긴 유방은 서쪽 변방 사천四川 지역에서 숨죽이며 힘을 길러 끝내 한때의 수모를 갚아 냅니다. 그리고 항우의 힘이 약해졌을 때 과거의 항우처럼 미적대지 않았습니다. 항우를 막다른 지경까지 몰아붙였지요. 범증은 유방이 지닌 잠재력과 위험성을 미리 알아채고 훗날 화근이 될지도 모를 싹을 일찌감치 제거하려 했던 것입니다.

어법 명사의 동사화, 부사화

범증삭목항왕范增數目項王은 한문 초보자를 당황하게 만드는 구절입니다. '셈 수數'와 '눈 목目'을 알고 있고, 범증과 항왕을 사람 이름으로 추측할 수 있어도 해석이 어렵지요. 사전의 대표 뜻을 기본 뜻으로 삼는다면 數가 부사어로, 目이 서술어로 쓰이면서 그에 맞추어 기

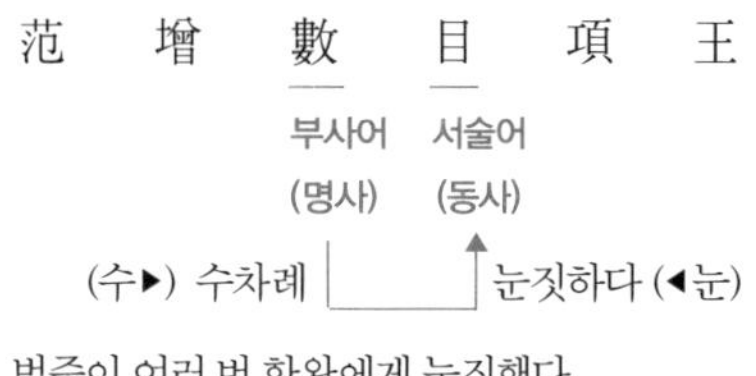

본 뜻이 변형됐기 때문입니다. 數는 음도 '삭'으로 바뀌게 되지요.

한문은 품사가 가변적인 언어입니다. 일부 허사를 제외하면 단어의 품사가 고정되어 있지 않고 문장 내 위치에 따라 동사, 형용사, 명사를 넘나듭니다. 그에 따라 의미가 달라지고 때로 음도 바뀌지요. 范增數目項王에서 '셈 수/자주 삭數'이 한 글자가 여러 품사로 쓰이는 품사 겸용의 사례라면 目은 기본 의미와 함께 품사가 달라지는 품사 전성의 사례라 할 수 있습니다.

이 때문에 한문에서 품사 구분은 의미가 없고 실사와 허사 구분만 유의미하다고 주장하는 학자도 있습니다. 그렇지만 한문의 품사가 가변적이더라도 제한 조건이 아예 없는 것은 아닙니다. 어떤 한자가 특정 품사로 자주 사용되는 빈도나 전성이 가능한 품사의 범위는 관습으로 정해져 있지요.

품사 구분은 이런 양상을 분석하는 데 유용한 도구가 될 수 있습니다. 다음은 동사가 주로 쓰이는 문법적 조건들 중에 앞 장에서 한 번씩 다뤘던 것들입니다. 이 동사 자리에 명사로 자주 쓰이는 한자가 온다면 그 한자는 동사로 풀이합니다.

1 所＋동사　所는 동사 앞에 와서 동사를 명사구로 만든다.
2 동사1＋而＋동사2　두 동사 중 하나가 명사라면 그 명사는 동사로 쓰였을 확률이 높다.
3 동사＋之　之가 목적어로 쓰이면 그 앞은 동사이다.
4 동사＋[以(於)＋목적어]　동사는 以나 於 같은 전치사구를 보어(부사어)로 취한다.

또 명사가 만약 주어와 서술어(동사, 형용사) 사이에서 부사어 구실을 한다면 그 명사는 부사로 해석합니다. 문맥에 따라 '~처럼', '~에서', '~으로' 등을 붙여서 풀이하지요. 다음은 명사가 부사어로 쓰이다가 관용어로 굳어진 예입니다.

	맞는 표현	틀린 표현
雲集	구름처럼 모임	구름이 모임
響應	메아리처럼 응함	메아리가 응함
蜂起	벌떼처럼 일어남	벌떼가 일어남

연습

1 豕人立而啼.

시인립이제 — 좌전 장공 8년

● 豕, 돼지 시. 立, 설 립. 啼, 울 제.

➡ 돼지가 사람처럼 서서 울었다.

2 爲學日益, 爲道日損.

위학일익 위도일손 — 노자 48장

● 爲學, 할 위, 배울 학. 배우다, 학문을 하다. 日, 날 일. 益, 더할 익. 爲道, 할 위, 길 도. 도를 닦다, 도를 다스리다. 損, 덜 손.
● 日이 서술어 앞에서 부사어로 쓰였다.

➡ 배움은 날마다 더하고 도는 날마다 덜어낸다.

3 嫂蛇行匍伏, 四拜, 自跪而謝.

수사행포복 사배 자궤이사 — 전국책 진책

● 嫂, 형수 수. 蛇, 뱀 사. 行, 다닐/갈 행. 匍伏, 길 포, 엎드릴 복. 엎드려 기다. 拜, 절 배. 自, 스스로 자. 跪, 꿇어앉을 궤. 謝, 사례할 사. 謝過, 謝罪.
● 합종책으로 유명한 소진이 재상의 지위에 올라 고향에 돌아오자 과거에 그를 무시하고 구박했던 형수가 소진을 맞이하는 풍경이다.
● 蛇가 부사어 자리에 놓여 부사로 쓰였다.

➡ 형수가 뱀처럼 엎드려 기어가더니 네 번 절하고, 스스로 무릎 꿇어 사과하였다.

4 以爲直於君而曲於父, 報而罪之.

이위직어군이곡어부 보이죄지 — 한비자 오두

● 以爲, 써 이, 할 위. ~로 여기다, ~로 삼다. 直, 곧을 직. 正直, 剛直. 曲, 굽을 곡. 바르지 않다, 옳지 않다. 曲直. 於, 어조사 어. 전치사로 쓰여 시간이나 장소(~에, ~에서, ~로부터), 대상(을/를, ~에게, ~에 대해) 등의 뜻을 나타낸다. 報, 갚을/알릴/재판할(판결할) 보. 報告. 罪, 허물 죄.

- 초나라의 한 재상이 아버지가 양을 훔쳤다고 고발한 아들에게 상을 주지 않고 도리어 처벌했다는 일화이다. 한비자는 이를 법을 어지럽혀 나라를 약하게 만드는 사례로 제시한다. 이 문장의 생략된 주어는 초나라의 재상이다.
- 罪가 之 앞에서 '죄주다' 또는 '처벌하다'는 의미의 동사로 쓰인 예이다.

➡ 임금에게 정직했지만 아버지에게 옳지 않았다고 여겨서 판결하고 죄를 주었다.

5 友也者, 友其德也, 不可以有挾也.

우야자 우기덕야 불가이유협야 — 맹자 만장 하

- 友, 벗/친구 우. 其, 그 기. 德, 큰/덕 덕. 不, 아닐 불/부. 可以, 옳을/가할 가, 써 이. ~할 수 있다, ~해야 한다. 挾, 낄 협. 의지하다, 믿고 뽐내다.
- 친구의 나이나 귀한 신분, 친구 형제의 세력 따위를 끼고 뽐내려는 의도로 사귀지 말라는 의미이다.
- 友其德의 友는 명사가 아니라 其德을 목적어로 삼아 동사로 쓰였다.

➡ 친구라 함은 그 사람의 덕을 친구 삼아야지 의지하려는 것이 있어서는 안 된다.

6 不耕而食鳥獸之肉, 不蠶而衣鳥獸之皮.

불경이식조수지육 부잠이의조수지피 — 소순 역론

- 耕, 밭갈 경. 耕作. 食, 밥/먹을 식. 鳥獸, 새 조, 짐승 수. 새와 짐승, 날짐승과 길짐승. 肉, 고기/살 육. 蠶, 누에 잠. 衣, 옷 의. 皮, 가죽 피.
- 食과 달리 衣는 '옷으로 입다'는 뜻으로 잘 쓰이지 않는다. 그렇지만 부정사가 쓰인 不蠶이 서술어임이 분명하므로 而 뒤의 衣도 서술어인 동사로 쓰였다고 추정할 수 있다.

➡ 경작하지 않고 새와 짐승의 살을 먹으며, 누에치지 않고 새와 짐승의 가죽을 옷으로 입었다.

4장

부정, 명령

21구

不과 非의 차이

하지 않는 것과 할 수 없는 것

王之不王, 不爲也, 非不能也.

왕지불왕 불위야 비불능야

— 맹자 양혜왕 상

왕이 왕 노릇 하지 못함은
하지 않아서이지 할 수 없어서가 아니다.

之 갈/그것/~의(~을/를, ~이/가) 지. 주어와 서술어 사이에 쓰이는 조사. →4구
不 아닐 불/부. 爲 할 위. 非 아닐 비. 能 능할/능력 능. ~할 수 있다.

맹자가 제齊나라 선宣왕에게 했던 말입니다. 제나라 선왕은 앞 장 19구에 나왔던 양 혜왕이 한나라를 침략했을 때 한나라에 구원병을 보내 마릉에서 대승을 거두게 했던 왕입니다. 위나라 국력을 쪼그라뜨려 양나라로 불리게 했던 주역 중의 한 명이지요. 당시의 구원병 참모가 손빈병법으로 유명한 손빈孫臏이었습니다.

맹자는 이 선왕에게 약간의 기대를 했던 것 같습니다. 양 혜왕의 질문에 대해 반문을 하며 말문을 막았던 태도와는 사뭇 달랐습니다. 자기 할 말만 하고 마는 게 아니라 제 선왕이 지니고 있던 인간적인 마음을 자극해서 자기주장을 납득시키려는 태도를 보입니다.

위 구절은 그런 맥락에서 나왔던 말입니다. 제 선왕이 마음만 먹으면 맹자가 주장하는 인간적이고 정의로운 통치, 당시 용어로 옮기면 '인

의'의 정치를 할 수 있다는 주장을 담고 있습니다. 맹자는 전쟁이 아니라 그런 정치를 통해서만 천하의 왕 노릇을 할 수 있다고 믿었지요.

그렇지만 제 선왕은 전쟁을 통해 이익을 추구한다는 면에서 양 혜왕과 크게 다를 바 없는 군주였습니다. 위나라가 조, 진, 제, 초의 가운데에 놓여서 사방으로 전쟁을 벌이느라 허약해졌다면 제나라는 동쪽 끝에 있어서 전쟁 상대를 한두 군데에 집중할 수 있었을 따름입니다.

당시에는 어느 나라나 군사력을 증강해서 전쟁의 승리를 추구하는 게 대세였습니다. 전쟁을 하지 않으려 한다고 피할 수 있는 상황은 아니었지요. 맹자는 선왕을 설득하는 데 결국 실패합니다. 그러나 평화로울 때 평화를 말하는 일은 쉽습니다. 모두가 전쟁으로 몰려갈 때 평화를 말하는 것이 어렵지요. 맹자는 아득한 세월 저편에서 항상 묻습니다. 과연 인간적이고 정의로운 정치는 하지 않는 것인가, 할 수 없는 것인가?

어법 '아닐 불不'과 '아닐 비非'의 차이

不과 非는 한문에서 부정사를 대표하는 글자입니다. 부정사란 동사, 명사처럼 품사를 가리키는 용어가 아니고 부정을 나타내는 단어 또는 말이란 의미입니다. 품사로는 부사나 동사 구실을 하는데 여기서는 주로 서술어 앞에 쓰인다는 점에 주목해 부정 부사로 처리하겠습니다.

不과 非는 둘 다 '아니다'로 기본 훈을 새기지만 쓰임에서 뚜렷한 차이가 있습니다. 不은 주로 동사나 형용사 앞에서 동작이나 행위, 상태를 부정합니다. 非는 명사 앞에서 여러 판단을 부정하지요. 그러므로 不 다음에 오는 단어는 동사로 풀이하고, 非 다음에 오는 단어는 명사로 풀이해서 이를 부정합니다. 不은 보통 '~지 않다(못하다)'로, 非는 '~이 아니다'라고 해석합니다.

不	爲	也	非	不能	也
않다	하다		아니다	할 수 없다	

▶ 하지 않은 것이다.
하지 않아서이다.

▶ 할 수 없는 것이 아니다.
할 수 없어서가 아니다.

그런데 품사가 가변적인 한문의 특성상 이런 풀이가 예외 없는 원칙은 아닙니다. 문맥에 따라 우리말 어법에 어색하면 '않다'를 '아니다'로, '아니다'를 '않다'로 해석하기도 합니다. 또 '~할 수 없다' 등으로 풀이해야 할 때도 있지요. 일반적인 원칙으로 기억해 두면 좋습니다.

不과 음이 같은 弗은 不과 비슷한 기능을 하는 부정사입니다. 형용사 앞에선 잘 쓰이지 않고, 부정의 어기가 不보다 조금 셉니다. 또 『논어』, 『맹자』 이전 시기에는 匪가 非처럼 쓰이기도 했습니다. 음이 같아서 통용된 형태이지요. '아닐 부否'는 不 뒤에 동사가 생략되어 '不+(동사)'의 구조가 될 때 이를 대신해서 사용됩니다. 可否는 可不可를 뜻합니다.

知可否, 知也.
할 수 있는지 없는지를 아는 것이 아는 것이다.

— 장자 거협

연습

1 書不盡言, 言不盡意.

서부진언 언부진의 — 주역 계사 상

- 書, 글/책/쓸 서. 盡, 다할 진. 言, 말씀 언. 意, 뜻 의.
- 不은 不 뒤에 오는 한자의 초성이 ㄷ, ㅈ으로 시작되면 '부'로 읽는다.

➡ 글은 말을 다하지 못하고 말은 뜻을 다하지 못한다.

2 法不阿貴, 繩不撓曲.

법불아귀 승불요곡 — 한비자 유도

- 法, 법 법. 阿, 언덕/아첨할 아. 阿諂, 阿附. 貴, 귀할 귀. 貴族. 繩, 줄/먹줄 승. 撓, 구부러질 요. 曲, 굽을 곡.

➡ 법은 귀하다고 아첨하지 않고 먹줄은 굽은 데에 구부려 치지 않는다.

3 與之處不告其過, 非忠也.

여지처불고기과 비충야 — 근사록 정사

- 與, 더불/줄 여. 전치사로 쓰이면 '~에서', '~와(과)', '~와 함께' 등의 뜻을 지닌다. 之, 갈/그것/~의(하는, ~을/를, ~이/가) 지. 생략된 앞 구절의 어떤 사람을 가리킨다. 處, 곳/처할/살 처. 處地. 告, 고할/알릴 고. 其, 그 기. 過, 지날/허물 과. 忠, 충성/정성 충. 忠實, 忠直.

➡ 그와 함께 하면서 그의 잘못을 알려 주지 않는 것은 충실함이 아니다.

4 從道不從君, 從義不從父, 人之大行也.

종도부종군 종의부종부 인지대행야 — 순자 자도

- 從, 좇을/따를 종. 義, 옳을/뜻 의. 正義, 義理. 大, 큰 대. 偉大, 寬大. 行, 다닐/갈/행할 행. 行爲, 行動.

➡ 도를 따르기에 임금을 따르지 않고 정의를 따르기에 아버지를 따르지 않음은 사람의 위대한 행위이다.

5 貧且賤非所羞也, 學道而不行之, 誠所羞也.
빈차천비소수야 학도이불행지 성소수야 — 삼국사기 강수열전

● 貧, 가난할 빈. 且, 또 차. 賤, 천할 천. 所羞, 바/것 소, 부끄러워할 수. 부끄러운 것. 羞恥. 學, 배울 학. 行, 다닐/갈/행할 행. 實行, 行動. 誠, 정성/진실로 성.
● 非 다음에 '所+동사' 구조로 이루어진 명사구가 놓였다.

➡ 가난하고 천함은 부끄러운 것이 아니고, 도를 배우고서 실행하지 않는 일이 진짜 부끄러운 것이다.

6 我心匪石, 不可轉也. 我心匪席 不可卷也.
아심비석 불가전야 아심비석 불가권야 — 시경 패풍 백주

● 我, 나 아. 匪, 도둑 비. 非와 같다. 石, 돌 석. 不可, 아닐 불, 옳을/가할 가. ~할 수 없다. 席, 자리/돗자리 석. 方席. 轉, 구를 전. 卷, 책/말 권. '말 권捲'과 같다.

➡ 내 마음 돌이 아니니 굴리지 못하고, 내 마음 자리 아니니 말지 못한다.

7 仁人心也, 義人路也. 舍其路而弗由, 放其心而不知求. 哀哉.
인인심야 의인로야 사기로이불유 방기심이부지구 애재
— 맹자 고자 상

● 仁, 어질/인자할 인. 義, 옳을/뜻 의. 正義. 路, 길 로. 舍, 집/버릴 사. '버릴 사捨'와 같다. 由, 말미암을/따를 유. 放, 놓을 방. 求, 구할 구. 哀, 슬플 애. 哉, 어조사 재. 감탄이나 긍정, 의문 등의 어기를 나타낸다.

➡ 인仁은 사람의 마음이고 의義는 사람의 길이다. 그 길을 버려두고 따르지 않으며 그 마음을 놓치고 찾을 줄 모른다. 슬프다!

22구

無와 莫의 차이

용맹한 항우

項羽召見諸侯將. 入轅門, 無不膝行而前, 莫敢仰視.
항우소견제후장 입원문 무불슬행이전 막감앙시

— 사기 항우본기

항우가 제후의 장군들을 불러 접견하자 군영의 문에 들어서며
무릎으로 걸어 나오지 않는 이가 없었고,
아무도 감히 항우를 올려다보지 못하였다.

項羽 목 항, 깃 우. 항우. 중국의 진秦나라가 망하자 유방과 천하의 패권을 다투었던 인물.
召見 부를 소, 볼 견. 부르게 해서 대면하다, 불러들여 보다.
諸侯 모두/여러 제, 제후 후. 여러 제후. 將 장수/장차 장. 入 들 입.
轅門 끌채 원, 문 문. 군영의 경계에 세운 문. 無 없을 무. 膝 무릎 슬.
行 다닐/갈 행. 前 앞/앞설 전. 莫 없을 막. 敢 감히 감. 仰 우러를 앙. 視 볼 시.

* 제후는 천자에게 공公, 후侯, 백白 등의 작위를 받아 일정한 영토를 다스리던 임금들을 가리킨다.

항우의 전투 장면을 본 다른 나라 장군들이 그를 이후에 어떻게 대했는지 알려 주는 풍경입니다. 초나라의 반란군을 이끈 항우가 거록巨鹿 지역에서 진나라 20만 군대를 격파한 직후의 모습이지요. 기원전 207년 가을 무렵, 기원전 210년에 중국을 통일했던 진시황이 죽고 3년이 지난 때였습니다.

이 거록 전투는 진나라 멸망의 분기점이 되는 사건이었습니다. 진시황이 죽자 진나라가 멸망시켰던 각 지역에서 반란군이 일어납니다.

그러나 중국을 통일했던 진나라 군대의 힘은 여전히 강했습니다. 초나라 지역에서 항우보다 앞서 일어났던 진승과 오광의 반란군은 진압됐고, 위나라 지역에서 일어났던 반란군도 격파됐지요. 거록성은 조나라 지역의 반란군이 진의 군대에 쫓겨 들어간 곳이었습니다.

항우가 거록에 도착하기 전 거록성 주위에는 조나라 반란군을 돕기 위해 제나라와 연나라 반란군이 이미 진을 치고 있었습니다. 그러나 진나라 군대를 공격할 엄두를 내지 못하고 있었는데 이 균형을 깨뜨린 이가 항우였습니다.

항우의 군대는 다른 반란군의 도움 없이 단독으로 진나라 군대를 물리쳤고, 그 전투 모습을 지켜본 다른 지역 장군들을 두려움에 떨게 했다고 합니다. 위 구절이 그 두려움의 결과입니다. 이때만 해도 항우를 당해 낼 자는 중국에 없었습니다.

어법 존재를 부정하는 '없을 무無'와 '없을 막莫'

不이 주로 동작이나 행위를 부정하고 非가 판단을 부정한다면 無와 莫은 존재를 부정하는 부정사입니다. 동작이나 행위, 상태가 발생하지 않은 상황을 나타내지요. 그래서 둘 다 '없다'로 기본 훈을 새기지만 용법에서 약간 차이가 있습니다.

無는 有의 부정입니다. 앞에서 有는 존재와 출현을 나타낼 때 의미상 주어가 목적어 자리에 놓인다고 했습니다. 有의 부정인 無 역시 이 순서를 따릅니다. 그래서 의미상 주어가 분명치 않을 때 그것을 추정해서 '~한 것이 없다', '~한 사람이 없다' 등으로 해석합니다. 무불슬행이전無不膝行而前이 그런 사례이지요.

無	不膝行	而	前	莫	敢	仰視
없다	무릎으로 걷지 않다		앞서다	(아무도) ~ 않다 (어느 것도)	감히	올려다보다 (우러러보다)

▶ 무릎으로 걸어오지 않는 이가 없었다.

▶ 아무도 감히 올려다보지 못했다.
감히 올려다보는 이가 없었다.

주어를 굳이 지시(지칭)할 필요가 없으면 '~이 없다' 정도로 풀이합니다. 종종 無 앞에 동작이나 상태의 주어가 오는 경우 不이나 非처럼 '~지 않다', '~이 아니다'로 해석되기도 합니다. 이는 문맥의 의미 관계를 통해서 파악해야 합니다.

莫은 無와 비슷하게 쓰이는 부정사입니다. 다만 주어 지시 기능이 無보다 강해서 흔히 '아무도 ~하지 않다', '어느 것도 ~하지 않다'로 풀이합니다. 그렇지만 莫을 無와 동일하게 풀이해도 틀린 것은 아닙니다. 莫과 無의 차이점을 드러내어 번역하느냐, 유사성을 강조해서 번역하느냐는 해석자의 관점 차이일 뿐입니다.

無와 莫은 모두 다음 장에 나올 '말 물勿'이나 '말 무毋'처럼 금지 명령의 부정사로도 쓰입니다. 이렇게 쓰이면 해석이 '~말다, ~말라'로 달라지지요. 또 '없을 무无'는 『장자』 같은 문헌에서 無와 동일한 의미로 쓰였습니다.

연습

1 道无問, 問无應.

도무문 문무응 — 장자 지북유

● 道, 길 도. 无, 없을 무. 無와 같다. 問, 물을 문. 應, 응할 응. 應答, 應對.

➡ 도는 물을 것이 없고 묻더라도 응답이 없다.

2 爲無爲, 事無事, 味無味.

위무위 사무사 미무미 — 노자 63장

● 事, 일/섬길 사. 味, 맛 미.

➡ 하지 않음을 하고 일 없음을 일하고 맛없음을 맛본다.

3 但去莫復問, 白雲無盡時.

단거막부문 백운무진시 — 왕유 송별

● 但, 다만/단지 단. 去, 갈(떠날)/없앨 거. 復, 회복할 복/다시 부. 白, 흰 백. 雲, 구름 운. 盡, 다할 진. 時, 때 시.
● 중국 당나라 때의 시인 왕유王維가 친구를 떠나 보내며 지은 시의 한 구절이다. 생략된 앞 구절에서 친구가 어디로 가는지를 물으며 아쉬움을 드러냈으나 이제 아쉬움을 거두며 친구를 보낸다.

➡ 다만 떠나는가, 다시 묻지 말자. 흰 구름은 끊임없이 흘러갈 테니.

4 外重物而不內懮者, 無之有也.

외중물이불내우자 무지유야 — 순자 정명

● 外, 바깥 외. 重, 무거울/중할 중. 所重, 重要. 物, 물건/만물 물. 物質, 事物. 內, 안 내. 懮, 느릿할/근심할 우.

➡ 밖으로 물질을 소중하게 여기면서 안으로 근심하지 않는 사람은 있지 않다.

5 雲無心以出岫, 鳥倦飛而知還.

운무심이출수 조권비이지환 — 도연명 귀거래사

- 岫, 산굴/산봉우리 수. 鳥, 새 조. 倦, 게으를/고달플 권. 倦怠. 飛, 날 비. 知, 알 지. 還, 돌아올 환.
- 以가 而와 통용됨을 보여 주는 좋은 구문이다. 而는 부사어와 서술어 사이에 쓰일 수 있다. → 13구, 18구

➡ 구름은 무심히 산봉우리를 나오고, 새는 나른하게 날다 돌아올 줄 안다.

6 萬物皆備於我, 反身而誠, 樂莫大焉.

만물개비어아 반신이성 낙막대언 — 맹자 진심 상

- 萬物, 일만 만, 물건/만물/것 물. 모든 것. 皆, 다/모두 개. 備, 갖출 비. 兼備, 具備, 準備. 我, 나 아. 反, 돌이킬 반. 身, 몸 신. 自身. 誠, 정성/진실로 성. 樂, 즐길 락/노래 악/좋아할 요. 焉, 어찌 언. 於之와 같다. 그보다.

➡ 만물이 다 나에게 갖추어져 있으니 자신을 돌이켜보아 정성스러웠다면 즐거움이 그보다 클 수 없다.

7 是故, 無貴無賤, 無長無小, 道之所存師之所存也.

시고 무귀무천 무장무소 도지소존사지소존야 — 한유 사설

- 是故, 이/옳을 시, 연고 고. 이 때문에, 그러므로. 貴, 귀할 귀. 賤, 천할 천. 長, 길/어른 장. 小, 작을 소. 所存, 바/것 소, 있을 존. 존재하는 곳(← 것).

➡ 이 때문에 귀함도 없고 천함도 없고 늙음도 없고 젊음도 없이 길이 존재하는 곳이 스승이 존재하는 곳이다.

23구

금지를 나타내는 勿, 毋, 無, 莫

배우고 또 배우라

勿謂今日不學而有來日, 勿謂今年不學而有來年.
물위금일불학이유래일 물위금년불학이유래년

日月逝矣歲不我延. 嗚呼, 老矣. 是誰之愆.
일월서의세불아연 오호 노의 시수지건 — 명심보감 권학

오늘 배우지 않고서 내일이 있다 말하지 말며,
올해 배우지 않고서 내년이 있다 말하지 말라.
나달은 가고 세월은 날 위해 미뤄 주지 않는다.
아, 늙었다! 이게 누구의 잘못인가?

勿 말 물. 謂 이를/말할 위. 今 이제 금. 來 올 래. 年 해 년.
日月 날/해 일, 달 월. 나달, 해와 달. 逝 갈 서. 歲 해 세. 延 늘일/미룰 연. 延期, 遲延.
嗚呼 슬플/탄식할 오, 부를 호. 탄식하는 말. 老 늙을 로. 誰 누구 수. 愆 허물 건.

중국 송나라의 유학자 주자朱子(1130~1200)의 말입니다. 주자는 오늘날 한국인에게 그다지 인기 없는 사상가입니다. 조선 시대 내내 공자 맹자와 더불어 위대한 성인 대접을 받았던 점과 비교하면 세월이 무상하지요. 아마도 조선 멸망의 한 원인을 주자학(성리학)의 경직성이나 배타성에서 찾을 때 그 기원이 되는 인물이기 때문일 것입니다. 여기에 그의 글이 갖고 있는 난해함과 보수적 태도도 한몫 거듭니다.

그렇지만 그가 보여 준 학문에 대한 열정은 한 번쯤 되짚어 볼 만합니다. 주자는 과거에 합격해 관리를 지낸 적이 있지만 정치 분야에서 뚜렷한 자취를 남기지는 않았습니다. 대신 사당과 도서관, 출판사 기능을 겸비한 학교라 할 수 있는 서원의 설립과 운영, 기존 서적의 주해와 재편집을 통한 저술 작업 등에서 성과를 낳았지요.

주자는 이런 경험을 당시 최첨단 기술이었던 송나라의 인쇄 기술을 활용해 중국 전역으로 배포하는 데에도 능했습니다. 오늘날로 치면 활자 미디어를 적극 활용해 학문적 영향력을 확대해 나갔던 셈이지요. 위 구절은 그런 활동에 깔려 있던 주자의 열망을 보여 줍니다. 나이가 들었음에도 꺾이지 않는 배움에 대한 열망과 노력이 부족한 데 대한 자책을 담고 있습니다.

어휘 금일, 내일, 금년, 내년

금일今日, 내일來日, 금년今年, 내년來年은 한문에서 기원한 한자어의 운명을 보여 주는 사례입니다. 오늘을 뜻하는 금일은 요즈음에는 잘 쓰지 않습니다. 오늘에 밀려나 버렸지요. 올해를 뜻하는 금년은 종종 쓰지만 역시 올해에 밀려나고 있습니다. 그러나 내일과 내년은 거의 토박이말처럼 씁니다. 뜻도 천여 년 전이나 지금이나 큰 차이가 없습니다.

내년은 모르겠지만 내일은 올제 또는 하제라는 토박이말이 있었습니다. 박남일의 『우리말 풀이사전』에는 올제로 등재되어 있는데, 이 단어가 맞다면 내일과 벌인 경쟁에서 올제가 진 것이지요. 왜 오늘은 금일을 이겼는데 올제는 내일을 이기지 못했는지는 알 수 없습니다.

어법 금지를 나타내는 부정사 : 勿, 毋, 無, 莫

'말 물勿'과 '말 무毋'는 금지를 나타내는 부정사입니다. 어떤 것을 금지시키는 행위가 주로 말하는 사람이 상대방에게 요구하는 식으로 표현되므로 명령의 의미를 함께 띠는 경우가 많습니다. 둘 다 '~하지 말라(마라)', '~해서는 안 된다'로 해석하고, 毋가 勿보다 금지의 어기가 더 셉니다. 우리말에서 '마라'는 구어체와 직접 인용문에, '말라'는 문어체와 간접 인용문에 쓰므로 상황에 따라 적절히 맞추어 번역합니다.

勿	謂	今日	不學	而	有	來日
말다	이르다	오늘	배우지 않다		있다	내일

▶ 오늘 배우지 않고서 내일이 있다고 말하지 말라.

한문에서 금지는 無나 莫을 전용해서 나타낼 수도 있습니다. 이때는 당연히 '없다'는 뜻이 아니라 '~하지 말라(마라)', '~해서는 안 된다'로 해석하지요. 無 같은 경우 이런 전용은 毋와 음이 같아서 의미가 혼용되거나 통용된 것으로 봅니다. 無나 莫으로 금지를 나타내면 금지의 어조가 勿이나 毋에 비해 다소 완화됩니다.

연습

1 長毋相忘.

장무상망 — 김정희 세한도 인장

- 長, 길 장. 相, 서로 상. 忘, 잊을 망.
- 세한도에 찍힌 인장에 쓰인 글귀이다. 세한도는 추사 김정희가 제주도 유배 시절 자신을 도와준 제자 이상적에게 보낸 선물이었다.

➡ 오래도록 서로 잊지 말자.

2 不及黃泉, 無相見也.

불급황천 무상견야 — 좌전 은공원년

- 及, 미칠/이를 급. 黃泉, 누를 황, 샘 천. 땅속의 샘물, 저승.

➡ 저승에 이르지 않는 한 서로 보지 말자.

3 己所不欲, 勿施於人.

기소불욕 물시어인 — 논어 위령공

- 己, 몸/자기 기. 所不欲, 바/것 소, 아닐 불, 하고자 할 욕. 하고자 하지 않는 일(← 것). 於, 어조사 어. 전치사로 쓰여 시간이나 장소(~에, ~에서, ~로부터), 대상(을/를, ~에게, ~에 대해) 등의 뜻을 나타낸다. 人, 사람/남 인.

➡ 자기가 하고자 하지 않는 일을 남에게 시키지 마라.

4 戰方急, 愼勿言我死.

전방급 신물언아사 — 유성룡 징비록

- 戰, 싸움/싸울 전. 戰鬪, 戰爭. 方, 모/바야흐로 방. 이제 한창. 急, 급할 급. 愼, 삼갈 신. 死, 죽을 사
- "나의 죽음을 적에게 알리지 마라"라고 널리 알려진 대사의 원본이다. 이순신이 노량해전에서 적의 총탄에 맞아 죽으면서 남긴 말이다.

➡ 싸움이 한창 급하다. 내가 죽었다고 말하지 마라.

5 疑人莫用, 用人勿疑.

의인막용 용인물의 — 명심보감 성심

- 疑, 의심할 의. 用, 쓸 용.
- 莫이 勿과 통용되어 쓰인 사례이다.

➡ 의심나는 사람은 쓰지 말고 쓴 사람은 의심하지 말라.

6 無爲名尸, 無爲謀府, 無爲事任, 無爲知主.

무위명시 무위모부 무위사임 무위지주 — 장자 응제왕

- 名, 이름 명. 名譽, 名聲. 尸, 주검/시동 시. 시동尸童은 과거에 제사지낼 때 신주를 대리했던 어린아이를 가리킨다. 謀, 꾀 모. 謀略, 智謀. 府, 마을/곳집(창고) 부. 知, 알 지. 知識, 知性.

➡ 명예의 허깨비가 되지 말고 모략의 창고가 되지 말라. 일을 맡는 자가 되지 말고 지식의 주인이 되지 말라.

24주

未와 그 외의 부정사

자식의 죽음을 알리는 편지

夕, 有人自天安來傳家書, 未開封, 骨肉先動, 心氣慌亂.
석 유인자천안래전가서 미개봉 골육선동 심기황란

저녁때 어떤 이가 천안에서 와 집의 편지를 전했는데 봉투를 열기도 전에 온몸이 미리 떨리고 심기가 허둥거리며 어지러웠다.

— 이순신, 난중일기 정유년(1597년) 10월 14일

夕 저녁 석. 有 있을/어떤 유. 自 스스로/자기/~부터 자. 書 글/책/편지 서.
未 아닐 미. 開封 열 개, 봉할 봉. 봉한 것을 열다. 骨肉 뼈 골, 고기/살 육. 뼈와 살.
先 먼저 선. 心氣 마음 심, 기운 기. 마음에 느껴지는 기분.
慌 어리둥절할 황. 慌忙, 唐慌. 亂 어지러울 란.

『난중일기』에서 이순신이 아들의 죽음을 알리는 편지를 받는 장면입니다. 단 열세 척의 배로 명량해전을 승리로 이끈 지 한 달여쯤 지난 시기였습니다. 장군의 막내아들 면의 죽음이었지요. 면이 아산에 쳐들어온 일본군에 맞서다가 당한 변이었습니다.

이순신이 이 편지를 받은 때는 어머니가 죽고 나서 6개월밖에 지나지 않은 시점이었습니다. 그의 어머니는 이순신이 감옥에서 풀려난 뒤 권율 장군의 부대로 백의종군하러 찾아가던 시기에 숨을 거두었습니다. 이순신을 만나기 위해 좇아가던 뱃길 위에서였지요. 당시 이순신은 임시로 차려진 어머니 빈소 앞에서 장례도 제대로 치르지 못했

습니다. 금부도사가 빨리 가자며 길을 재촉했기 때문입니다.

그러니까 이순신은 한 해가 가기도 전에 가족의 처연한 죽음을 연달아서 겪었던 셈입니다. 한 번은 자식으로서 자책이 남고, 한 번은 아버지로서 회한이 남는 죽음이었지요. 위 구절에도 심상치 않은 기운을 느낀 이순신의 어지러운 심기가 드러나 있습니다.

세계사에 이런 경우가 또 있는지 모르겠습니다. 싸우면 싸우는 대로 승리했던 불패의 장군이 승리의 기쁨을 누리기보다 승리가 초래한 질시와 고난과 고통에 몸부림쳤으니 말입니다. 석유인夕有人으로 시작되는 이날의 『난중일기』는 무척이나 애달프고 절절합니다.

어법 '아닐 미未'와 드물게 쓰이는 부정사들

未는 不처럼 동사나 형용사 앞에 주로 쓰이고, 보통 '아직 ~하지 않다(못하다)'로 풀이하는 부정사입니다. 어떤 시점에서 아직 일어나지 않은 사실을 표시한다고 해서 미연未然의 부정사라고 부르기도 하지요.

우리말로 번역할 때는 문장이 어색해질 때가 많아서 '아직'을 생략하는 경우도 흔합니다. 그렇지만 未가 '~하기 전에'로 의역될 수 있는 것은 未에 내포된 미연의 함의 때문입니다. 미개봉未開封이 그런 예입니다.

未는 언뜻 보면 시제와 관련되므로 矣와 궁합이 잘 맞을 것처럼 보

未	開 封
아직 ~ 않다	봉투를 열다

▸ 아직 봉투를 열지 않았다.
봉투를 열기 전이다.

입니다. 그러나 상태의 변화를 나타내기보다 특정 시점에서 없다는 판단을 나타내므로 也와 자주 어울립니다. 未가 쓰인 부정문이 矣로 종결되는 예는 거의 없지요. 또 未는 뭔가를 직설적으로 부정하기보다 완곡하게 돌려서 부정해야 하는 상황에서 자주 쓰입니다.

한문 독해에서 해석자가 당황하는 경우는 너무나 뻔한 글자가 뻔하게 해석되지 않을 때입니다. 특정 한자가 일반적인 의미로 사용되지 않는 경우인데 부정사에도 이런 한자들이 있습니다. '쉴 휴休', '끝 말末', '작을 미微', '망할 망亡', '업신여길 멸蔑' 같은 한자들이지요. 이 한자들은 간혹 부정사로도 쓰입니다.

	기본 뜻	부정사 뜻	부정사 유의어	참고
微	작다, 조금	~이 아니다	非	문장 앞에 놓여 조건절을 이끌기도 한다. 이때 '~이 아니라면'이라고 해석한다.
休	쉬다	~하지 말라	勿	
亡	망하다, 잃다, 죽다	~이 없다 ~지 않다	無	부정사로 쓰이면 독음이 바뀌어 '없을 무亡'가 되고 無와 통용된다.
蔑	업신여기다	~이 없다 ~지 않다	無	
末	끝	~이 없다 ~지 않다	無, 莫	無, 莫처럼 금지의 부정사로 전용될 수 있다.

연습

1 枉己者, 未有能直人者也.

왕기자 미유능직인자야 — 맹자 등문공 하

- 枉, 굽을 왕. 己, 몸/자기 기. 能, 능할/능력 능. 능히 ~할 수 있다. 直, 곧을/바로 직.

➡ 자기를 굽힌 이 중에 남을 바로잡았던 사람은 있지 않다.

2 生事事生君莫怨, 害人人害汝休嗔.

생사사생군막원 해인인해여휴진 — 명심보감 성심

- 生, 날(낳을, 생길)/살 생. 事, 일/섬길 사. 君, 임금/그대(자네) 군. 怨, 원망할 원. 害, 해할(해칠)/해로울 해. 人, 사람/남 인. 汝, 너 여. 休, 쉴 휴. 嗔, 성낼 진.
- 앞 구절에서 莫이 쓰인 자리에 뒤 구절에서 休가 쓰였다. 休가 莫처럼 쓰인 사례이다.

➡ 일을 생기게 하면 일이 생기니 그대는 원망하지 말라. 남을 해치면 남도 해치니 너는 성내지 말라.

3 今夫天下之人牧, 未有不嗜殺人者也.

금부천하지인목 미유불기살인자야 — 맹자 양혜왕 상

- 今夫, 이제 금, 지아비/대개 부. 夫가 문장을 제시하기 전에 어기를 고르는 말로 쓰였다. 해석하지 않거나 '지금'으로 풀이한다. 人牧, 사람 인, 칠(기를) 목. 임금, 군주. 嗜, 즐길 기. 嗜好. 殺, 죽일 살.

➡ 지금 천하의 임금 중에 살인을 즐기지 않는 이가 있지 않다.

4 成人在始與善. 始與善, 善進善, 不善蔑由至矣.

성인재시여선 시여선 선진선 불선멸유지의 — 국어 진어

- 成人, 이룰 성, 사람 인. 인격이 완성된 사람, 전인. 在, 있을 재. 始, 비로소/처음 시. 與, 더불/줄 여. 善, 착할/좋을 선. 進, 나아갈 진. 由, 말미암을/따를 유. 至, 이를 지.
- 蔑이 부정사로 쓰인 사례이다.

➡ 인격의 완성은 처음에 좋은 사람과 함께하는 데에 달려 있다. 처음에 좋은 사람과 함께하면 좋은 성품이 더 좋게 나아가고 좋지 않은 성품이 이르러 연유할 데가 없어진다.

5 可與共學, 未可與適道. 可與適道, 未可與立.
가여공학 미가여적도 가여적도 미가여립

可與立, 未可與權.
가여립 미가여권.

— 논어 자한

- 可, 옳을/가할 가. ~할 수 있다, ~할 만하다. 與, 더불/줄 여. 學, 배울 학. 適, 맞을/갈 적. 道, 길 도. 立, 설 립. 立場, 立地. 權, 권세/방편/저울 권. 權限, 權道.
- 같은 길을 가며 같은 관점과 시각을 공유하고 있더라도 실행과 판단까지 함께 하는 일은 무척이나 어렵다.
- 기존 번역본에서도 대개 權을 권도權道의 의미로 해석한다. 권도는 저울질하듯이 일을 상황에 따라 융통성 있게 처리하는 것이다.

➡ 함께 배웠다 해도 길을 함께 나아갈 수는 없고, 길을 함께 나아갔다 해도 뜻을 함께 세울 수는 없고, 뜻을 함께 세웠다 해도 방편을 함께 할 수는 없다.

25구

이중 부정의 해석

물과 글

所可知者, 常行于所當行, 常止于不可不止, 如是而已矣.
소가지자 상행우소당행 상지우불가부지 여시이이의

— 소식 문설

알 수 있는 것은 항상 마땅히 갈 데로 가고,
항상 그치지 않으면 안 될 데에서 그친다는, 이 같은 사실뿐이다.

所可知 바/것 소, 옳을/가할 가, 알 지. 알 수 있는 것. 常 떳떳할/항상 상.
行 다닐/갈 행. 于 어조사 우. ~에(로), ~까지. 當 마땅/당할 당.
止 그칠 지. 如是 같을 여, 이/옳을 시. 이와 같다, 이처럼.
而已矣 말 이을 이, 이미/뿐 이, 어조사 의. ~뿐이다, ~따름이다.

소동파라 부르기도 하는 소식蘇軾(1036~1101)은 중국 송나라 때의 정치가이자 문인입니다. 당송 팔대가라고 해서 당나라와 송나라의 뛰어난 문장가 여덟을 거론할 때 한유나 구양수와 함께 앞자리에 선정되는 인물이지요. 고려를 혐오하는 글을 남긴 적이 있어서 반갑지 않은 구석도 있지만 문장에서만큼은 천재라는 수식이 아깝지 않았던 작가입니다.

위 구절은 소식이 자신의 글쓰기를 물의 흐름에 비유한 대목입니다. 물은 언제나 낮은 쪽으로 흐르고, 낮은 곳에 이르러 멈추어 고입니다. 이처럼 글도 글의 논리에 따라 물이 흐르듯 저절로 써진다는 견해를 담고 있지요. 언뜻 보면 소식의 잘난 척 같지만 전체 구절을 이어서 보겠습니다.

> 내 글은 만 섬의 샘물 같아서 땅을 가리지 않고 어디에서건 분출할 수 있다. 평지에서는 콸콸대고 줄줄거리며 하루에 천 리를 가더라도 어렵지 않고 산과 돌에서 굽이칠 때는 물줄기가 사물에 따라 형태를 드러내어 알기가 어렵다. 알 수 있는 것은 항상 마땅히 갈 데로 가고, 항상 그치지 않으면 안 될 데에서 그친다는, 이 같은 사실뿐이다. 나머지는 나라도 알 수 없다.

이 비유에서 핵심은 만 섬의 샘물입니다. 샘물이 잠시 솟구치다 말면 물길이 끊어지듯, 글도 생각과 감정이 쉼 없이 솟구쳐야 계속 쓸 수 있다는 비유이지요. 글이 어떻게 쓰이는지 그 나머지 과정은 작가라도 알 수 없다는 말입니다.

소식의 주장을 따르면 글쓰기에서 가장 중요한 것은 마르지 않는 생각과 감정입니다. 이별의 슬픔이나 아픔, 부당한 일에 대한 분노와 좌절, 만남의 기쁨과 설렘, 일상의 소소하고 아름다운 풍경, 오만에 대한 후회와 진정한 삶에 대한 깨달음, 이런 경험과 사유의 목록을 샘물처럼 끊이지 않도록 내면 가득히 쌓아 두는 일이 글을 잘 쓰는 최선의 방법이 되는 셈입니다.

어법 이중 부정의 해석

한문은 긍정의 뜻을 이중 부정으로 강조할 때가 많습니다. 『번역의 탄생』이란 책을 읽다 보면 19세기 후반기에 한영 문법서를 지은 언더우드의 말을 빌려 "한국어는 영어보다 이중 부정으로 긍정을 나타내는 표현이 많다"라는 대목이 나옵니다. 그런데 이런 진단은 한문에도 해당됩니다. 상지우불가부지常止于不可不止도 그런 예이지요. 항상 그치지 않으면 안 될 곳에서 그친다는 말은 항상 그쳐야 할 곳에서 그친다는 뜻을 강조한 표현입니다.

常	止	于	不 可	不 止
항상	그치다	에서	안 된다	그치지 않다

▶ 항상 그치지 않으면 안 될 데에서 그친다.
항상 그칠 데에서 그친다.

이중 부정은 부정사를 연이어 써서 나타냅니다. 不可不止도 '不+동사' 구조가 연속되어 있지요. 그렇지만 부정사를 연속으로 썼다고 해서 다 이중 부정은 아닙니다. 두 개의 부정사구가 병렬 관계를 형성할 때도 있습니다.

또 38구에서 따로 설명하겠지만, 한문에서는 부정사가 이끄는 구가 앞 절에 놓이면 그것만으로 조건절을 이끌 수 있습니다. 이런 문장을 이중 부정으로 해석하면 뜻이 산으로 갑니다.

1 병렬

君子不憂不懼. 군자는 근심하지 않고 두려워하지 않는다.

— 논어 안연

2 조건

小人不恥不仁. 소인은 수치스럽지 않으면 인간다워지지 않는다.

— 주역 계사 하

이중 부정에서 부정사의 조합은 여럿일 수 있습니다. '不~不~'을 제외하고도 '無不', '無非', '莫不', '未~不' 등이 주로 쓰입니다. 無不은 '~하지 않은 것이 없다, 모두'로, 無非는 '~아닌 것이 없다, 모두'로 해석하지요. 莫不은 '~하지 않는 사람이 없다', '~하지 않는 경우가 없다' 정도로 해석합니다.

그런데 非로 시작되는 非不은 이중 부정으로 처리하지 않습니다. 의미의 조합이 긍정이 되지 않기 때문이지요. 따라서 '~하지 않은 것은 아니다'로 해석합니다.

연습

1 無爲而無不爲.

무위이무불위 — 노자 48장

- 無不, 없을 무, 아닐 불. ~하지 않은 것이 없다, ~하지 못하는 것이 없다. 爲, 할 위. 而, 말 이을 이.
- 無 → 22구. 爲 → 8구. 而 → 18구.

➡ 하지 않아도 하지 못하는 일이 없다.

2 天下莫不以物易其性矣.

천하막불이물역기성의 — 장자 변무

- 莫不, 없을 막, 아닐 불. ~하지 않은 것이 없다, ~하지 못하는 것이 없다. 以, 써 이. 전치사로 쓰여 수단이나 방법(~로써, ~로), 이유(~ 때문에) 등을 나타낸다. 物, 물건/만물 물. 物質, 事物. 易, 바꿀 역/쉬울 이. 其, 그 기. 性, 성품 성. 本性, 性情, 性質.

➡ 천하에 물질 때문에 자신의 본성을 바꾸지 않는 이가 없다.

3 世不我棄, 而我不得不棄於世.

세불아기 이아부득불기어세 — 이황 도산기

- 世, 인간/세상 세. 棄, 버릴 기. 不得不, 아닐 불/부, 얻을 득. ~하지 않을 수 없다. 於, 어조사 어. 전치사로 쓰여 시간이나 장소(~에, ~에서, ~로부터), 대상(을/를, ~에게, ~에 대해), 비교(~보다) 등의 뜻을 나타낸다.

➡ 세상은 나를 버리지 않았으나 나는 세상을 버리지 않을 수 없었다.

4 苟無恒心, 放辟邪侈, 無不爲已.

구무항심 방벽사치 무불위이 — 맹자 양혜왕 상

- 苟, 진실로 구. 접속사로 쓰이면 가정(~면, 만약)의 뜻을 나타낸다. 恒, 항상 항. 放, 놓을 방. 放恣, 放蕩. 辟, 물리칠 벽. '궁벽할/치우칠 벽僻'과 통용된다. 偏僻. 邪, 간사할 사. 邪惡. 侈, 사치할 치. 已, 이미/그칠/뿐 이. 耳, 而已와 같다.

➡ 변치 않는 마음이 없으면 방탕하고 편벽되고 사악하고 사치스러운 짓이라도 하지 못하는 일이 없다.

5 君子之於天下也, 無適也, 無莫也, 義之與比.

군자지어천하야 무적야 무막야 의지여비 — 논어 이인

● 君子, 임금 군, 아들 자. 왕을 비롯한 귀족 통치자 또는 학식과 덕망을 갖춘 이. 子는 존칭의 의미로 쓰였다. 之, 갈/그것/~의(하는, ~을/를, ~이/가) 지. 適, 맞을/갈 적. 無莫, 없을 무, 없을/말 막. ~ 말라는 것이 없다. 義, 옳을/뜻 의. 正義, 義理. 與, 더불/줄 여. 전치사로 쓰여 ~와(과)의 뜻을 나타낸다. 義之與比 = 與義比. 比, 견줄 비. 比較.

➡ 군자는 천하에 대해서 꼭 이래야 한다는 것도 없고 절대 하지 말라는 것도 없이 의義와 비교할 뿐이다.

6 以道莅天下, 其鬼不神. 非其鬼不神, 其神不傷人.

이도리천하 기귀불신 비기귀불신 기신불상인 — 노자 60장

● 莅, 임할 리. 其, 그 기. 鬼, 귀신 귀. 神, 귀신/신 신. 神靈, 神妙, 神聖. 傷, 다칠/상할 상. 傷處, 傷害.

➡ 도로 천하를 대하면 귀신이 신령하지 않게 된다. 귀신이 신령스럽지 않다는 말이 아니라 그 귀신이 사람을 해치지 못한다는 말이다.

7 人性之善也, 猶水之就下. 人無有不善, 水無有不下.

인성지선야 유수지취하 인무유불선 수무유불하

— 맹자 고자 상

● 人性, 사람/남 인, 성품/성질 성. 사람의 성품. 善, 착할/좋을/잘할 선. 猶, 오히려/같을 유.

➡ 인성이 좋다 함은 물이 아래로 흐르는 것과 같다. 사람은 좋지 않은 사람이 없고 물은 아래로 흐르지 않는 경우가 없다.

26구 부정문에서 부사와 대명사의 위치

작은 원인, 큰 원인

小故, 有之不必然, 無之必不然, 體也, 若有端.
소고　유지불필연　무지필불연　체야　약유단

大故, 有之必然, 無之必不然, 若見之成見也.
대고　유지필연　무지불필연　약견지성견야　— 묵자 경 상

작은 원인은 그것이 있더라도 반드시 그렇게 되는 것이 아니지만
없으면 반드시 그렇지 않게 된다.
구체적인 예로는 단초가 있는 것과 같다.
큰 원인은 있으면 반드시 그렇게 되고
없으면 반드시 그렇지 않게 된다. 무언가를 보면 보게 되는 것과 같다.

故 연고 고. 연고는 사유, 까닭, 관계, 인연 등을 의미한다. 之 갈/그것 지.
必然 반드시 필, 그럴 연. 반드시 그렇게 되도록 되어 있음.
體 몸/형상 체. 具體. 若 같을/만약 약. 端 끝/실마리 단. 端緖, 端初.
見 볼 견. 成 이룰 성.

『묵자』에 실려 있는 경經 상上 편은 경 하, 경설 상 하, 대취, 소취 편과 함께 논리학과 인식론에 관련된 문제를 다루고 있습니다. 오늘날 용어로 옮기면 분류, 오류, 정의, 인과 관계, 부분과 전체, 보편과 특수 등의 주제를 건드립니다.

그 당시 다른 제자백가 사상가들이 주로 윤리학이나 정치학 관련 주제들에 관심을 기울였다는 점에 비추어 보면 상당히 독특한 면이 있

습니다. 앞서 순자가 논리에 관심을 두었다고 했지만 묵자는 그 이상이었습니다. 묵자가 경 상 편의 내용을 직접 말했던 것은 아니고 전국시대 후반에 묵가 계열 학자들이 저술한 것으로 추정합니다.

위 구절은 그 가운데에서 원인에 대한 묵가의 사유를 보여 주는 구절입니다. '연고 고故'를 원인으로 번역했지만 결과를 일으키는 원인이라기보다 일이 연관되는 조건을 말하고 있습니다. 펑유란馮友蘭의 『중국 철학사』에서도 소고 이하 구절을 필요조건에 대한 서술로 보고, 대고 이하를 필요충분조건에 대한 서술이라고 해설합니다. 충분조건에 대한 서술은 빠졌다고 보지요.

펑유란의 견해는 현대적인 논리학 개념으로 묵자의 생각을 재단한 감이 없지 않습니다. 그렇지만 묵가가 지녔던 연고緣故에 대한 접근 태도가 어떤 지점에서 서양 철학의 논리학 개념에 맞닿아 있는지 포착할 수 있게 해 줍니다.

어휘 필연, 필연성

필연必然은 어떤 사물의 연관이나 사건의 결과가 반드시 그렇게 됨을 나타내는 단어입니다. 우리 사랑은 필연이야 하는 말은 둘의 사랑이 반드시 이루어진다는 뜻이지요. 명사뿐 아니라 부사로도 쓰는데 이때는 '반드시, 꼭'이라는 뜻입니다. 부사적 용법으로는 드물게 쓰이고, 전통적 의미와 현대적 의미 사이에 심원한 차이는 없습니다.

그렇지만 필연에 성性을 붙인 필연성은 좀 다릅니다. 필연성은 철학책에서 주로 볼 수 있는 개념이지요. 일정한 조건에서 반드시 법칙에 따를 수밖에 없는 사물 현상의 특성이나 성향을 가리킵니다. 여기엔 전통적인 의미 외에 네서서티necessity의 뜻이 겹쳐져 있습니다. 특정 단어에 성性 자를 붙여 성질이나 성향을 표시하고 이를 영어 접미사인 -ity에 대응시키는 용법이 근대 일본 철학자들에게서 시작됐기 때문입니다. 가능성, 우연성, 보편성 등이 이렇게 탄생한 단어들이지요. 필연성은 한문 어휘가 근대 개념어로 차용되는 한 사례를 보여 줍니다.

어법 부정문에서 부사와 대명사의 위치

우리말에서 부사의 위치는 탄력적입니다. "정말 널 좋아해"나 "널 정말 좋아해"나 "널 좋아해 정말"이나, '정말'이란 부사의 위치가 달라져도 큰 의미 차이가 없지요. 그렇지만 한문에서는 다릅니다. 특히 부정사가 쓰인 부정문에서 부사는 아무렇게나 놓이지 않습니다. 부사가 부정사 앞에 놓이느냐, 뒤에 놓이느냐에 따라 의미가 확 달라지니까요.

不必然은 부사로 쓰인 必이 부정사 不 뒤에 놓인 예입니다. 부정의 범위가 동작이나 행위, 상태의 일부에 한정되지요. 그럴 수도 있고 그렇지 않을 수도 있다는 뜻입니다. 반면에 必不然은 必이 부정사 앞에 놓인 예입니다. 동작이나 상태의 전부를 부정하지요. 그렇게 될 일이 없음을 나타냅니다.

• 부분 부정

不	必	然
않다	반드시	그렇다
(부정사)	(부사어)	(서술어)

▶ 반드시 그렇게 되는 것은 아니다.

• 전체 부정

必	不	然
반드시	않다	그렇다
(부사어)	(부정사)	(서술어)

▶ 반드시 그렇지 않게 된다.

다만 이런 구별은 이중 부정에서는 통하지 않습니다. 이중 부정은 강한 긍정을 표현하므로 부사의 위치에 따른 의미 차이가 해소됩니다. 또 부사가 지닌 의미에 따라 전체 부정과 부분 부정의 차이가 모호해지는 경우도 있습니다. 이를테면 '다시 부復'가 부사로 쓰였을 경우 不復이나 復不 사이에 큰 의미 차이가 없습니다.

부정사가 쓰인 문장에서는 대명사의 위치도 중요합니다. 평서문에서 동사 뒤에 오는 목적어 대명사가 '부정사+동사' 구조일 때는 부정사와 동사 사이, 즉 동사 앞에 놓이기 때문입니다. 이때 대명사가 동사 앞에 있다고 주어로 풀이하면 뜻이 엉킵니다.

我無爾詐, 爾無我虞.

우리는 너희를 속이지 않고 너희는 우리를 근심시키지 않는다.

— 좌전 선공 15년

연습

1 遂去不復與言.

수거불부여언 — 굴원 어부사

- 遂, 드디어 수. 去, 갈 거. 復, 회복할 복/다시 부. 與, 더불/줄 여. 言, 말씀 언.
- 復가 지닌 '다시'라는 뜻 때문에 부분 부정도 전체 부정의 의미를 지니는 예이다.

➡ 마침내 가 버리고는 다시 말을 나누지 않았다.

2 不患莫己知, 求爲可知.

불환막기지 구위가지 — 논어 이인

- 患, 근심 환. 莫, 없을/말 막. 己, 몸/자기 기. 求, 구할 구. 爲, 할/될 위. 可, 옳을/가할 가. ~할 수 있다, ~할 만하다. 知, 알 지.
- 목적어 己가 동사 知 앞에 왔다. 긍정문이라면 '자기를 알아주다'는 知己로 표현된다.

➡ 자기를 알아주지 않는다고 근심하지 말고 알아줄 만하게 되도록 애쓴다.

3 人固未易知, 知人亦未易也.

인고미이지 지인역미이야 — 사기 범수채택열전

- 人, 사람/남 인. 固, 굳을/본디 고. 부사어로 쓰이면 '본디', '진실로' 등의 뜻을 지닌다. 未, 아닐 미. 易, 바꿀 역/쉬울 이. 亦, 또 역.

➡ 남이 알아주기가 정말 쉽지 않으나 남을 알아보는 일도 쉽지 않다.

4 寶之, 珍之, 貴之, 神之. 如是則說常無弗受.

보지 진지 귀지 신지 여시즉세상무불수 — 순자 비상

- 寶, 보배 보. 之, 갈/그것 지. 여기에선 생략됐지만 앞 구절에 나온 자신이 주장하고 말했던 것을 지칭한다. 珍, 보배/진귀할 진. 貴, 귀할 귀. 神, 귀신/신/신비로울 신. 神妙, 神奇. 如是, 같을 여, 이 시. 이와 같다, 이처럼. 則, 법칙 칙/곧 즉. 접속사로 쓰여 가정(~면, 만약)의 뜻을 나타낼 수 있다. 說, 말씀 설/달랠 세. 遊說. 受, 받을 수.

● 이중 부정은 부사 위치에 상관없이 긍정의 의미를 띤다.
● 寶, 珍, 貴, 神은 之를 목적어로 취했으므로 동사로 해석된다. → 4구

➡ 그것을 보물처럼 여기고, 진귀하게 여기고, 귀중하게 여기고, 신기하게 여기도록 한다. 이처럼 한다면 유세가 항상 받아들여진다.

5 好讀書, 不求甚解, 每有意會, 便欣然忘食.
호독서 불구심해 매유의회 변흔연망식 — 도연명 오류선생전

● 好, 좋을 호. 讀書, 읽을 독, 글/책 서. 책읽기. 求, 구할 구. 甚, 심할 심. 解, 풀 해. 解讀, 解釋. 每, 매양/~마다 매. 意, 뜻 의. 會, 모일/맞을 회. 便, 편할 편/똥오줌 변/문득 변. 부사어로 쓰여 '곧 즉卽'과 같은 뜻을 지닌다. 조선 시대엔 이를 '문득'이라고 풀이하기도 했다. 欣然, 기쁠 흔, 그럴 연. 기뻐하는 모양. 然은 형용사 뒤에서 접미사로 쓰이면 '~하는 모양'의 의미를 나타낸다. 忘, 잊을 망. 食, 밥 식.

➡ 책읽기를 좋아하지만 심하게 해석하려 들지는 않았고, 뜻 맞는 데가 있을 때마다 기꺼워하며 밥 때를 잊었다.

6 樂以天下, 憂以天下, 然而不王者, 未之有也.
낙이천하 우이천하 연이불왕자 미지유야 — 맹자 양혜왕 하

● 樂, 즐거울 락/노래 악/좋아할 요. 以, 써 이. 전치사로 쓰여 수단이나 방법(~로써, ~로), 이유(~ 때문에), 대상(~을, ~와 함께) 등의 뜻을 나타낸다. → 13구
憂, 근심 우. 然而, 그럴 연, 말 이을 이. 상반(~나, ~아도/어도, ~지만)의 의미를 나타낸다. 未之有, 아닐 미, 갈/그것 지, 있을 유. 있지 않다. 之는 然而不王者를 지칭해서 그것이 有 앞으로 전치됐음을 알리는 표지 구실을 한다. 有의 어순 → 11구.

➡ 천하와 함께 즐거워하고 천하와 함께 근심하고도 왕 노릇 못한 이는 있지 않다.

7 夫日月之有蝕, 風雨之不時, 怪星之黨見, 是無世而不常有之.
부일월지유식 풍우지불시 괴성지당현 시무세이불상유지
— 순자 천론

● 夫, 지아비/사내 부. 문장을 시작하기 위해 어기를 고르는 조사. '무릇'으로 풀

이하거나 해석하지 않는다. 日月, 날/해 일, 달 월. 해와 달. 蝕, 좀먹을 식. 風雨, 바람 풍, 비 우. 비바람. 時, 때/철 시. 怪, 괴이할 괴. 怪狀, 怪變. 黨見, 무리 당, 볼 견/뵐 현. 가끔 나타나다, 거듭 나타나다. 見은 '나타날 현現'과 통한다. 是, 이 시. 世, 인간/세대/세상 세. 常, 떳떳할/항상 상.

- 이 구절의 日月은 23구의 日月과 뜻이 다르다. 문맥을 비교해 보라.
- 無~不~의 이중 부정과 부사 常의 쓰임을 보여 주는 예이다. →25구

➡ 일식과 월식이 일어나고 비바람이 계절에 맞지 않게 치고 괴상한 별이 가끔씩 출현하는 것, 이는 어느 세상에나 늘 있어 왔던 일이다.

5장

의문, 반어

27구

기본 의문사 何

백성의 울분

國家棄我去, 我輩何持而生也.

국가기아거　　　아배하지이생야

― 유성룡 징비록

국가가 우리를 버리고 가면
우리들은 무얼 믿고 살아야 합니까?

國家 나라 국, 집/집안 가. 국왕과 가문들, 나라의 가문 또는 왕.
棄 버릴 기. 去 갈 거. 我輩 나/우리 아, 무리 배. 우리들.
何 어찌(어느)/무엇 하. 持 가질 지. 生 날/살 생.

2015년 4월 5일에 KBS에서 방영됐던 드라마 〈징비록〉에서 "나라가 우리를 버리면 우린 누굴 믿고 산단 말입니까?"라는 대사로 등장했던 구절입니다. 한두 군데만 고쳤을 뿐인데도 뉘앙스가 다르지요? 기존 번역에 문제가 있어서라기보다 국가란 단어의 쓰임을 보이고 싶어 호응만 맞추었습니다.

이때는 임진왜란이 일어난 지 불과 17일밖에 지나지 않은 시점이었습니다. 부산이 일본군에게 함락된 날이 1592년 4월 13일(음력)이고, 선조가 한양을 버리고 피난을 떠난 날이 4월 30일이었지요. 위 구절은 선조의 어가 행렬이 마산역(지금의 파주읍 근처)에 이르렀을 때 그 행렬을 본 한 백성이 통곡하면서 외친 말이었습니다.

유성룡은 임진왜란 때 체찰사와 영의정으로 재임하면서 전란 극복의 중심에서 활약했던 인물입니다. 전쟁이 일어나기 전 이순신을 전라좌도 수군절도사로 임명케 한 장본인이기도 합니다. 『징비록』은 임진왜란의 전 과정을 누구보다 잘 알고 있던 유성룡이 전쟁의 참화를 교훈으로 남기기 위해 쓴 회고록입니다. 전쟁을 미리 대비하지 못한 이유와 일본군을 제대로 막지 못한 과정, 전쟁으로 인한 백성의 고통과 항쟁, 이순신의 활약 등이 실려 있습니다.

어휘 국가

오늘날 국가는 보통 영토와 국민, 주권을 지닌 사회 집단으로 정의합니다. 영어의 네이션nation에 대응하는 개념이지요. 근대 일본에서 통용된 규정을 그대로 가져와서 쓰고 있는 단어입니다.

그렇지만 전통적인 한문 문맥에서는 병렬 관계나 수식 관계로 해석됐습니다. 국토와 왕의 가문 또는 국왕과 신하의 가문을 뜻하거나 나라의 가문 또는 그 가문과 동일시되는 왕을 뜻했지요. 위 구절에서 국가는 당연히 전통적 의미를 따릅니다.

한문에서 기원한 단어는 이렇게 전통적 의미, 서구어의 의미, 서구어를 번역하거나 서구어에 대응해서 재해석된 의미라는 세 가지 결을 지니는 경우가 많습니다.

어법 의문사의 기본 '어찌 하何'

아배하지이생야我輩何持而生也는 한문에서 의문을 표현할 때 사용되는 두 가지 표지를 보여 줍니다. 하나는 의문사이고 다른 하나는 의문을 나타내는 어조사이지요. 何가 의문사라면 也가 어조사입니다.

我 輩	何	持	而	生	也
우리들	무엇	가지다		살다	(=耶)
	(의문 대명사)				(의문 조사)

▶ 우리들은 무얼 믿고 살아야 합니까?

'어찌 하何'는 한문에서 가장 기본이 되는 의문사입니다. 의문 대명사나 의문 부사로 쓰이지요. 동사 앞에서 목적어인 의문 대명사로 쓰이면 '무엇'을 기본으로 '누구', '어디', '언제'로 풀이하고, 명사 앞에서 관형어가 되면 '무슨', '어떤', '어느' 등으로 해석합니다. 부사어로 의문 부사로 쓰이면 '어찌(하여)', '어떻게', '얼마나' 등으로 해석하지요. 사람, 사물, 장소, 시간을 가리지 않고 두루 질문하거나 반문을 나타내는 의문사입니다.

그런데 평서문에서 목적어가 동사 뒤에 오는 것과 달리 의문문에서 목적어는 동사 앞에 옵니다. 목적어 위치와 부사어 위치가 같아져서 순서대로 풀이할 수 있지요. 이때 동사 앞에 놓인 何가 의문 대명사로서 목적어로 쓰였는지 의문 부사로서 부사어로 쓰였는지 판단은 문맥에 따릅니다.

何는 포괄하는 뜻의 범위가 무척 넓기 때문에 何에 以, 爲, 故 같은 한자를 붙여 질문의 범위를 분명히 하는 경우가 많습니다. 이때는 결합된 한자의 뜻이 何에 부가되고 두 글자가 마치 한 글자처럼 쓰입니다. 何에 不이 결합한 何不은 합음이 돼서 합盍으로 쓰이니까 함께 기억해 두면 좋습니다.

	뜻	기능
何以	무엇으로(어떻게), 무엇 때문에(어째서, 왜), 어찌하여	방법이나 원인에 대해 질문하거나 반문한다.
何爲	무엇 때문에(어째서, 왜), 어찌하여	원인에 대해 묻는다.
何故	무슨 까닭으로(이유로), 왜	원인을 묻는다.
何不	어찌 ~하지 않는가	'덮을/어찌 합盍' '어찌 합蓋'으로 합음해서 쓰기도 한다.

我輩何持而生也에선 也도 의문을 표현하는 기능을 합니다. 也는 평서문에서 판단이나 긍정의 어기를 나타냅니다. 의문의 어기를 나타내서 '~합니까', '~인가' 등으로 해석되는 것은 也가 지닌 또 다른 기능으로 볼 수도 있지만 의문 조사인 耶와 발음이 같아서 통용된 것으로 보기도 합니다. 이 부분은 독립된 꼭지로 32구에서 다시 다룹니다.

연습

1 蓋亦反其本矣.

합역반기본의 — 맹자 양혜왕 상

- 蓋, 덮을 개/어찌 합. 亦, 또 역. 반문의 어기를 강조. 反, 돌이킬 반. 本, 근본 본. 矣, 어조사 의. 의문의 어기를 나타내는 조사.
- 蓋이 何不을 뜻하는 사례이다. 蓋을 발어사로 보고 '합'이 아니라 '대개 개蓋'로 해석하기도 한다. 이 경우 해석은 "역시 그 근본을 돌아봐야 한다" 정도로 바뀐다.

➡ 어째서 그 근본을 돌아보지 않는가?

2 內省不疚, 夫何憂何懼.

내성불구 부하우하구 — 논어 안연

- 內, 안/속 내. 省, 살필 성/덜 생. 省察, 反省. 疚, 오랜 병/부끄러울/거리낄 구. 夫, 지아비(남편)/사내 부. 문장을 시작하며 어기를 고르는 조사. 발어사라고도 한다. 憂, 근심 우. 懼, 두려울 구.

➡ 속으로 반성하여 거리끼지 않다면 무엇을 근심하고 무엇을 두려워하겠는가?

3 子非三閭大夫與. 何故至於斯.

자비삼려대부여 하고지어사 — 굴원 어부사

- 子, 아들/존칭 자. 남자에게 주로 쓰는 존칭. 선생, 그대 등으로 풀이한다. 三閭大夫, 석 삼, 마을/이문里門 려, 큰 대, 지아비/사내 부. 삼려대부는 중국 초나라의 관직 이름으로 초나라 세 귀족 가문을 관장하던 대부를 가리킨다. 與, 더불/줄 여. 의문이나 추측 등의 어기를 나타내는 조사. 至, 이를 지. 於, 어조사 어. 전치사로 쓰여 시간이나 장소(~에, ~에서, ~까지), 대상(을/를, ~에게, ~에 대해), 비교(~보다) 등의 뜻을 나타낸다. 斯, 이 사.

➡ 선생은 삼려대부 아니신가? 무슨 까닭으로 이곳까지 오게 됐는가?

4 世人皆濁, 何不淈其泥而揚其波.

세인개탁 하불굴기니이양기파 — 굴원 어부사

● 世, 인간/세대/세상 세. 皆, 다/모두 개. 濁, 흐릴 탁. 混濁. 淈, 흐릴 굴. 泥, 진흙/진창 니. 揚, 날릴/오를 양. 波, 물결 파.

➡ 세상 사람이 모두 혼탁하다면 어째서 진흙탕을 휘저어 물탕을 튀기지 않는가?

5 舜何人也, 予何人也. 有爲者亦若是.

순하인야 여하인야 유위자역약시 — 맹자 등문공 상

● 舜, 순임금 순. 予, 나/줄 여. 有, 있을 유. 爲, 할/될 위. 순임금이 되고자 함, 성인처럼 살고자 함. 者, 놈/사람(이)/것 자. 亦, 또 역. 若, 같을 약. 是, 이 시.
● 有爲는 '훌륭한 일을 하다', '도를 행하다'의 의미로 보기도 한다.

➡ 순임금은 어떤 사람인가? 나는 어떤 사람인가? 되려는 뜻이 있는 이는 또한 순임금과 같다.

6 天何言哉. 四時行焉, 百物生焉. 天何言哉.

천하언재 사시행언 백물생언 천하언재 — 논어 양화

● 哉, 어조사 재. 감탄이나 의문의 어기를 나타내는 조사. 四時, 넉 사, 때/철 시. 사계절. 行, 다닐/갈 행. 運行. 焉, 어찌 언. 於之와 같다. 百, 일백/온갖 백. 物, 물건/만물 물. 生, 날/살 생.

➡ 하늘이 무엇을 말하더냐. 하늘에서 사계절이 운행하고 하늘에서 온갖 만물이 생겨나지만 하늘이 무엇을 말하더냐.

7 何以守位曰仁. 何以聚人曰財. 理財正辭, 禁民爲非曰義.

하이수위왈인 하이취인왈재 이재정사 금민위비왈의

— 주역 계사 하

● 守, 지킬 수. 位, 자리 위. 地位, 位置. 曰, 가로/말할 왈. 仁, 어질/인자할 인. 仁者人也.(중용 20장) → 11구. 聚, 모일 취. 財, 재물/재화 재. 理, 다스릴 리. 管理. 正, 바를 정. 辭, 말씀 사. 禁, 금할 금. 民, 백성/사람 민. 義, 옳을/뜻 의. 正義.

➡ 무엇으로 지위를 지키는가? 인간이다. 무엇으로 사람을 모으는가? 재물이다. 재물을 관리하고 말을 바르게 하여 사람의 그릇된 행위를 막는 것이 정의이다.

28구

何 계열 의문사와 시간 표현 부사

고향으로 돌아가자

歸去來兮. 田園將蕪, 胡不歸.
귀거래혜 전원장무 호불귀

旣自以心爲形役, 奚惆悵而獨悲.
기자이심위형역 해추창이독비

— 도연명 귀거래사

돌아가자! 시골이 황무지가 되려 하는데 어찌 돌아가지 않는가?
스스로 마음을 육체에 부역시켜 놓고서
어찌 가슴 아파하며 혼자 슬퍼하는가?

歸 돌아갈 귀. 去 갈 거. 來 올 래. 권유의 어기를 나타내는 조사로 쓰였다.
兮 어조사 혜. 감탄이나 반문, 권유의 어기를 나타내는 조사.
田園 밭 전, 동산/뜰 원. 시골, 교외. 將 장수/장차 장. 蕪 거칠 무. 荒蕪地.
胡 되/어찌 호. 旣 이미 기. 自 스스로 자. 形 모양/형상 형. 形體. 役 부릴/일 역. 賦役.
奚 어찌/무엇 해. 惆 실심할 추. 悵 슬퍼할 창. 獨 홀로 독. 悲 슬플 비.

도연명陶淵明(365~427)이 쓴 〈귀거래사〉의 첫 구절입니다. 〈귀거래사〉는 한때 귀거래사를 읊는다는 말이 고향으로 돌아간다는 말과 동일시됐을 정도로 유명했던 산문시입니다. 도연명은 중국 위진남북조 시대의 진晉나라 출신 시인이지요. 도잠이라 부르기도 합니다.

도연명이 〈귀거래사〉를 썼던 시기는 팽택이란 곳에서 현령을 지내던 때였습니다. 젊은 시절 내내 가난에 시달리던 그가 중년 나이에 모처럼 맡았던 번듯한 고위 관직이 현령이었지요. 맘만 먹으면 위세를 떨며 재산을 불릴 수 있는 직책이었습니다. 그렇지만 나이 어린 상관에게 굽실거려야 할 상황이 닥치고, 때마침 친누이가 세상을 뜨자 도연명은 관직을 맡은 지 80여 일 만에 사직해 버립니다. 〈귀거래사〉는 그때 지은 글입니다.

위 구절에 당시 도연명이 느꼈던 심정이 담겨 있습니다. 먹고 사는데 얽매여 관직에 연연하던 자신의 처지를, 육체에 마음을 부역시켰다고 표현하지요. 그러면서 마음속 상심의 이유를 자신의 탓으로 돌리고 고향의 전원인 시골로 돌아갈 의지를 다집니다. 〈귀거래사〉를 쓰고 고향으로 돌아간 이후 도연명은 다시 관직에 나아가지 않았습니다.

어법 何 계열의 의문사 : 胡, 奚, 曷

'되/어찌 호胡', '어찌 해奚', '어찌 갈曷'은 모두 何와 발음이 비슷한 한자입니다. 曷은 何와 음이 전혀 다른 것 같지만 본디 '할'로 표시했으므로 역시 何와 초성을 공유했던 글자였지요. 이들은 모두 何와 비슷하게 쓰이는 의문사들입니다.

의문 대명사로서 동사 앞에서 목적어로 쓰이면 '무엇', '어디' 등으로 풀이하고 명사 앞에서 관형어로 쓰이면 '무슨'으로 해석합니다. 의문 부사로써 부사어로 쓰이면 '어찌(하여)', '어떻게' 등으로 해석합니

胡	不 歸
어찌	돌아가지 않다
(부사어)	(서술어)

▶ 어찌 돌아가지 않는가.

奚	惆 悵	而	獨 悲
어찌	상심하다		홀로 슬퍼하다
(부사어)	(서술어)		

▶ 어찌 가슴 아파하며 혼자 슬퍼하는가.

다. 胡不歸호불귀에서 胡는 부사어로 쓰였고, 해추창이독비奚惆悵而獨悲에서 奚는 惆悵의 목적어 또는 부사어로 쓰였습니다.

胡, 奚, 曷은 何처럼 以, 爲, 故와 결합해서 의문의 범위를 분명히 할 수 있습니다. 이때의 뜻은 何以, 何爲, 何故랑 비슷합니다. 何는 일반적으로 胡, 奚, 曷보다 포괄하는 뜻의 범위가 넓습니다. 그러므로 '胡, 奚, 曷＋以, 爲, 故'의 조합은 胡, 奚, 曷을 何로 대치해서 해석해도 무방합니다. (何以, 何爲, 何故 → 27구)

어법 시간을 표현하는 부사 : '장차 장將', '이미 기旣'

한문은 과거, 현재, 미래 같은 시제나 진행, 완료, 예정 같은 동작의 양상 표현이 발달되지 않은 언어입니다. 그런 개념에 들어맞는 문법적 장치가 없지요. 다만 시간이나 시간의 흐름을 강조해야 할 때 부사를 사용해서 대략의 의미를 표현합니다. '장차 장將'과 '이미 기旣'는 이럴 때 쓰이는 부사입니다. 將은 미래를 표시하고, 旣는 완료를 나타내지요.

田園	將	蕪	旣	自	以心爲形役
시골 (전원)	장차	황무지가 되다	이미	스스로	마음을 육체에 부역시키다 (마음을 형역 삼다)
	(부사어)	(서술어)	(부사어)	(부사어)	(서술절)

▶ 시골이 황무지가 되려 한다. ▶ 스스로 마음을 육체에 부역시켜 놓다.

將은 흔히 명사로 쓰여서 '장수, 장군'을 나타내는 한자입니다. 부사로 쓰여서 미래를 표시하면 '(장차) ~하려 한다', '(아마) ~일(할)

것이다' 등으로 풀이합니다. 부사로 쓰일 때 시간을 표시하지 않고 '오직', '또한', '거의' 같은 뜻을 나타낼 때도 있습니다.

旣는 주로 부사로 사용되는 한자로 '이미', '여전히' 등으로 해석합니다. 동작이나 상태의 완료를 나타내므로 '~한 후에', '곧' 등으로 풀이되기도 합니다. 우리말에서 완료상을 표시하는 '—어 놓다', '—어 두다' 등을 번역문에 첨가해서 의역하면 완료의 효과를 좀 더 강조할 수 있습니다.

연습

1 晨門曰, 奚自.

신문왈 해자 — 논어 헌문

- 晨, 새벽/아침 신. 門, 문 문. 曰, 가로/말할 왈. 自, 스스로/~부터 자. 동사가 생략되어 自가 동사 구실까지 하는 것으로 본다.
- 奚가 '어디'의 뜻으로 쓰인 예이다.

➡ 아침에 문지기가 물었다. "어디에서 왔소?"

2 爲主而無臣, 奚國之有.

위주이무신 해국지유 — 한비자 양권

- 爲, 할/될 위. 主, 주인/임금 주. 君主, 人主. 臣, 신하 신. 國, 나라 국.
- 의문문의 어순은 부정문의 어순처럼 앞 구절을 가리키는 목적어 之가 서술어 有 앞에 온다. 26구 연습 6의 未之有와 비교해 보라.
- 何(奚)~之有는 반문의 형태로 부정의 의미를 진술하는 관용 형식이다. '무슨 ~가 있는가', '어떻게 ~할 수 있는가' 등의 뜻으로 풀이한다.

➡ 임금이 되어 신하가 없다면 어찌 나라가 있겠는가.

3 國將興, 聽於民, 將亡, 聽於神.

국장흥 청어민 장망 청어신 — 좌전 장공 32년

- 興, 일/일으킬 흥. 聽, 들을 청. 於, 어조사 어. 전치사로 쓰여 시간이나 장소(~에, ~에서, ~로부터), 대상(을/를, ~에게, ~에 대해), 비교(~보다) 등의 뜻을 나타낸다. 民, 백성/사람 민. 亡, 망할 망. 神, 귀신/신 신.

➡ 나라가 흥하려 할 때에는 사람에게서 듣고, 망하려 할 때에는 신에게서 듣는다.

4 噫噫悲哉. 此秋聲也, 胡爲乎來哉.

희희비재 차추성야 호위호래재 — 구양수 추성부

- 噫噫, 탄식하는 소리 희. 아아! 悲, 슬플 비. 哉, 어조사 재. 감탄이나 의문의 어기를 나타내는 조사. 此, 이 차. 秋, 가을 추. 聲, 소리 성. 乎, 어조사 호. 문장의

중간에 쓰여 어기를 고르는 조사.

● 胡爲는 何爲와 같다. 何爲 → 27구

➡ 아아, 슬프다! 이 가을 소리, 어찌하여 들려오는가?

5 曷不委心任去留, 胡爲遑遑欲何之.
갈불위심임거류 호위황황욕하지 — 도연명 귀거래사

● 委, 맡길/버릴 위. 任, 맡길/마음대로 할 임. 去留, 갈 거, 머무를 류. 떠남과 머무름, 죽음과 삶. 遑遑, 허둥거릴 황. 동사가 중첩되면 모양이나 소리를 묘사한다. 欲, 하고자 할 욕. 何, 어찌(어느)/무엇/어디 하. 之, 갈/그것 지.

➡ 어찌 마음에 맡겨 떠나고 머무는 것을 마음대로 하지 않는가? 무엇 때문에 허둥지둥 어디로 가려고만 하는가?

6 聊乘化以歸盡, 樂夫天命, 復奚疑.
요승화이귀진 낙부천명 부해의 — 도연명 귀거래사

● 聊, 애오라지 료. 겨우, 오로지. 乘化, 탈 승, 될 화. 자연의 변화를 타다. 以, 써 이. 而와 통한다. 歸, 돌아갈 귀. 盡, 다할/다될 진. 樂, 즐거울 락. 夫, 지아비 부. 문장 중간에 쓰여 어기를 다듬는 조사로 쓰였다. 天, 하늘 천. 命, 목숨/명령할 명. 運命, 使命. 復, 회복할 복/다시 부. 疑, 의심할 의.

➡ 오로지 변화에 몸을 실어 죽음으로 돌아가니, 하늘이 내린 운명을 즐길 뿐 무엇을 또 의심하리.

7 其在上也, 奚以喜, 其在下也, 奚以悲.
기재상야 해이희 기재하야 해이비 — 한유 송맹동야서

● 在, 있을 재. 喜, 기쁠 희. 悲, 슬플 비.

● 奚以는 何以와 같다. 何以 → 27구

➡ 그가 위에 있다고 어찌 기뻐하고 아래에 있다고 어찌 슬퍼하겠는가.

29구 | 何가 들어간 관용구

어떻게 하지, 어떻게 하지

不曰如之何, 如之何者, 吾末如之何也已矣.
불왈여지하 여지하자 오말여지하야이의 — 논어 위령공

'어떻게 하지', '어떻게 하지'라고 말하지 않는 사람은
나도 어쩌지 못하지.

如之何 같을 여, 갈/그것 지, 어찌/무엇 하. 어떻게 하나, 어찌하여(어떻게).
吾 나 오. 末 끝 말. 부정사로 쓰이면 無, 莫과 통한다. ~할 수가 없다.
也已矣 어조사 야, 이미/뿐 이, 어조사 의. 감탄이나 제한의 어기를 나타낸다. '~구나', '~뿐이다'의 의미로 풀이한다.

논어를 한문으로 읽다 보면 일부러 신경 쓰지 않아도 공자의 독특한 말투가 눈에 들어옵니다. 같은 말을 반복해서 쓰면서 살짝 비틀어 의미를 달리 한다든지, 음절수를 맞추기 위해 의미 없는 말을 삽입한다든지, 동음이의어를 활용해 라임을 준다든지 하는 수법들이 보이지요. 오늘날로 치면 아재 개그라 불리는 말장난 효과가 살짝살짝 배어 있습니다.

위 구절도 그런 말 가운데 하나입니다. 如之何여지하라는 말이 반복되지만 마지막 구절에서 부정사와 어조사를 붙여 뜻을 살짝 비틀었지요. 그래서 번역할 때 일부러 '지' 자를 자주 넣어 그런 효과를 살려 봤습니다. 이런 말을 당시에 나이 어린 젊은 제자들이 들었다면 어땠

을까요? 진지한 자세로 공자님 말씀을 듣다가 재미없음에 재미있어하며 입꼬리를 슬쩍 올렸을 것 같지 않나요?

전통적인 해석을 대표하는 주희는 『논어집주』에서 如之何여지하를 "충분히 생각하고 살펴서 처리한다는 말"이라고 주석을 달았습니다. 다분히 중국 송나라 때 사대부의 생활 경험에 맞닿아 있는 해석이지요.

그렇지만 如之何여지하의 '어떻게 하지?'를 글자 그대로 해석해서 '잘 모르는 문제에 부닥쳤을 때 답을 찾고 싶어 하는 절실한 욕구' 정도로 정리해도 좋습니다. 어쩌면 그쪽이 공자의 본래 의도에 더 맞을지도 모릅니다. 공자의 말이 갖는 강점은 치밀한 논리가 아니라 말의 음악적 요소가 지니는 감응력에서 나올 때가 많습니다.

어법 何가 들어간 관용구 : 如~何, 若~何, 奈~何, 如何, 若何, 奈何

如之何여지하는 글자 그대로 풀면, '만약 그것이라면 무엇해야 하나?' 또는 '그 같은 것을 어떻게 하나?'라는 뜻이 됩니다. 이 뜻이 간략해져서 서술어로 쓰일 때는 '어떻게 할까?'로, 부사어로 쓰일 때는 '어찌하여(왜, 어째서)', '어떻게'로 풀이하지요.

이때 之가 지칭하는 대상은 문맥을 통해 파악합니다. 如之何 다음에 나열될 수도 있고, 문장에 드러나지 않은 막연한 사람이나 사물을 지칭할 수도 있습니다. 不曰如之何, 如之何者의 之가 '어떻게 할까'의 대상이 되는 일반적인 문제나 사실을 가리킨다면 吾未如之何也已矣의 之는 앞 구절 전체를 지칭하지요. 如之何의 之 자리엔 대명사가 아니라 목적어가 되는 명사나 명사구가 직접 올 수도 있습니다.

不曰	如之何	如之何	者
말하지 않다	(그것을) 어떻게 하나	(그것을) 어떻게 하나	사람

▶ 어떻게 하지, 어떻게 하지, 라고 말하지 않는 사람은

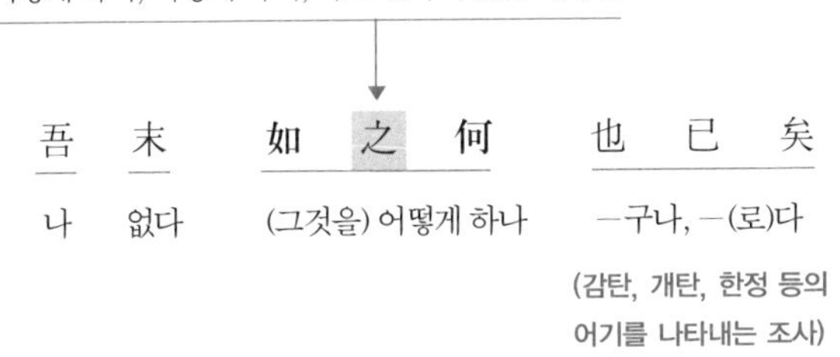

▶ 나도 어떻게 할 수 없다. 나도 어떻게 못 하지.

如何는 如之何가 축약된 형태입니다. 목적어가 없거나 생략된 형태이지요. 문장 말미에서 서술어로 쓰이면 '어떻게 하나?' '어찌하나?' 등으로 해석하고, 동사 앞에서 부사어로 쓰이면 '어찌하여(왜, 어째서)', '어떻게' 등으로 풀이합니다. 如之何와 비슷하게 쓰입니다.

如之何나 如何에서 如여는 발음이 비슷한 '若약, 奈내'와 통용됩니다. 如~何, 若~何, 奈~何가 유의어이고, 如何, 若何, 奈何가 역시 유의어로 사용되지요. 如, 若, 奈는 지금은 '여, 약, 내'로 초성 발음이 다르지만 고대에는 초성이 모두 n으로 시작됐습니다. 이들은 문법적 기능이나 의미에서 큰 차이가 있다기보다는 문헌별로 선호 양상이 달라집니다. 『논어』, 『맹자』에서는 如之何가 주로 쓰였습니다.

연습

1 虞兮虞兮奈若何.

우혜우혜내약하

— 사기 항우본기

- 虞, 헤아릴 우. 항우의 애첩 우희虞姬를 가리킨다. 兮, 어조사 혜. 감탄이나 반문, 권유의 어기를 나타내는 조사. 若, 같을/너 약.
- 奈~何 사이에 이인칭 대명사 若이 들어간 형태이다.

➡ 우희여! 우희여! 너를 어찌해야 하는가.

2 富貴何如草頭露.

부귀하여초두로

— 두보 송공소부사병귀유강동겸정이백送孔巢父謝病歸遊江東兼呈李白

- 富貴, 부자/부유할 부, 귀할 귀. 부유하고 지위가 높음. 草, 풀 초. 頭, 머리 두. 露, 이슬 로.
- 如何를 거꾸로 쓴 何如는 如何와 뜻이 살짝 다르다. '어떠한가(← 무엇 같은가)'라는 뜻으로 쓰여서 상대의 의견이나 어떤 상태를 물을 때 사용된다.

➡ 부귀란 무엇인가? 풀잎 끝에 맺힌 이슬방울.

3 月白風淸, 如此良夜何.

월백풍청 여차량야하

— 소식 후적벽부

- 白, 흰/밝을 백. 淸, 맑을/깨끗할 청. 此, 이 차. 良, 어질/좋을 량. 夜, 밤 야.
- 如와 何 사이에 상대적으로 긴 단어가 쓰인 예이다.

➡ 달은 밝고 바람은 시원한데 이렇게 좋은 밤, 무얼 해야 하나?

4 民不畏死, 奈何以死懼之.

민불외사 내하이사구지

— 노자 74장

- 民, 백성/사람 민. 畏, 두려워할 외. 死, 죽을 사. 以, 써(로써) 이. 懼, 두려워할 구.
- 奈何가 부사어로 쓰인 예이다.

➡ 백성이 죽음을 두려워하지 않는다면 어떻게 죽음으로 그들을 두렵게 하겠는가?

5 知其不可柰何, 而安之若命.

지기불가내하　　　　이안지약명　　　　— 장자 내편 인간세

- 不可, 아닐 불, 옳을/가할 가. ~할 수 없다. 安之, 편안 안, 그것 지. 편안하게 여기다. 若, 같을/너/좇을 약. 좇다, 따르다. 命, 목숨/명령할 명. 運命.

➡ 그것이 어찌할 수 없다는 것을 알아채고, 편안하게 여겨 운명으로 받아들인다.

6 以子之矛, 陷子之盾何如.

이자지모　　　　함자지순하여　　　　— 한비자 난세

- 子, 아들/존칭 자. 남자에 대한 존칭. 矛, 창 모. 陷, 빠질/무너질(꺼질) 함. 陷沒, 陷落.

➡ 선생의 창으로 선생의 방패를 찌르면 어떻게 되는가?

30구

사람과 사물을 묻는 의문사 誰, 孰

부모 섬기는 일, 자신을 지키는 일

事孰爲大. 事親爲大. 守孰爲大. 守身爲大.
사숙위대 사친위대 수숙위대 수신위대 — 맹자 이루 상

섬기는 일에는 무엇이 큰가? 부모 섬기는 일이 크다.
지키는 일에는 무엇이 큰가? 자신을 지키는 일이 크다.

事 일/섬길 사. 孰 누구/무엇 숙. 爲大 할/될/~이다 위, 큰 대. 큰 것이 되다, 큰 것이다. 親 친할/어버이 친. 守 지킬 수. 身 몸 신. 自身.

효도에 대한 맹자의 관점을 보여 주는 구절입니다. 무언가를 높이고 따르는 일에는 부모 섬기는 효도가 근본이고, 세상에 지켜야 할 것이 많지만 그 중에서 자신이 가진 뜻을 지키는 일이 가장 중하다는 말을 하고 있지요. 자신의 뜻을 지킬 줄 아는 사람만이 부모의 뜻을 살펴서 섬길 줄 안다는 주장으로 이어지는 말이기도 합니다.

유학자들의 문헌에서 효에 대한 언급은 음식에 빠지지 않는 조미료처럼 자주 등장합니다. 현대인들의 정서에는 식상할 수 있지만 고대에는 효도가 고루하기만 한 가치는 아니었습니다. 부모 자식과 임금 신하의 관계가 겹쳐 있는 왕가나 제후 가문의 윤리로서 그 나름의 실효성이 있었지요.

부모 자식과 회장 사장(또는 임원)의 관계가 겹쳐 있는 재벌가를 떠올려 보세요. 여기에서 사적인 집안 질서가 흔들려 진흙탕 싸움을 벌이면 반드시 공적인 그룹 계열사의 경영이 흔들립니다. 마찬가지로 맹자 시대에는 효도가 집안과 국내 정치, 나아가 친척 관계로 연결된 다른 나라와의 외교 관계를 동시에 규율하는 윤리였습니다.

그러므로 맹자의 저 말에서 질문을 버리고 답안만을 현대 사회에 끌어다 쓰면 기차 놔두고 마차 타겠다고 고집 피우는 꼴이 되기 쉽습니다. 현대 정치나 사회는 가문들의 투쟁이나 연합으로 형성되지 않으니까요.

섬기는 일과 지키는 일에는 무엇이 큰가? 가족? 회사? 아니면 국가? 또는 신념, 돈, 인간, 꿈, 사랑, 민주, 여행, 음악, 시간, 지구 등등에서 어느 것인가? 맹자가 높이고 지키고자 했던 가치는 이렇게 현대 사회의 맥락에서 다시 질문할 필요가 있습니다.

어법 사람과 사물을 묻는 의문사 : '누구 수誰', '누구 숙孰'

'누구 숙孰'은 '누구 수誰'와 더불어 사람을 가리키는 대표적인 의문사입니다. 의문 대명사로서 '누구'라는 뜻으로 쓰일 때가 많지만 그렇다고 사람만을 지칭하지는 않습니다. 何처럼 사물을 가리켜 쓰이기도 하지요. 이때는 '무엇', '어느 것'이란 뜻으로 풀이합니다. 사숙위대事孰爲大, 수숙위대守孰爲大에서는 '무엇', '어느 것'이란 뜻으로 쓰였습니다.

孰과 誰는 '누구', '무엇'이라는 뜻으로 비슷하게 쓰이는 의문사이지만 세부 용법에서 약간의 차이가 있습니다. 먼저 孰이 대명사로서 주로 주어나 목적어로 쓰인다면 誰는 주어, 목적어, 관형어, 서술어로

事	孰	爲	大
섬김	무엇	크다	
	(주어)	(서술어)	

▶ 섬기는 일에는 무엇이 큰가?

守	孰	爲	大
지킴	무엇	크다	
	(주어)	(서술어)	

▶ 지키는 일에는 무엇이 큰가?

두루 쓰입니다.

이를테면 誰를 관형어로 쓴 誰人(어떤 사람=누구)은 간혹 사용되지만 孰人은 잘 쓰이지 않지요. 또 子爲誰(선생은 누구신가?)라고는 써도 子爲孰이라고 하지는 않습니다. 誰나 孰이나 목적어로 쓰일 때 다른 의문문에서 으레 그렇듯이 동사 앞에 오고, 전치사의 목적어로 쓰여도 전치사 앞에 옵니다.

다음으로 어떤 것을 택할지 묻는 선택 상황에선 誰보다 孰을 주로 씁니다. 똑같이 '무엇'으로 해석된다고 해도 孰의 '무엇'에는 여럿 가운데 '어느 것'이냐 하는 뜻이 함축되어 있지요. 事孰爲大나 守孰爲大의 孰도 그런 의미를 지닙니다.

연습

1 吾誰欺. 欺天乎.

오수기　　기천호　　— 논어 자한

- 吾, 나 오. 欺, 속일 기. 乎, 어조사 호. 문장 끝에서 감탄이나 의문, 반문의 어기를 나타내는 조사.

➡ 내가 누구를 속이겠는가? 하늘을 속이겠는가?

2 噫, 微斯人, 吾誰與歸.

희　미사인　　오수여귀　　— 범중엄 악양루기

- 噫, 탄식하는 소리 희. 아! 微, 작을 미. 부정사로 쓰이면 '아닐 비非'와 통용돼 '~이 아니다'는 뜻을 나타낸다. 與, 더불/줄/~와(과) 여. 전치사로 쓰여 '~와(과)', '~와 함께', '~에서' 등의 뜻을 나타낸다. 歸, 돌아갈 귀.
- 이 사람은 과거에 살았던 어진 사람들을 가리킨다. "이들이 아니었다면 누구를 본받으며 살아야 했을까?" 하는 반문과 탄식을 드러낸 말이다.
- 誰가 목적어로 쓰이면 보통 전치사나 동사 앞에 놓인다.

➡ 아! 이 사람들이 아니었다면 내가 누구와 함께 돌아가리.

3 獨樂樂, 與人樂樂, 孰樂.

독악락　　여인악락　　숙락　　— 맹자 양혜왕 하

- 獨, 홀로 독. 樂, 즐길 락/노래 악. 音樂. 人, 사람/남 인.

➡ 혼자 음악을 즐기는 것과 남과 함께 음악을 즐기는 것 중에 어느 쪽이 즐거운가?

4 海水直下萬里深, 誰人不言此離苦.

해수직하만리심　　수인불언차리고　　— 이백 원별리

- 海水, 바다 해, 물 수. 바닷물, 바다같이 너른 호수. 이 시의 배경이 되는 소상강瀟湘江은 동정호洞庭湖와 면해 있는 강이다. 直下, 곧을/바로 직, 아래 하. 바로 아래. 深, 깊을 심. 水深. 言, 말씀 언. 此, 이 차. 離, 떠날 리. 離別. 苦, 쓸/괴로울 고. 苦痛. 誰人, 누구 수, 사람 인. 누구(← 어떤 사람).

● 이백의 원별리遠別離는 순임금의 부인들이자 요임금의 두 딸이었던 아황娥皇과 여영女英의 전설을 모티브로 지은 시이다. 아황과 여영은 순임금이 죽자 둘이 함께 소상강 물가에서 뛰어들었다고 한다.

➡ 바다 같은 호수는 곧장 떨어져도 수만 리, 누구인들 이 이별이 고통스럽다 말하지 않으리.

5 江頭宮殿鎖千門, 細柳新蒲爲誰綠.

강두궁전쇄천문 세류신포위수록 ― 두보 애강두

● 頭, 머리 두. 宮殿, 집 궁, 집 전. 궁전, 궁궐. 鎖, 쇠사슬/잠글 쇄. 細, 가늘 세. 柳, 버들 류. 新, 새/새로울 신. 蒲, 창포 포. 爲, 할/될/위할 위. 綠, 푸를 록.
● "누구를 위하여 종은 울리나"의 두보식 버전이다.
● 誰가 동사인 爲 앞이 아니라 뒤에 오는 사례이다. 爲가 '하다'의 뜻으로 쓰이지 않은 경우이다. 본문에 나왔던 子爲誰("그대는 누구인가?", 『논어』 미자)도 같다. 誰가 爲 앞에 놓인 人道誰爲大("사람의 길에서 무엇이 중대한가?", 『예기』 애공문)와 해석에 차이가 있다.

➡ 강변의 궁전은 천 개 문이 잠겼는데 실버들과 새 창포는 누구를 위하여 푸르른가.

6 百姓足, 君孰與不足. 百姓不足, 君孰與足.

백성족 군숙여부족 백성부족 군숙여족 ― 논어 안연

● 百姓, 일백 백, 성 성. 백성. 足, 발/족할 족. 豊足, 充足, 滿足. 君, 임금 군.

➡ 백성이 풍족한데 임금이 누구와 풍족하지 않게 지내겠는가? 백성이 풍족하지 않은데 임금이 누구와 풍족하게 지내겠는가?

31구

장소를 묻는 의문사 安, 焉, 惡(烏)

사라진 영웅

釃酒臨江, 橫槊賦詩, 固一世之雄也, 而今安在哉.

시주림강 횡삭부시 고일세지웅야 이금안재재

— 소식 전적벽부

술을 걸러 강을 내려다보며 창을 누이고 시를 읊었으니
정말로 한 세상의 영웅이었건만 지금 어디에 있는가?

釃 술 거를 시. 酒 술 주. 臨 임할 림. 橫 가로 횡. 槊 창 삭.
賦 부세/펼 부. 운문 문체 형식의 하나. 詩 시 시.
固 굳을/본디 고. 부사어로 쓰여 '본디, 진실로' 등의 뜻을 나타낸다.
世 인간/세대/세상 세. 雄 수컷/뛰어날 웅. 英雄. 而今 말 이을 이, 이제 금. 지금, 이제.
安 편안/어디 안. 在 있을 재.
哉 어조사 재. 감탄, 반문, 의문 등의 어기를 나타내는 조사.

한 세상의 영웅은 조조曹操를 가리킵니다. 조조는 한나라가 기울어 가던 2세기 말~3세기 초에 유비, 손권과 함께 천하의 패권을 다투다가 위나라를 세웠던 인물이지요. 촉나라의 유비, 오나라의 손권과 함께 중국의 삼국 시대를 열었던 주인공입니다.

적벽대전은 이 조조가 208년 겨울, 장강의 적벽 지역(지금의 후베이湖北성 자위嘉魚현 북동쪽)에서 손권, 유비의 연합군과 맞붙었던 전쟁이었습니다. 『삼국지연의』란 소설에서는 대략 100여 만 명이 뒤엉킨 대규모 전쟁으로 묘사하지만 학계에서는 조조의 20만 군대와 손권,

유비 연합군의 5만 군대가 싸웠다고 봅니다. 조조가 크게 패한 싸움이었지요.

이로부터 850여 년이 지난 어느 날 유배 살이를 하던 소식이 친구와 함께 적벽으로 뱃놀이를 나갑니다. 그리고 그 경험을 살려 적벽부를 짓습니다. 위 구절은 그때 느꼈던 감회 한 자락을 친구의 입을 빌려 표현한 대목입니다. 한때 세상을 뒤흔들었던 영웅도 결국엔 다 사라지고 마는데 그만도 못한 우리네 하루살이 인생들이야 더 말해 무엇 하나 하는 한탄과 슬픔의 정조가 배어 있는 구절입니다.

그런데 소식이 뱃놀이를 간 곳은 조조가 창을 비껴들고 시를 읊었던 그 적벽이 아니었습니다. 이름은 같지만 전투가 실제 벌어졌던 적벽이 아니라 다른 지역에 있는 적벽이었지요. 소식도 시간이 지난 뒤에야 그 사실을 알게 됩니다. 그렇더라도 소식이 적벽을 보고 느꼈던 감정의 진실성이 사라지진 않을 것입니다.

어법 장소를 묻는 의문사 : 安, 焉, 惡(烏)

'편안할 안安'은 '편안하다' 또는 '편안'이란 뜻으로 자주 쓰이는 한자입니다. 그런데 이 安은 장소를 묻는 대표적인 의문사이기도 합니다. 보통 '어디'라고 해석하지요. 그렇다고 사람과 사물에 대해 물을 수 없는 것은 아니어서 '무엇', '누구'라는 뜻으로 쓰이기도 합니다.

목적어나 부사어 자리에서 의문 대명사로 쓰이면 '어디(에)', '무엇', '누구(에게)'라는 뜻으로 풀이하고, 부사어 자리에서 의문 부사로 쓰이면 '어찌', '어떻게'라는 뜻으로 풀이합니다. 어느 경우나 문맥에 따라 반문을 의미할 수 있습니다. 이금안재재而今安在哉도 현재 세상에 없는 조조에 대한 질문이므로 '지금은 어디에 있는가?→ 어디에도 없다'라고 하는 반문의 의미를 내포합니다.

而今	安	在	哉
지금	어디	있다	의문, 반문의 어기를 나타내는 조사
	(부사어)	(서술어)	

▶ 지금 어디에 있는가?

安과 발음이 비슷한 '어찌 언焉' 역시 의문사로 쓰일 때 安과 용법과 의미가 같습니다. '어디', '무엇', '누구', '어찌', '어떻게' 등의 뜻으로 풀이하지요. 安의 음을 빌려 焉을 표기하다가 서로 통용해서 쓰게 된 것으로 추정합니다.

다만 焉은 쓰임의 폭이 넓어서 해석할 때 따져 볼 대목이 많습니다. 문장 끝에서 감탄이나 종결, 판단의 어기를 나타낼 때도 있고, 於之 또는 於是의 축약형으로 쓰이는 일도 흔하니까요. 또 내친 김에 더 나아가면 於와 발음이 비슷한 '오惡'(악이 아님)나 '오烏'도 安과 통용되어 의문사로 쓰일 때가 있습니다. 그럴 땐 惡나 烏를 安처럼 해석합니다.

이들 安, 焉, 惡(烏)는 모두 뒤에 '할 수 있다'는 뜻을 지닌 得이나 足 같은 조동사를 붙여 반문의 의미를 강조할 때가 많습니다. 이럴 때 得이나 足은 安(焉, 惡, 烏)이 반문으로 사용됐음을 알리는 표지 구실을 합니다.

薄乎云爾, 惡得無罪.
이를 가볍다고 한 것이지 어찌 죄가 없다 할 수 있는가?

— 맹자 이루 하

연습

1 子將安之.

자장안지 — 유향 설원

- 子, 아들/당신(그대) 자. 이인칭 대명사로 쓰여 너, 그대, 당신 등의 뜻을 갖는다. 將, 장수/장차 장 → 28구. 之, 갈/그것 지.
- 마을을 떠나려는 올빼미에게 비둘기가 물었던 질문이다. 우화의 한 대목이다.

➡ 너, 어디로 갈 거니?

2 學惡乎始, 惡乎終.

학오호시 오호종 — 순자 권학

- 學, 배울 학. 學文, 學問. 乎, 어조사 호. 전치사로 쓰여 '~에서', '~에'라는 뜻을 나타낸다. 始, 비로소/처음 시. 終, 마칠/끝낼 종.
- 오惡가 安처럼 '어디'의 의미로 쓰인 예이다.

➡ 학문은 어디에서 시작하고 어디에서 끝나는가?

3 軍行如春遊, 安得不敗者也.

군행여춘유 안득불패자야 — 유성룡 징비록

- 軍, 군사/군대 군. 行, 다닐/갈 행. 行列, 行進. 如, 같을 여. 春, 봄 춘. 遊, 놀 유. 不敗, 아닐 불, 패할 패. 패하지 않음. 者, 놈/사람(이)/것 자 → 6, 7구. 也, 어조사 야. 의문이나 반문의 어기를 나타낸다. 의문 대명사나 의문 부사와 함께 쓰이는 경우가 많다.

➡ 군대 행렬이 봄날에 놀러 나온 것 같으니 어떻게 싸움에 지지 않을 수 있겠는가.

4 視其所以, 觀其所由, 察其所安, 人焉廋哉.

시기소이 관기소유 찰기소안 인언수재 — 논어 위정

- 視, 볼 시. 其, 그 기. 所以, 것 소, 써 이. 하는 짓(← 것). 以를 발음이 같은 爲와 통하는 것으로 본다. 觀, 볼 관. 由, 말미암을/따를 유. 經由, 緣由. 察, 살필 찰. 觀察. 安, 편안 안. 焉, 어찌/어디 언. 廋, 숨길 수.

● 人焉廋哉의 焉은 우리말로 '어찌', '어떻게', '어디에' 등 번역자에 따라 여러 갈래로 해석된다.

➡ 그가 하는 짓을 보고 그가 따라온 길을 살펴보며 그가 편안해하는 데를 관찰한다면 사람이 어디에 자신을 숨기겠는가?

5 未能事人, 焉能事鬼. (...) 未知生, 焉知死.
미능사인 언능사귀 미지생 언지사 — 논어 선진

● 未, 아닐 미. (아직) ~하지 않다, (아직) ~하지 못하다. 能, 능할 능. (능히) ~할 수 있다. 해석을 생략하기도 한다. 事, 일/섬길 사. 鬼, 귀신 귀. 知, 알 지. 生, 날/살 생. 死, 죽을 사.

➡ 사람을 잘 섬기지 못하는데 어찌 귀신을 섬길 수 있겠는가? 삶을 알지 못하는데 어찌 죽음을 알겠는가?

6 居惡在. 仁是也. 路惡在. 義是也. 居仁由義, 大人之事備矣.
거오재 인시야 노오재 의시야 거인유의 대인지사비의

— 맹자 진심

● 居, 살 거. 在, 있을 재. 仁, 어질/인자할 인. 是, 이/옳을 시. 路, 길 로. 義, 옳을/뜻 의. 正義. 備, 갖출 비.
● 仁과 義를 인간과 정의로 대입해 읽는다면 내용을 좀 더 현실적으로 이해할 수 있다. →11구

➡ 살 곳은 어디에 있는가? 인仁이 그곳이다. 길은 어디에 있는가? 의義가 그곳이다. 인仁에 살고 의義를 따른다면 대인의 일은 갖추어진 것이다.

32구

의문 표시 조사 乎, 諸, 與, 耶, 邪, 也, 爲

강물과 달의 가르침

客亦知夫水與月乎. 逝者如斯, 而未嘗往也.
객역지부수여월호 서자여사 이미상왕야

盈虛者如彼, 而卒莫消長也.
영허자여피 이졸막소장야

— 소식 전적벽부

그대도 저 물과 달을 아는가?
지나가는 것은 이 강물 같아서 아주 흘러가 버린 적이 없고,
차고 이지러지는 것은 저 달 같아서 끝내 사라지거나 커진 적이 없다.

客 손/손님 객. 상대를 지시. 夫 지아비/사내/저 부. 사물을 지시하는 말로 쓰였다.
與 더불/줄/~와(과). 乎 어조사 호. 逝 갈 서. 如 같을 여. 斯 이 사.
未嘗 아닐 미, 맛볼/일찍 상. (일찍이) ~한 적이 없다. 盈 찰 영. 虛 빌 허.
彼 저 피. 卒 마칠/군사 졸. 消 사라질 소. 長 길/자랄 장.

그대라고 번역한 객客은 소식의 친구로 추정되는 인물입니다. 소식과 적벽으로 뱃놀이를 함께 나갔던 친구이지요. 앞의 31구에서 조조가 어디 있는지를 물으며 한탄하던 그 화자이기도 합니다. 적벽부赤壁賦가 문학 작품인지라 현실과 작품을 그대로 등치시키기는 어렵지만 친구의 이름은 양세창이라고 전합니다.

소식의 친구가 적벽의 풍경에서 슬픔을 느꼈던 이유는 자연의 무한함에 대비되는 인간의 유한함 때문이었습니다. 조조 같은 영웅도 죽

는데 영웅도 아닌 좁쌀 같은 인생들이야 더 보잘것없다, 밝은 달을 품고 강물처럼 오래오래 살고 싶으나 그럴 수 없구나 하며 인생의 허무함과 서글픔을 토로하지요.

위 구절은 그 친구에게 건네는 반박이자 위로의 질문이었습니다. 강물처럼 지나가는 것도 쉼 없이 흘러가지만 없어지지 않고, 달처럼 변하는 것도 차고 이지러짐을 반복할 뿐 사라지지 않는다는 말을 하고 있습니다. 관점을 달리해서 보면 인생도 변하는 것 속에서 무궁함을 찾을 수 있으니 그 속에서 노니는 지금이야말로 즐겁지 않은가, 이런 주장으로 이어지는 질문이기도 했습니다.

적벽부의 나머지는 해피엔딩으로 끝납니다. 소식의 말을 들은 친구가 '기쁘게 웃으며' 술잔을 기울이다가 날 새는 줄 몰랐다고 끝을 맺으니까요. 어쩌면 "저 물과 달을 아는가?"라는 질문은 소식이 자신을 위로하고 설득하기 위해 던진 질문일지도 모릅니다. 적벽부를 쓰던 시기에 소식은 권력 투쟁에 밀려나 유배 생활을 하고 있었습니다.

어법 의문을 표시하는 조사 : 乎, 諸(=之乎), 與(歟), 耶, 邪, 也, 爲

한문에서 의문을 나타내는 방법은 관용 표현을 제외하면 크게 두 가지로 나뉩니다. 하나는 何, 誰, 安 같은 의문사를 쓰는 방법이고, 다른 하나는 乎 같은 어조사를 쓰는 방법이지요. 객역지부수여월호客亦知夫水與月乎가 乎를 어조사로 쓴 예입니다. 乎는 문장의 끝에 놓여서 의문(질문, 반문, 추측)의 어기를 표현할 수 있습니다. 이때는 '~인가', '~한가', '~니까' 등으로 풀이합니다.

그런데 乎는 의문의 어기뿐 아니라 감탄, 명령의 어기도 전달할 수

客	亦	知	夫	水與月	乎
그대	또	알다		물과 달	의문을 표시

▶ 그대도 저 물과 달을 아는가?

있습니다. 한문에서는 이런 차이가 문장의 전후 문맥이나 의미 관계에 따라 드러나지만 늘 분명한 것은 아닙니다. 이 때문에 乎는 특정 어기를 강조하는 부사(의문 부사, 부정 부사 포함)와 함께 사용되는 경우가 흔하지요.

이를테면 乎 앞에 '혹 혹或'이 쓰였다면 乎는 의문이면서 추측의 어기를 나타내고, '원할 원願'이나 '청할 청請'이 쓰였다면 명령의 어기를 나타낼 때가 많습니다. '말 물勿'이 쓰이면 명령이면서 금지의 어기를, 앞서 나왔던 焉, 安, 惡(烏) 등의 의문사가 쓰였다면 반문의 어기를 주로 나타내게 되지요. 乎의 어기를 판별할 때는 이런 것들을 종합해서 판단해야 합니다.

의문을 나타내는 조사는 乎가 일반적이지만 그 밖에도 꽤 여럿 있습니다. '제諸'는 之乎지호의 축약형이라 乎 계열로 묶이고, '야邪(耶),

음	의문 조사	표현 어기			
		의문	감탄	명령	판단
호	乎	●	●	●	
제	諸(=之乎)	●			
야	邪	●	●		
	耶	●			
	也	●	●	●	●
여	與	●	●		
	歟	●	●		●
위	爲	●	●		

야也, 여與(歟)'는 비슷한 음이라 한 계열로 묶입니다. 爲는 何랑 결합해서 何 ~爲의 형태로 자주 쓰이지요. 표현하는 어기의 범위로 보자면 乎나 也가 가장 널리 쓰이고 邪(耶)가 상대적으로 좁습니다. 표는 사전에 나와 있는 대략적인 어기의 범위입니다.

연습

1 天乎. 吾無罪.

천호 오무죄 — 사기 진시황본기

- 吾, 나 오. 罪, 허물/죄 죄.
- 乎가 감탄의 어기를 나타낸 예이다.

➡ 하늘이여! 나는 죄가 없습니다.

2 是知其不可而爲之者與.

시지기불가이위지자여 — 논어 헌문

- 是, 이/옳을 시. '~이다'의 뜻으로 쓰였다. 不可, 아닐 불, 가할 가. ~할 수 없다, ~하면 안 된다. 爲, 할 위. 之, 갈/그것 지. 안 되는 것. 者, 사람/놈 자.
- 그 사람은 공자를 지칭한다.
- 與가 의문 또는 반문의 어기를 나타낸 예이다.

➡ 안 되는 줄 알면서도 하는 그 사람인가?

3 居馬上得之, 寧可以馬上治之乎.

거마상득지 영가이마상치지호 — 사기 역생육가열전

- 居, 살 거. 馬上, 말 마, 위 상. 말 위. 得, 얻을 득. 之, 갈/그것 지. 이 구절만으로 드러나지 않지만 천하를 지칭한다. 寧, 편안/어찌 녕. 의문 부사로 쓰이면 '어찌'라는 뜻을 나타낸다. 可以, 가할 가, 써 이. ~할 수 있다. 治, 다스릴 치.
- 말 위에 살면서 천하를 얻었으므로 『시경』이나 『서경』을 섬기기 싫다는 한 고조 유방에게 육가陸賈라는 신하가 했던 말이다. 옛 글에 나라를 얻는 방법은 없지만 나라를 다스리는 방법은 있다는 뜻이다.
- 乎가 寧과 함께 쓰여 반문의 어기를 나타냈다.

➡ 말 위에서 이를 얻었지만 말 위에서 어찌 이를 다스릴 수 있겠습니까?

4 人曰, 子卒也, 而將軍自吮其疽, 何哭爲.

인왈 자졸야 이장군자연기저 하곡위 — 사기 손자오기열전

- 卒, 마칠/군사 졸. 卒兵. 自, 스스로 자. 吮, 빨 연. 其, 그 기. 그의, 아들의. 疽,

종기 저. 哭, 울 곡.

- 어머니는 아들이 장군의 행동에 감격해서 전쟁터에서 죽기 살기로 싸우다가 죽을까 봐 운 것이다. 『사기史記』에는 그녀의 남편이 바로 똑같은 일을 겪은 후 죽기 살기로 싸우다가 죽었다고 나온다. 장군은 오기吳起를 가리킨다.
- 爲가 何와 어울려 반문의 어기를 나타냈다. 何～爲, 何以～爲는 반문으로 부정의 의견을 드러내는 관용 형식의 하나이다. 何哭爲는 "울 필요가 없는데 왜 우는가?"라는 뜻이다.

➡ 사람들이 말했다. "아들이 졸병인데 장군이 몸소 아들 종기를 입으로 빨아 주었잖소. 어째서 웁니까?"

5 何以知其然邪. 彼竊鉤者誅, 竊國者爲諸侯.

하이지기연야 피절구자주 절국자위제후 — 장자 거협

- 何以, 어찌/무엇 하, 써 이. 무엇으로(어떻게), 무엇 때문에(어째서, 왜). 然, 그럴 연. 邪, 간사할 사/어조사 야. 彼, 저 피. 竊, 훔칠/몰래 절. 鉤, 갈고리/띠쇠 구. 誅, 벨 주. 誅殺, 誅戮. 諸侯, 모두/여러 제, 제후 후. 제후.

➡ 어떻게 그런 줄을 아는가? 저 허리띠 고리를 훔친 이는 사형당하지만 나라를 훔친 이는 제후가 된다.

6 善哉. 信如君不君, 臣不臣, 父不父, 子不子,

선재 신여군불군 신불신 부불부 자부자

雖有粟, 吾得而食諸.

수유속 오득이식제 — 논어 안연

- 善, 착할/좋을 선. 哉, 어조사 재. 감탄, 긍정의 어기를 나타냈다. 信, 믿을/진실로(정말로) 신. 君, 임금 군. 臣, 신하 신. 雖, 비록 수. 粟, 조/곡식 속. 諸, 모두/여러/어조사 제. 之乎와 같다.
- 君君 臣臣 父父 子子 바로 다음에 오는 구절이다. → 3구 연습 1

➡ 좋다! 진실로 임금이 임금답지 못하고 신하가 신하답지 못하고 아버지가 아버지답지 못하고 자식이 자식답지 못하다면 비록 곡식이 있더라도 내가 먹을 수 있겠는가?

33구

의문의 관용 표현

장자의 꿈인가, 나비의 꿈인가

不知周之夢爲胡蝶與, 胡蝶之夢爲周與.
부지주지몽위호접여 호접지몽위주여 — 장자 제물론

장자의 꿈이 나비였는지
나비의 꿈이 장자였는지 알지 못했다.

周 두루 주. 장자의 이름. 夢 꿈 몽. 胡 되/오랑캐 호. 蝶 나비 접.
與 더불/줄 여. 의문과 선택의 어기를 나타낸다.

장자의 호접지몽, 곧 나비의 꿈은 한문에 관심 없는 사람에게도 잘 알려져 있는 이야기입니다. 특히 〈매트릭스〉나 〈인셉션〉처럼 가상 현실을 다룬 영화가 개봉될 때에는 누구든 한번쯤 영화평이나 후기에 꼭 인용하고 넘어가는 일화이지요. 원문은 서너 줄의 짤막한 글인데 위 구절은 그 글의 한 독백입니다.

장자가 어느 날 나비가 되어 훨훨 나는 꿈을 꿉니다. 거칠 것 없이 자유로이 날아다니다가 문뜩 깨어난 직후 자신이 나비가 아닌 사실에 놀라서 상상합니다. 내가 나비 꿈을 꾸었을까, 나비가 내 꿈을 꾸었을까. 그리고 만물의 모든 변화가 그 꿈같을 수 있다는 점을 깨닫게 된다는 이야기입니다. 주周는 장자의 이름입니다.

장자는 맹자와 비슷한 시기를 살았던 사상가였습니다. 맹자가 자신의 뜻을 펼치기 위해 20여 년간 유세 활동을 했다면 장자는 벼슬을 주겠다는 초나라의 제안도 진흙탕 속에서 거북이처럼 꼬리를 끌고 살겠다며 거절했던 인물이지요. 유가나 법가에서 주장하는 법과 도덕이 자연의 자발적인 길에서 벗어났다고 비판하며 은거하는 삶을 추구했습니다.

『장자』란 책은 그의 어록이나 시, 일화, 논설 들을 모아 놓은 문헌입니다. 내편, 외편, 잡편으로 이루어져 있는데 내편만 장자가 직접 썼고, 나머지는 후대에 장자학파의 학자들이 장자의 이름만 빌려 추가했다고 알려져 있습니다. 나비의 꿈은 내편에 실려 있지요.

어법 의문의 관용 표현 : A與(邪, 乎) B與(邪, 乎), 긍정+不(否, 未)

의문을 나타내는 조사는 연이어 쓰면 둘 중에 어떤 것을 선택할지 묻는 관용 표현이 됩니다. A與 B與 형식이라면 'A인가, B인가?'라는 뜻이지요. 이때 與가 나타내는 어기가 감탄이나 명령이 아니라 의문인 사실도 분명해집니다. 장자의 독백은 이런 관용 형식의 쓰임을 알 수 있는 사례입니다.

周之夢	爲	胡蝶	與	胡蝶之夢	爲	周	與
장자의 꿈 (장자가 꿈꾼 것)	~이다/되다	나비		나비의 꿈 (나비가 꿈꾼 것)	~이다/되다	장자	

▶ 장자의 꿈이 나비였는가, 나비의 꿈이 장자였는가?
장자가 나비 꿈을 꾸었을까, 나비가 장자 꿈을 꾸었을까?

여기에서 周之夢주지몽이나 胡蝶之夢호접지몽은 소유격인 '~의'

가 아니라 주격인 '~가'로도 해석이 가능합니다. 이렇게 풀이하면 의미의 모호성이 줄어들지요. 한문의 명사적 표현을 동사로 바꾸어서 "장자가 나비 꿈을 꾸었을까, 나비가 내 꿈을 꾸었을까"라고 의역하면 우리말 어법에 더 자연스러운 번역이 됩니다.

A與 B與 형식은 與 대신 '야邪'나 '호乎'를 쓰는 경우도 있습니다. A邪 B邪나 A乎 B乎도 A與 B與와 같은 기능을 합니다. 또 A與(邪, 乎) B與(邪, 乎)의 A나 B 앞에 '抑, 且, 將, 其' 같은 접속사를 넣으면 선택의 요구가 강조됩니다. 이때는 보통 'A인가, 아니면 B인가?'로 '아니면'을 덧붙여 해석합니다.

한문에서 부정사는 대개 서술어 앞에 옵니다. 그렇지만 이 부정사가 문장 끝에 쓰일 때가 종종 있습니다. 긍정을 나타내는 절이나 구 뒤에서 '不, 否, 未' 같은 부정사가 쓰이는 경우이지요. 이런 표현도 의문을 나타내는 관용 표현 가운데 하나입니다. '그런가, 그렇지 않은가?' 이렇게 긍정과 부정을 선택하도록 요구해서 의문을 나타내는 방식이지요. 관용 표현이므로 이때 부정사는 따로 해석하지 않아도 괜찮습니다.

可以言未.

말을 할 수 있을까요?(← 말을 할 수 있나요, 없나요?)

— 삼국지 제갈량전

연습

1 視吾舌尙在不.

시오설상재불 — 사기 장의열전

- 視, 볼 시. 吾, 나 오. 舌, 혀 설. 尙, 오히려/아직 상. 在, 있을 재. 不, 아닐 불/부.
- 연횡책으로 유명한 장의張儀가 유세를 다니다가 도둑으로 몰려 매질을 당한 뒤에 풀려나서 아내에게 했던 말이다.
- 不이 문장 끝에 쓰여 의문을 나타낸 사례이다.

➡ 봐주게. 내 혀가 아직 있는가?

2 富貴者驕人乎, 貧賤者驕人乎.

부귀자교인호 빈천자교인호 — 십팔사략 춘추전국 위

- 富, 부자/부유할 부. 貴, 귀할 귀. 驕, 교만할 교. 貧, 가난할 빈. 賤, 천할 천.
- 위나라 문후의 아들이 문후의 스승이자 신하였던 전자방田子方을 길에서 만나 먼저 인사를 했는데도 전자방이 이를 무시하자 화를 내며 물었던 말이다. 전자방은 부유하고 귀한 이가 교만하면 나라나 집안을 망하게 하므로 가난하고 천한 이, 곧 자신 같은 선비가 교만해야 한다고 대답한다.

➡ 부유하고 귀한 이가 남에게 교만해야 하는가, 가난하고 천한 이가 남에게 교만해야 하는가?

3 余甚惑焉. 儻所謂天道, 是邪非邪.

여심혹언 당소위천도 시야비야 — 사기 백이열전

- 余, 나 여. 甚, 심할 심. 惑, 미혹할/의심할 혹. 疑惑, 當惑, 困惑. 焉, 어찌/어조사 언. 於之와 같다. 於 → 15구. 儻, 고상할/만일/혹시 당. 접속사로 쓰여 가정의 의미를 나타낸다. 所謂, 바/것 소, 이를 위. 이른바, 세상에서 말하는 것. 是, 이/옳을 시. 非, 아닐/그를 비.
- 焉은 앞 구절에 나온 여러 사례를 지칭한다. 바른 일을 하는 이가 재앙을 입고 그른 일을 하는 이가 부귀를 누리는 과거 역사와 당대의 사례들이다.
- A邪 B邪로 쓰인 예이다.

➡ 나는 그런 일들 때문에 심히 당혹스럽다. 만약 그것이 이른바 하늘의 길이라면 옳은가, 그른가?

4 夫子至於是邦也, 必聞其政, 求之與, 抑與之與.
부자지어시방야 필문기정 구지여 억여지여 — 논어 학이

- 夫子, 사내 부, 존칭 자. 공자나 스승을 높여 부르는 말. 至, 이를 지. 邦, 나라 방. 必, 반드시 필. 聞, 들을 문. 政, 정사 정. 政治. 求, 구할 구. 要求, 請求. 抑, 누를 억. 접속사로 쓰이면 선택(~아니면), 상반(그러나, ~지만) 등의 의미를 나타낸다.
- A與 B與에 抑이 결합된 예이다.

➡ 선생님은 어떤 나라에 이르면 꼭 그 나라의 정치에 대해 듣는데 그러자고 요구하십니까, 아니면 그렇게 알려 줍니까?

5 君自故鄕來, 應知故鄕事. 來日綺窗前, 寒梅著花未.
군자고향래 응지고향사 내일기창전 한매저화미 — 왕유 잡시

- 君, 임금/그대(자네) 군. 自, 스스로/~부터(~에서) 자. 應, 응할/응당 응. 事, 일/섬길 사. 事情, 事緣. 來日, 올 래, 날 일. 오던 날, 올 날. 綺, 비단 기. 窗, 창 창. 窓의 본래 글자. 前, 앞 전. 寒梅, 찰 한, 매화 매. 추운 겨울에 피는 매화. 著, 나타날/지을 저. 花, 꽃 화. 未, 아닐 미.
- 고향 사람들 소식을 일일이 묻지 않고 매화 소식을 묻는다. 매화의 안부에 사람들 안부가 다 담겨 있다.
- 未가 문장 끝에서 의문을 나타냈다.

➡ 그대 고향에서 왔으니 응당 고향 사정 알겠지요. 오던 날 우리 집 비단 창문 앞에 겨울 매화가 꽃을 피웠던가요?

34구

乎와 호응하는 관용 표현

경건함과 간소함 사이

居敬而行簡, 以臨其民, 不亦可乎.
거경이행간 이림기민 불역가호

居簡而行簡, 無乃大簡乎.
거간이행간 무내대간호

— 논어 옹야

평소에는 경건하고 일을 행할 때는 간소하게
백성들을 대하면 좋지 않겠습니까?
평소에도 간소하고 일을 행할 때도 간소하다면
너무 간소하지 않나요?

居 살/평소 거. 敬 공경 경. 尊敬, 敬虔, 畏敬.
行 다닐/갈/행할 행. 臨 임할 림. 可 옳을/가할 가. 簡 대쪽/간략할 간.
不亦~乎 (또한) ~지 않은가. 無乃 ~乎 (아마도) ~지 않은가.

『논어』에 실려 있지만 공자가 아니라 공자 제자인 염옹의 말입니다. 평소에는 경건한 마음가짐으로 조심하며 지내고 일에 닥쳐서 행동할 때는 소탈한 태도로 간명하게 하는 게 좋지 않느냐는 질문입니다. 경건한 자세 없이 간소한 태도만 추구하다 보면 지나치게 간편함만 좇게 된다는 우려가 이면에 깔려 있지요. 공자는 이 질문에 "네 말이 맞다"라고 맞장구를 쳐줍니다. 염옹은 덕행이 뛰어나다고 공자가 평을 남겼던 제자이지요.

이 구절은 어법이 특별히 어렵지 않지만 번역본에 따라 말투의 차이가 꽤 큽니다. 특히 거경居敬을 풀이한 대목에서 번역자의 관점이 드러나지요. 거경은 경에 거처한다는 단순한 뜻이지만 성리학자들이 자기 수양의 방법으로 중시하면서 함의가 풍성해진 개념입니다. 이런 함의를 어떤 수준으로 수용하느냐에 따라 해석할 때 강조하는 대목이 달라지지요.

이를테면 거경을 풀이할 때 인간 내면의 태도나 마음가짐으로 간주한다면 그 해석엔 암암리에 성리학의 주장이 깃들어 있다고 볼 수 있습니다. 반면에 거경을 일상생활의 행동 준칙 정도로 파악한다면 거기엔 성리학의 덧칠을 살짝 빼려는 의도가 담겨 있습니다.

어휘 거경

보통 '공경할 경'이라 새기는 경敬은 존경尊敬이나 외경畏敬, 공경恭敬, 경건敬虔, 경이驚異 등의 한자어에 흔적이 남아 있습니다. 공자 시대에는 하늘이나 신, 현자 같은 특정 대상을 공경하거나 엄숙하게 대한다는 의미를 지니고 있었지요. 거경居敬은 그런 대상이 눈앞에 없더라도 마치 있는 것처럼 경敬의 상태에 머무른다는 뜻입니다.

이 거경에서 경의 대상을 자기 자신에게 내재된 심성으로 돌리고 학문 또는 수양의 방법으로 강조한 이들이 주자를 비롯한 중국 송나라 때의 성리학자들이었습니다. 이때부터 거경이 한 가지 일에 정신을 집중하고, 마음가짐을 엄숙하게 하고, 늘 깨어서 자신을 의식하며 몸과 마음을 다잡는 일체의 행위를 뜻하게 됩니다.

그래서 독서는 거경이 아니지만 독서할 때 독서에만 집중하여 힘쓰는 행위가 거경이 되고, 옷 입기는 거경이 아니지만 옷 입을 때 옷 입는 행위에만 집중하여 힘쓰는 일이 거경의 범주에 들어가게 되지요. 조선 시대에 이황이 강조했던 일상을 '경敬'으로 사는 일도 이 흐름의 연장선에 놓여 있습니다.

어법 乎와 호응하는 관용 표현 : 不亦 ~ 乎, 得無 ~ 乎, 無乃 ~ 乎, 豈 ~ 乎

'不亦 ~ 乎'와 '無乃 ~ 乎'는 반문을 통해 긍정의 뜻을 표현하는 고정된 형식입니다. '不亦 ~ 乎'가 반문으로 긍정을 강하게 나타낸다면 '無乃 ~ 乎'는 반문에 추측의 어기가 더해져서 완곡하게 긍정을 표현하지요.

둘 다 '~지 않은가'로 풀이할 수 있지만 '無乃 ~ 乎'의 경우 '(아마도) ~인가'로 해석해서 추측의 어기를 드러내 주기도 합니다. '不亦 ~ 乎'도 亦의 '또한'이란 의미를 보통 생략하고 풀이하지만 강한 긍정의 어기를 살리기 위해 '또한'이란 말을 붙여서 해석하기도 합니다. 한문에 내재된 어기를 우리말로 살리는 표현은 좀 더 연구가 필요하지요.

不 亦	可	乎	無 乃	大 簡	乎
(또한) ~지 않다	가하다	의문 조사	(아마도) ~지 않다	크게 간소하다	의문 조사

▸ 좋지 않겠는가? ▸ 너무 간소하지 않은가?

여기에서 의문의 어기를 나타내는 乎는 감탄이나 명령의 어기를 나타내기도 합니다. 그러므로 不亦과 無乃는 乎가 의문의 어기로 쓰였음을 분명히 하는 구실도 합니다. 이처럼 乎 앞에 부사를 호응시켜 乎의 어기를 분명히 하는 형식에는 '得無 ~ 乎', '豈 ~ 乎'도 자주 쓰입니다.

'得無 ~ 乎'는 '無乃 ~ 乎'와 용법과 의미가 거의 같습니다. 반문에 추측을 더해 완곡하게 긍정을 나타내지요. '豈 ~ 乎'는 강한 반문의 어기를 표현합니다. '어찌 ~하겠는가(이겠는가)'로 해석하지요. 때때로 추측을 나타내는데 이때는 '혹시 ~인가', '아마 ~겠지요' 등으로 풀이합니다.

豈虛言哉. 어찌 빈말이겠는가. (→ 빈말이 아니다.)

— 노자 22장

연습

1 此豈非天也.

차기비천야 — 사기 외척세가

- 此, 이 차. 豈, 어찌 기.
- '豈 ~ 也'는 '豈 ~ 乎'와 같다.

➡ 이 어찌 하늘의 뜻이 아니겠는가?

2 失之己, 反之人, 豈不迂乎哉.

실지기 반지인 기불우호재 — 순자 영욕

- 失, 잃을 실. 己, 몸/자기 기. 反, 돌이킬/되받을 반. 迂, 에돌 우. 우원迂遠하다, 바보 같다. 乎哉, 어조사 호, 어조사 재. 의문과 반문, 감탄의 어기를 겹쳐서 강조한 조사.
- 앞에 나온 7구의 문장 다음에 바로 이어지는 구절이다.
- '豈 ~ 乎哉'가 '豈 ~ 乎'처럼 쓰인 사례이다.

➡ 자기에게서 잃어버리고 그것을 남에게서 되받으려 하니 어찌 바보 같지 않겠는가?

3 有過不罪, 無功受賞, 雖亡, 不亦可乎.

유과부죄 무공수상 수망 불역가호 — 한비자 내저설상

- 有, 있을 유. 過, 지날/허물 과. 罪, 허물/죄 죄. 功, 공 공. 受, 받을 수. 賞, 상 줄 상. 亡, 망할/잃을 망. 雖, 비록 수.

➡ 잘못이 있어도 죄받지 않고 공이 없는데도 상을 받는다면 비록 망하더라도 옳지 않겠는가?

4 彭祖乃今以久特聞, 衆人匹之, 不亦悲乎.

팽조내금이구특문 중인필지 불역비호 — 장자 소요유

- 彭祖, 성 팽, 할아비/조상 조. 칠백여 살을 살았다고 전해 오는 도가의 인물. 乃今, 이에 내, 이제 금. 이제, 지금. 久, 오랠 구. 特, 특별할 특. 聞, 들을 문. 所聞,

風聞. 衆, 무리 중. 匹, 짝/맞설 필. 匹敵. 悲, 슬플 비.

➡ 팽조가 지금 오래 살았다고 특히 소문이 나서 사람들이 그에 필적하려 하니 슬프지 않은가?

5 遷客騷人, 多會于此, 覽物之情, 得無異乎.
천객소인 다회우차 남물지정 득무이호 — 범중엄 악양루기

● 遷客, 옮길 천, 손 객. 유배되거나 좌천된 사람. 騷人, 떠들/근심할 소, 사람 인. 시인. 多, 많을 다. 會, 모일 회. 于, 어조사 우. ~에, ~에서. 此, 이 차. 覽, 볼 람. 物, 물건/만물 물. 景物. 遷客騷人은 시인묵객詩人墨客을 가리키는 말이다.
● 得無 ~ 乎의 사례이다.

➡ 좌천된 관리나 근심에 겨운 시인들이 이곳에 많이 모여들었지만 경물을 보는 감정이야 다르지 않았겠는가?

6 勞師以襲遠, 非所聞也. 師勞力竭, 遠主備之, 無乃不可乎.
노사이습원 비소문야 사로역갈 원주비지 무내불가호

— 좌전 희공 32년

● 勞, 일할/지칠 로. 疲勞, 勞困. 師, 스승/군사(군대) 사. 襲, 엄습할/덮칠 습. 襲擊. 所聞, 바/것 소, 들을 문. 들은 바. 竭, 다할 갈. 遠, 멀 원. 主, 주인/임금 주. 君主. 備, 갖출 비. 對備, 防備. 不可, 아닐 불, 옳을/가할 가. ~할 수 없다, ~하면 안 된다. 不可能.

➡ 피로한 군사로 먼 곳을 습격했다는 말은 들어본 일이 없다. 군사는 피로하여 힘이 다했고 상대 군주가 그에 대비하고 있으니 아마도 (습격은) 불가능하지 않겠는가?

6장

가정, 양보

35구

가정을 나타내는 則(卽)

요순시대의 통치 방법

窮則變, 變則通, 通則久.

궁즉변 변즉통 통즉구

— 주역 계사 하

궁하면 변하고 변하면 통하고 통하면 영구하다.

窮 다할/궁할 궁. 窮塞, 窮地, 困窮. **則** 곧 즉, 법칙 칙.
變 변할 변. **通** 통할 통. **久** 오랠 구. 永久, 長久.

역易에 대한 이야기입니다. 고대 중국의 점술로 시작됐지만 유학자들이 세상 만물의 변화 원리와 천지의 도덕 준칙으로 재해석했던 그 역입니다. 세상의 모든 일이 궁극에 이르면 변화가 일어나고, 변화하면 세상에 통하게 되고, 통하면 오래 지속된다는 말입니다.

이 구절은 매우 추상적인 진술입니다. 관점에 따라 해석의 편차가 클 수밖에 없습니다. 이를테면 막다른 처지에 몰린 사람은 이 구절을 아무리 궁해도 어떻게든 길이 열린다더라, 이렇게 위안을 얻는 조언으로 받아들일 수 있습니다. 동양 철학자라면 이 구절에서 고대 중국의 철학 방법론을 찾으려 하고, 문학자라면 문학적인 상징 체계를 찾으려 들겠지요. 이 밖에도 여러 해석 틀이 있겠지만 여기서 건드릴 수는 없고, 어떤 해석 방향이든 「계사전」의 문맥이 이해의 기본 틀이라는 점만 지적해 둡니다.

『주역』「계사전」에서 이 구절은 신화적 상상이긴 해도 역사와 현실 문맥에서 사용됩니다. 중국 신화와 역사가 뒤섞인 요순시대가 배경이지요. 요와 순임금은 세상을 계속 변화시켜 백성들이 게으르지 않게 하여 세상을 다스렸는데, 이 요순의 통치술에 깔린 역의 이치를 요약한 대목이 바로 궁즉변, 변즉통, 통즉구였습니다. 그리고 그 구체적 사례로써 요와 순임금이 배와 노를 만들어 물자를 서로 통하게 한 일이나 소와 말을 기르게 해서 무거운 것을 나르게 한 일 등을 제시합니다.

어휘 궁하다, 변하다, 통하다

우리말에는 1음절 한자에 '~하다'를 붙여서 만든 동사나 형용사가 무척 많습니다. '궁窮하다', '변變하다', '통通하다'가 그런 단어들입니다. '궁하다'는 가난하다, 어렵다, 또는 일이 막혀 있다는 뜻이고, '변하다'는 다른 것이 되거나 성질이 달라진다는 뜻입니다. '통하다'는 막힘이 없다, 이어지다는 뜻이지요. 이 외에 흔하게 사용되는 상傷하다, 귀貴하다, 천賤하다, 망亡하다, 강强하다, 약弱하다, 능能하다, 면免하다, 고告하다, 토吐하다 등이 다 비슷한 방식으로 이루어진 단어입니다.

이런 어휘는 한문을 읽거나 번역할 때 소중한 존재들입니다. 한문에서 쓰는 원뜻을 살리면서도 친근한 토박이말 느낌이 나니까요. 다듬지 않고 그대로 써도 우리말 어법에 자연스럽게 잘 배어듭니다.

어법 가정을 나타내는 '곧 즉則(卽)'

무언가를 가정하려면 사실이 아니거나 일어나지 않은 일을 마치 사실이거나 일어난 일처럼 전제해야 합니다. 우리말에서는 가정하는 대상에 '-(으)면, -라면, -거든' 같은 어미를 붙여서 나타내지요.

'곧 즉則(卽)'은 한문에서 이런 가정 표현을 대표하는 부사이자 접속사입니다. 주로 단어나 어구, 절 사이에 쓰여서 앞에 오는 단어나 어구, 절에 가정의 의미를 더해 줍니다. '~면', '~라면', '그렇다면' 등으로 풀이하지요. '~면 (곧) ~하다'라는 형태에서 '곧'이라는 부사적 의미가 약화된 용법이라 할 수 있습니다.

窮	則	變
궁하다	(곧)	변하다

▶ 궁하면 변한다.

則이 절과 절 사이가 아니라 병렬되는 절 속에 쓰일 때는 병렬되는 절과 절의 대비 관계를 나타낼 수 있습니다. 이 경우 '-(으)면'으로 풀기보다 '-은/는'을 붙여 풀이하는 쪽이 더 자연스러울 때가 많지요. 앞서 10구에서 則의 부사적 의미가 판단을 강조하는 사례에 대해 설명했는데 그 용법과 비슷한 맥락입니다.

其室則邇, 其人甚遠. 그의 집은 가깝지만 그이는 너무 멀다.

— 시경 정풍

則은 서술어 앞에서 부사어로 사용되면 '곧 즉則'이라 할 때의 '곧'

이란 뜻이 그대로 쓰입니다. 가끔 '겨우', '단지'라는 뜻으로 사용되기도 하지요. 則과 음이 같은 卽은 그 의미와 용법이 則과 비슷하고, '이 사 斯'는 『논어』나 『맹자』 같은 문헌에서 則을 대신해 쓰이기도 했습니다.

연습

1 民貧則姦邪生.

민빈즉간사생 — 조조 논귀속

● 民, 백성/사람 민. 貧, 가난할 빈. 姦邪, 간사할 간, 간사할 사. 生, 날(생길)/살 생.

➡ 백성이 가난하면 간사함이 생겨난다.

2 此身醒復醉, 乘興卽爲家.

차신성부취 승흥즉위가 — 두보 춘귀

● 此, 이 차. 身, 몸 신. 醒, 깰 성. 覺醒. 復, 회복할 복/다시 부. 乘, 탈 승. 興, 일/흥겨울 흥. 卽, 곧 즉. 則과 같다. 爲, 할/될/~이다 위.

➡ 이 몸 깨면 다시 취하고 흥이 오르면 거기가 집이지.

3 學而不思則罔, 思而不學則殆.

학이불사즉망 사이불학즉태 — 논어 위정

● 學, 배울 학. 而, 말 이을 이. 접속사로 쓰여 나열(~고, ~며), 상반(~나, ~지만) 등의 뜻을 나타낸다. 思, 생각 사. 罔, 없을/속일 망. '멍청할/멍할 망惘'과 통한다. 罔은 '거칠다', '흐리다'는 뜻으로 새기기도 한다. 殆, 위태할 위.

➡ 배우기만 하고 생각하지 않으면 멍청하고 생각만 하고 배우지 않으면 위태롭다.

4 威嚴不先行於己, 則人怨而不服.

위엄불선행어기 즉인원이불복 — 근사록 가도

● 威嚴, 위엄 위, 엄할/엄숙할 엄. 先, 먼저 선. 行, 다닐/갈/행할 행. 己, 몸/자기 기. 怨, 원망할 원. 服, 옷/복종할 복.

➡ 위엄을 자기 자신에게 먼저 행하지 않으면 사람들이 원망하고 복종하지 않는다.

5 故知宇宙之大, 則不可怯以死生.

고지우주지대 즉불가겁이사생 — 회남자 정신

● 故, 연고 고. 접속사로 쓰이면 '그러므로', '곧' 등의 뜻이다. 不可, 아닐 불, 가

할 가. ~할 수 없다, ~하면 안 된다. 大, 큰 대. 廣大, 偉大. 怯, 겁낼 겁. 以, 써 이. 전치사로 쓰여 수단이나 방법(~로써, ~로), 이유(~ 때문에, ~로 인해), 대상(~을, ~와 함께) 등의 뜻을 나타낸다. →13구

● "우주의 광대함을 아는 사람을 죽음으로써 겁줄 수 없다", "우주의 광대함을 아는 사람이 죽고 사는 문제로 겁먹지 않는다"라는 의미이다. 可 뒤의 타동사는 피동으로 해석된다. →44구

➡ 그러므로 우주의 광대함을 알면 삶과 죽음으로써 겁줄 수 없다.

6 人之過也, 各於其黨. 觀過, 斯知仁矣.

인지과야 각어기당 관과 사지인의 — 논어 이인

● 過, 허물/지날 과. 也, 어조사 야. 잠시 멈춰 어기를 고르는 조사. 各, 각각/제각기 각. 於, 어조사 어. 동사로 쓰이면 '~에 있다'(在), '의지하다'(依), '가다'(往)의 뜻을 갖는다. 其, 그 기. 黨, 무리 당. 부류, 종류. 觀, 볼 관. 觀察, 觀測. 斯, 이 사. 접속사로 쓰여 則과 같은 구실을 한다. 仁, 어질/인자할 인. 인仁함. 仁者人也.(중용 20장) 仁人心也.(맹자 고자) →11구

● 黨은 사람이 어울리는 무리일 수도 있고, 사람이 지닌 독특한 태도나 버릇일 수도 있다. 해석자마다 초점을 조금씩 달리해서 번역한다. 黨을 當(마땅함, 옳음)이라 보고 해석하는 경우도 있다. 知仁의 仁은 국내 번역본 상당수가 '인仁한 정도'라는 의미를 제각기 변주해서 해석한다. 외국 번역본에서는 '인물'이나 '사람'으로 해석하기도 한다.

➡ 사람이 잘못을 저지를 때는 각각 그 부류를 따른다. 잘못을 보면 어떤 인간인지 알게 된다.

7 君子舟也, 庶人者水也. 水則載舟, 水則覆舟.

군자주야 서인자수야 수즉재주 수즉복주 — 순자 왕제

● 君子, 임금 군, 아들/존칭 자. 임금 또는 군주. 舟, 배 주. 庶人, 여러 서, 사람 인. 서민, 일반 사람. 載, 실을 재. 覆, 엎을(뒤집을) 복/덮을 부.

● 대비를 나타내는 則의 사례이다. A者B也는 'A는(은) B이다'로 해석된다. →7구

➡ 임금은 배이고 서민은 물이다. 물은 배를 띄우기도 하고 물은 배를 뒤엎기도 한다.

36구

가정을 나타내는 如, 若, 而

현재라는 기준

譬如爲山, 未成一簣, 止, 吾止也.
비여위산 미성일궤 지 오지야

譬如平地, 雖覆一簣, 進, 吾往也.
비여평지 수부일궤 진 오왕야

— 논어 자한

산을 쌓는 일에 비유하면 흙 한 삼태기만큼을 끝맺지 못하고
그만두었더라도 나는 그만둔 것이다.
땅을 고르는 일에 비유하면 비록 흙 한 삼태기만을 부었어도
진척이 있었다면 나는 나아간 것이다.

譬 비유할 비. 如 같을/만일 여. 爲 할(만들, 지을)/될/~이다 위.
未 아닐 미. (아직) ~하지 않다. 成 이룰 성. 一簣 한 일, 삼태기 궤. 止 그칠 지.
雖 비록 수. 覆 엎을 복/덮을 부. 進 나아갈 진. 進陟, 進行. 吾 나 오. 往 갈 왕.

살다 보면 누구나 어렵고 불우한 처지에 빠질 수 있습니다. 그럴 때면 많은 사람들이 과거를 떠올립니다. 한때 잘나갔던 순간이나 빛났던 기억을 되돌아보면서 거기에서 위로를 구하지요. 그러다가 더 나가면 "내가 왕년엔 말이야" 하는 말을 입에 달고 다니며 민폐가 되기도 합니다.

이와 반대로 어떤 사람은 과거의 처절했던 순간을 떠올리기도 합니다. 지금보다 훨씬 못했던 기억을 잣대로 삼으면 변변치 못한 현재도

그럭저럭 견딜 만한 현실이 되니까요. 어느 경우나 다 과거를 위로의 수단으로 삼는다는 점에서 자신을 합리화하고 위로하는 심리적 기제라 할 수 있습니다.

위 구절은 그렇게 과거에 매인 사람들에게 보내는 공자의 충고이자 위로입니다. 어제까지 산 같은 업적을 쌓았더라도 오늘 멈추면 멈춘 것이고, 어제까지 아무런 한 일이 없더라도 오늘 나아갔다면 나아간 것이라는 말입니다. 조금 조미료를 치자면, 쌓아 온 것이 많으면 많은 대로 한 발 나아가고, 쌓아 놓은 것이 없으면 없는 대로 한 발 나아가면 된다는 조언입니다. 나아갔느냐 멈췄느냐의 판단 기준은 오로지 현재입니다.

어휘 평지

평지平地는 기존 번역본에서 보통 두 갈래로 해석합니다. 한 갈래는 수식 관계로 보아 평지를 평평한 땅으로 풀이합니다. 위산爲山과 평지平地에서 산을 쌓는 일의 마무리 단계와 시작 단계라는 대립적 의미를 드러내는 해석이지요.

다른 갈래는 술목 관계로 봐서 평지를 '땅을 평평하게 한다, 땅을 고른다'로 풀이합니다. 이때 위산爲山은 일의 성과가 쉽게 눈에 띄는 일, 평지平地는 그렇지 않은 일을 비유한 것으로 해석됩니다. 어떤 일이든 상관없이 오늘 나아가는 게 중요하다는 의미를 담게 되지요. 여기에선 후자의 해석을 따랐지만 어느 쪽 해석이든 어법 면에서는 흠 잡을 게 없습니다.

고대 한문에서는 이름이나 지명을 제외하고 2음절 어휘가 무척 드뭅니다. 그러므로 현재에도 쓰이는 어휘를 현재 뜻 그대로 기계적으로 풀이하면 간혹 엉뚱한 해석을 하는 경우가 생깁니다. 뭔가 의심스러우면 요즈음 뜻과 다른 뜻으로 쓰였는지 사전이나 문헌을 통해 확인해 봐야 합니다.

어법 가정을 나타내는 '같을 여如', '같을 약若', '말 이을 이而'

'같을 여如'는 則처럼 가정을 나타내는 표지로 자주 쓰이는 한자입니다. 則과 더불어 가정 표현을 대표하는 접속사이자 부사라 할 수 있지요. 우리말로는 흔히 '만약(만일) ~한다면' 정도로 풀이합니다.

그런데 『설문해자』에 나오는 如의 초기 뜻은 '따르다'였습니다. 여기에서 확장돼 나온 '~와 같다'가 如의 기본 뜻을 이룹니다. 물론 서술어로 쓰일 때 얘기입니다. 비여위산譬如爲山 미성일궤未成一簣는

譬 如 / 爲 山 / 未 成 / 一 簣

비유하자면 ~같다 / 산을 만들다 / 아직 완성하지 못하다 / 한 삼태기

[譬如 爲山] (부사어) [未成 一簣] (서술어)

비유하건대 산 만드는 일 같다면

▶ 산을 쌓는 일에 비유한다면 흙 한 삼태기만큼을 끝맺지 못했다.

爲 政 / 以 德 / 譬 如 / 北 辰

정치를 하다 / 덕으로써 / 비유하자면 ~같다 / 북극성

[爲政 以德] (주어) [譬如 北辰] (서술어)

비유하건대 북극성 같다.

▶ 도덕으로 정치하는 것은 비유하자면 북극성 같다. — 논어 위정

如 기본 뜻이 어떤 조건에서 가정을 나타내는 말로 전환되는지 보여주는 사례입니다.

가정을 나타내려면 사실이 아니거나 사실인지 헷갈리는 것을 사실 '같이' 제시해야 합니다. 또는 일어나지 않은 일을 일어난 것 '같이' 전제해야 하지요. 그래서 '같다'는 뜻의 如는 '~ 같다면'이란 가정의 의미로 쉽게 전용할 수 있습니다.

게다가 우리말의 '—면, —라면' 같은 어미가 없는 한문은 가정의 대상을 문장의 앞에 두고, 그에 대한 결과를 뒤에 두는 것만으로 가정의 효과를 낼 수 있습니다. 이 두 가지 조건이 어울려 如가 문장 앞에 놓이면 '~같다면 → (만약) ~한다면'으로 가정의 의미가 분명해지는 것입니다.

如와 발음이 비슷한 '같을 약若'과 '말 이을 이而' 역시 如와 같은 방식으로 가정의 의미를 나타낼 수 있습니다. 풀이도 '만약 ~한다면'으로 같지요. 다만 而는 '~와(과)', '~하고(서)', '~한 후에', '~하지만' 같은 다양한 뜻으로 쓰이므로 如로 대치할 수 있는 자리에 쓰였는지 잘 살펴야 합니다. 그런 조건에서 쓰여야 가정의 의미를 나타낼 확률이 높아지니까요.

연습

1 如曰, 子欲無言, 卽是言了.
여왈　자욕무언　즉시언료　— 육구연

- 曰, 가로/말할 왈. 子, 아들/당신(그대) 자. 이인칭 대명사로 쓰여 너, 그대, 당신 등의 뜻을 갖는다. 欲, 하고자 할 욕. 無, 없을 무. 言, 말씀 언. 卽, 곧 즉. 則과 같다. 是, 이/옳을 시. 了, 마칠 료. 終了, 完了. 동작이 끝났음을 알리는 조사.

➡ 만약 그대가 할 말이 없다고 말한다면 이는 말을 한 것이다.

2 食廩實而知禮節, 衣食足而知榮辱.
식름실이지례절　의식족이영욕　— 사기 관안열전

- 食, 밥 식. 食糧, 穀食, 飮食. 廩, 곳집/창고 름. 實, 열매/실할 실. 禮節, 예도 례, 마디/절개 절. 예절. 榮辱, 영화/성할 영, 욕될 욕. 영예와 치욕.
- 의미 관계만으로 而가 가정의 의미를 나타낸 예이다.

➡ 곡식 창고가 넉넉하면 예절을 알고, 옷과 음식이 풍족하면 영예와 치욕을 안다.

3 質的張而弓矢至焉, 林木茂而斧斤至焉.
질적장이궁시지언　임목무이부근지언　— 순자 권학

- 質的, 바탕 질, 과녁 적. 활의 과녁. 張, 베풀/벌일 장. 弓矢, 활 궁, 화살 시. 활과 화살. 至, 이를 지. 林木, 수풀/숲 림, 나무 목. 숲의 나무. 茂, 무성할 무. 斧斤, 도끼 부, 도끼 근. 여러 도끼.
- 좋은 재목이 될지 과녁이 될지는 자신의 말과 행동에 달려 있다.

➡ 과녁을 펼치면 화살이 그곳에 이르고 숲에 나무가 빽빽하면 도끼가 그곳에 이른다.

4 善氣迎人, 親如弟兄. 惡氣迎人, 害於戈兵.
선기영인　친여제형　악기영인　해어과병　— 관자 심술 하

- 善, 착할/좋을 선. 氣, 기운 기. 迎, 맞이할 영. 親, 친할/가까울/어버이 친. 弟兄, 아우 제, 형 형. 형제. 惡, 나쁠 악/미워할 오. 害, 해할/해로울 해. 戈兵, 창

과, 병사/무기(병기) 병. 무기 또는 전쟁.

- 如가 전치사로 쓰여서 '~보다'의 의미를 나타낸 예이다. 뒤 구절에서 於(~보다)가 놓인 자리에 앞 구절에는 如가 쓰였다. 如의 전치사 쓰임을 몰랐더라도 문맥을 통한 추정이 가능하다.

➡ 좋은 마음으로 사람을 맞이하면 형제보다 가까워지고, 나쁜 마음으로 사람을 맞이하면 무기보다 해로워진다.

5 人有雞犬放, 則知求之. 有放心, 而不知求.

인유계견방 즉지구지 유방심 이부지구 — 맹자 고자 상

- 有, 있을 유. 雞, 닭 계. 犬, 개 견. 放, 놓을 방. 求, 구할 구.
- 人有雞犬放을 풀이하면 '사람이 닭이나 개의 놓침이 있으면'이나 우리말에 자연스럽게 바꾸면 '사람이 닭이나 개를 놓치면'이 된다.
- 앞 구절에서 則이 놓인 자리에 뒤 구절에서는 而가 쓰였다. 而가 則의 의미로 쓰였음을 알 수 있다.

➡ 사람이 닭이나 개를 놓치면 찾을 줄 알면서 마음을 놓아 버리면 찾을 줄 모른다.

6 富而可求也, 雖執鞭之士, 吾亦爲之. 如不可求, 從吾所好.

부이가구야 수집편지사 오역위지 여불가구 종오소호

— 논어 술이

- 富, 부자/부유할 부. 可, 옳을/가할 가. ~할 수 있다, ~할 만하다. 雖, 비록 수. 執, 잡을 집. 鞭, 채찍 편. 士, 선비/군사/벼슬아치 사. 亦, 또 역. 從, 좇을/따를 종. 所好, 바/것 소, 좋을 호. 좋아하는 것.
- 執鞭之士는 채찍 잡는 천한 일을 가리키는데 이에 대해선 큰 이견이 없다. 그렇지만 그 일이 무엇이냐에 대해서는 시장의 문지기, 제후 행렬의 길잡이, 마부 등으로 견해가 갈린다.
- 뒤 구절에 如가 놓인 자리에 앞 구절에서 而가 쓰였다. 而가 如의 의미로 쓰였음을 알 수 있다.

➡ 부유함이 만약 구해질 수 있다면 비록 채찍 잡는 천한 일이라 하더라도 나 역시 맡겠지만 만약 구해질 수 없다면 내가 좋아하는 길을 따르겠다.

37구 | 문장 속 의미로 나타내는 가정

필승의 전략과 방책

兵法云, 必死則生, 必生則死.
병법운 필사즉생 필생즉사

又曰, 一夫當逕, 足懼千夫, 今我之謂矣.
우왈 일부당경 족구천부 금아지위의 — 난중일기

병법에서 이르기를 죽으려 하면 살고 살려고 하면 죽는다고 했다.
또 한 사람이 길목에서 맞서면 천 명도 두렵게 할 수 있다고 했다.
지금 우리를 두고 한 말이다.

云 이를 운. 必 반드시 필. 死 죽을 사. 生 날/살 생. 又 또 우.
曰 가로/말할 왈. 一夫 한 일, 사내 부. 한 사람. 當 마땅/당할 당.
逕 좁은 길 경. 足 발/족할 족. ~할 수 있다. 今 이제 금. 我 나 아. 謂 이를 위.

뭔가 설명을 다는 게 민망할 만큼 유명한 글입니다. 명량해전을 하루 앞둔 이순신 장군이 부하 장수와 병사들의 사기를 돋우며 했던 말이지요. 1597년 정유년 9월 15일자 『난중일기』에 수록돼 있습니다.

여기에서 병법은 오자의 병법입니다. 오자의 전쟁법이기도 하고 그 전쟁법이 담긴 책이기도 한, 그 오자병법이지요. 오자는 앞서 소개했던 위 문후 시절, 위나라 병권을 맡아 76전 64승 12무승부 0패의 전적을 올렸던 장군입니다. 이 병법서의 「치병治兵」 편과 「여사勵士」 편에 이순신이 인용했던 구절이 나옵니다. 밑줄 친 부분이 인용 구절입니다.

무릇 병사들이 싸우는 전쟁터는 시체가 쌓이는 곳으로 반드시 죽으려 하면 살고 행운을 바라 살려 하면 죽는다. — 치병

必死則生 幸生則死

지금 만약 죽기로 싸우는 적 한 명이 들판에 숨어 있으면 천 명이 쫓아가더라도 올빼미처럼 두리번거리고 이리처럼 뒤돌아보지 않는 이가 없을 것입니다. 어째서입니까? 적이 갑자기 일어나 자기를 해칠까 봐 무섭기 때문입니다. 그러므로 한 사람이 목숨을 내던지면 천 명을 두렵게 할 수 있습니다.

一人投命 足懼千夫 — 여사

그런데 이순신은 이 구절을 그대로 인용하지 않았습니다. 각기 다른 맥락에서 쓰인 두 구절을 합치고, 열세 척의 배로 일본군의 대규모 함대를 어떻게 이길 수 있을까 하는 고민을 얹어 내용을 일부 바꿉니다. 죽을 각오를 다짐하는 내용에다가 길목, 즉 좁은 울둘목(명량)에서 적의 두려움을 끌어내겠다는 전략을 더했지요. 그러니까 저 구절은 무패의 장군 오자의 병법이었지만 동시에 불패의 장군 이순신의 병법이기도 했습니다.

어법 문장 속 의미로 나타내는 가정

일부당경 족구천부一夫當逕 足懼千夫에는 '여如(若,而)'나 '즉則'처럼 가정의 의미를 분명히 해 주는 표지가 없습니다. 겉으로만 봐서는 서술이나 묘사 대상이 주어가 되고 그 뒤에 서술어가 오는 평서문과 구분되지 않지요. 문장이 갖는 의미만으로 가정의 의미를 나타낸 사

례입니다.

한문에는 우리말 같은 연결어미가 없습니다. 한국어는 '—고, —지마는, —면, —니까, —려고, —어야' 등의 풍성한 어미를 지닌 언어입니다. 이런 어미를 통해 어구와 어구, 절과 절의 관계가 나열인지 반대인지 아니면 가정인지 이유인지 의도인지 당위인지 따위를 아주 분명하게 표시합니다.

그러나 한문은 이런 의미 관계를 어구와 어구, 절과 절을 나란히 병렬하는 것만으로 표현할 때가 많습니다. 가정 역시 如나 則 같은 표지 없이 표현하는 경우가 흔하지요. 이때 그 문장이 나열이나 이유가 아니라 가정으로 해석되는 근거는 의미와 의미의 연결이 빚어내는 문맥밖에 없습니다. 그래서 같은 문장을 두고 해석이 180도로 갈리는 일이 한문 세계에선 드물지 않지요.

이 문맥에는 두 가지 차원이 있습니다. 하나는 텍스트 안의 문맥입니다. 일부당경 족구천부一夫當逕 足懼千夫는 필사즉생 필생즉사必死則生 必生則死 다음에 '또 우又'로 연결된 문장입니다. 두 문장의 구조가 크게 다르지 않는 한 앞 문장이 갖는 가정의 의미가 연장되리라고 추정할 수 있습니다.

一 夫	當	逕	足	懼	千 夫
한 사내(병사)	당하다	좁은 길	족하다	두렵다	천 사내(병사)

▶ 한 명이 길목에서 맞서면 천 명을 두렵게 할 수 있다.

一 人	投	命	足	懼	千 夫
한 사람	던지다	목숨	족하다	두렵다	천 사내(병사)

▶ 한 사람이 목숨을 내던지면 천 명을 두렵게 할 수 있다. — 오자 여사

다음으로 텍스트 바깥의 문맥이 있습니다. 一夫當逕 足懼千夫는 일인투명 족구천부一人投命 足懼千夫에서 가져온 문장입니다. 이 역시 둘의 문장 구조가 같으므로 一人投命이 갖는 가정의 의미가 그대로 一夫當逕에 전이됐으리라고 추정할 수 있지요. 한문에선 어휘나 문장을 따온 고전의 글이 마치 어법의 판례 구실을 할 때가 많습니다.

연습

1 一聞人之過, 終身不忘.

일문인지과 종신불망 — 장자 서무귀

● 聞, 들을 문. 過, 허물/지날 과. 終, 마칠/끝낼 종. 身, 몸 신. 忘, 잊을 망.

➡ 한번 남의 잘못을 들으면 죽을 때까지 잊지 못한다.

2 今年花落顔色改, 明年花開復誰在.

금년화락안색개 명년화개부수재 — 유정지 대비백두옹

● 花, 꽃 화. 落, 떨어질 락. 顔, 낯/얼굴 안. 色, 빛/색 색. 改, 고칠/바꿀 개. 明年, 밝을/다음 명, 해 년. 다음 해. 開, 열 개. 復, 회복할 복/다시 부. 誰, 누구 수. 在, 있을 재.

➡ 올해에 꽃 지면 내 얼굴 늙을 텐데 내년에 꽃 피면 또 누가 남아 있으려나.

3 飜手作雲覆手雨, 紛紛輕薄何須數.

번수작운복수우 분분경박하수수 — 두보 빈교행

● 飜, 번역할/뒤집을 번. 作, 지을 작. 雲, 구름 운. 覆, 엎을(뒤집을) 복/덮을 부. 雨, 비 우. 紛紛, 어지러울 분. 어지러운 모양. 輕薄, 가벼울 경, 엷을 박. 언행이 가벼움. 何, 어찌/무엇 하. 須, 모름지기/반드시 수. 數, 셈/셀 수.

➡ 손을 뒤집으면 구름을 지어내고 손을 엎으면 비를 내린다. 어지러이 날리는 경박함을 굳이 세어본들 무엇 하리.

4 知之必好之, 好之必求之, 求之必得之.

지지필호지 호지필구지 구지필득지 — 근사록 위학

● 知, 알 지. 之, 갈/그것 지. 好, 좋을 호. 求, 구할 구. 得, 얻을 득.

➡ 알면 반드시 좋아지고 좋아지면 반드시 구하며 구하면 반드시 얻는다.

5 草際煙光, 水心雲影, 閒中觀去, 見乾坤最上文章.

초제연광 수심운영 한중관거 견건곤최상문장 — 채근담 후집

● 草, 풀 초. 際, 즈음/사이 제. 煙, 연기/안개 연. 光, 빛/경치 광. 光景, 風光. 水心, 물 수, 마음/가운데 심. 수면의 중심. 影, 그림자 영. 閒, 한가 한. 觀, 볼 관. 去, 갈 거. 見, 볼/보일 견. 乾坤, 하늘 건, 땅 곤. 천지. 最, 가장 최. 文章, 글월/무늬 문, 글 장.

➡ 풀숲 사이의 자욱한 풍광과 수면에 비친 구름 그림자를 한가롭게 바라보노라면 천지가 최상의 문장임을 알게 된다.

6 一死一生乃知交情, 一貧一富乃知交態, 一貴一賤交情乃見.
일사일생내지교정 일빈일부내지교태 일귀일천교정내현

— 사기 급정 열전

● 乃, 이에/곧/마침내 내. 부사어로 쓰여 '이에, 곧, 비로소, 마침내' 등의 뜻을 나타낸다. 交, 사귈 교. 情, 뜻/정 정. 態, 모습 태. 態度, 形態. 見, 볼(보일) 견/나타날 현. 現과 같다.

➡ 한 번 죽고 한 번 살아나면 사귀던 정을 알고, 한 번 가난하고 한 번 부유해지면 사귀던 태도를 알며, 한 번 귀해지고 한 번 천해지면 사귀던 정이 오롯이 드러난다.

38구

가정을 나타내는 관용 표현

사라진 공부

好仁不好學, 其蔽也愚. 好知不好學, 其蔽也蕩.
호인불호학 기폐야우 호지불호학 기폐야탕

好信不好學, 其蔽也賊. 好直不好學, 其蔽也絞.
호신불호학 기폐야적 호직불호학 기폐야교

好勇不好學, 其蔽也亂. 好剛不好學, 其蔽也狂.
호용불호학 기폐야란 호강불호학 기폐야광 — 논어 양화

인을 좋아하고 배우기를 좋아하지 않으면 그 폐단은 어리석음이다.
지혜를 좋아하고 배우기를 좋아하지 않으면 그 폐단은 방탕함이다.
믿음을 좋아하고 배우기를 좋아하지 않으면 그 폐단은
남과 자신을 해치는 것이다. 정직함을 좋아하고
배우기를 좋아하지 않으면 그 폐단은 숨 막히게 하는 것이다.
용기를 좋아하고 배우기를 좋아하지 않으면 그 폐단이
세상을 어지럽히는 것이다. 강한 것을 좋아하고
배우기를 좋아하지 않으면 그 폐단은 사나워지는 것이다.

好 좋을 호. **仁** 어질/인자할 인. **學** 배울 학. **蔽** 덮을 폐. '폐단/폐해 폐弊'와 통한다.
愚 어리석을 우. **知** 알 지. 知識, 知性. **蕩** 방탕할 탕. **信** 믿을 신. **賊** 도둑/해칠 적.
直 곧을 직. 正直, 剛直, 忠直. **絞** 목맬 교. **勇** 날랠/용감할 용.
亂 어지러울 란. 亂暴, 混亂. **剛** 굳셀/강할 강. **狂** 미칠/사나울 광. 狂暴, 狂亂, 狂妄.

지금은 사라져 버린 공부에 대한 이야기입니다. 인간의 따뜻함이나 너그러움을 좋아하되 어리석음에 빠지지 않고, 지식을 좋아하되 방탕

해지지 않고, 믿음을 좋아하되 남을 해치지 않으며, 정직하되 숨 막히게 하지 않고, 용감하되 혼란을 부추기지 않고, 강하되 사납지 않게 되는 그런 방법, 공자라면 예禮라고 지칭했을 방법을 배우고 훈련해야 한다는 말입니다.

이 구절은 전통 사유의 특징 가운데 하나를 보여 줍니다. 어떤 부정적 가치를 외부의 독립된 실체로 간주하기보다 긍정적 가치의 과함이나 모자람에서 찾는 사유 방식이지요. 여기에 등장하는 인仁, 지知, 신信, 직直, 용勇, 강剛(인간성, 지혜, 믿음, 정직, 용기, 강함)은 현대 사회에서도 훌륭한 가치를 지닌 말입니다. 다 갖추지 못하고 한두 가지만 탁월해도 사람들 눈길을 사로잡을 만합니다.

그러나 공자의 말에 따르면 그런 가치도 적절한 때에 적절한 절차로 적절하게 제어하면서 행사되지 않으면 바로 우愚, 탕蕩, 적賊, 교絞, 난亂, 광狂(어리석음, 방탕, 해침, 숨 막힘, 어지러움, 사나움)으로 빠져듭니다. 그렇게 되지 않도록 능력을 키우고 훈련하는 과정, 이것이 공자에게는 공부의 핵심이었습니다.

어법 가정을 나타내는 관용 표현 : 不A B/ 非(微)A B

있는 것을 없다고 하거나 없는 것을 있다고 말하면 가정이 됩니다. 한 일을 하지 않았다고 하거나 하지 않은 일을 했다고 해도 가정이 되지요. 이 때문에 실제 사실이 아닌 부정사구나 절이 문장의 앞쪽에 놓이면 가정을 나타내는 관용 표현으로 쓰일 수 있습니다. 즉 '不A B'라 한다면 'A하지 않으면 B이다' 또는 'A하지 않으면 B하다'로 해석합니다.

	A		B
不	好 學		其 蔽 也 愚
아니다	배우기를 좋아하다		그 폐단은 어리석음이다

▶ 배우기를 좋아하지 않으면 그 폐단은 어리석음이다.

'非A B'도 '不A B'와 마찬가지 조건에서 가정의 관용 표현으로 쓰입니다. 다만 A 자리에 명사나 명사구가 올 확률이 높지요. 'A가 아니(라)면 B이다'로 해석합니다. 不과 非 자리에 無나 微가 쓰여도 동일한 가정의 효과를 낸다는 점은 따로 세세히 설명하지 않겠습니다.

연습

1 聖人不死, 大盜不止.
성인불사 대도부지 — 장자 거협

● 聖人, 성인 성, 사람 인. 요나 순임금, 공자와 맹자처럼 지혜와 덕이 뛰어난 사람. 死, 죽을 사. 盜, 도둑/훔칠 도. 止, 그칠 지.

➡ 성인이 죽지 않으면 큰 도둑이 사라지지 않는다.

2 人無遠慮, 必有近憂.
인무원려 필유근우 — 논어 위령공

● 遠, 멀 원. 慮, 생각할/근심할 려. 必, 반드시 필. 近, 가까울 근. 憂, 근심 우.

➡ 사람이 멀리 내다보며 생각하지 않으면 반드시 가까이에 근심이 있게 된다.

3 人生斯世非學問, 無以爲人.
인생사세비학문 무이위인 — 이이 격몽요결

● 生, 날/살 생. 斯, 이 사. 世, 인간/세대/세상 세. 學問, 배울 학, 물을 문. 배우고 물어서 익힘. 以爲, 써 이, 할/될 위. ~로 여기다, ~로 삼다. →14구

➡ 사람이 이 세상에 태어나 학문이 아니라면 사람이 될 수 없다.

4 泰山不讓土壤, 故大. 河海不擇細流, 故深.
태산불양토괴 고대 하해불택세류 고심 — 십팔사략 진시황

● 泰山, 클 태, 산 산. 중국의 산둥성山東省에 있는 산. 讓, 사양할 양. 土壤, 흙 토, 무너질 괴. 흙이 무너진 것. 토괴土塊라 쓰고 흙덩이라 번역하기도 한다. 故, 연고 고. 그러므로, 곧. 河海, 강 하, 바다 해. 황하와 바다. 擇, 가릴 택. 細, 가늘 세. 流, 흐를 류. 深, 깊을 심.
● '돌아내리다'는 '사양하다'의 유의어이다. 부정사구가 가정을 나타내지 않는 사례이다.

➡ 태산은 무너진 흙도 돌아내리지 않으므로 크고, 황하와 바다는 작은 시냇물도 가리지 않으므로 깊다.

5 不憤不啓, 不悱不發. 擧一隅不以三隅反, 則不復也.
불분불계 불비불발 거일우불이삼우반 즉불복야 — 논어 술이

- 憤, 분할/떨쳐 일어날 분. 發憤. 啓, 열/가르칠 계. 啓導. 悱, 분할/표현 못할 비. 發, 필/드러낼/일어날 발. 擧, 들 거. 以, 써/로써 이. 隅, 모퉁이 우. 反, 돌이킬 반. 反應, 反省. 復, 회복할/되풀이할 복. 反復, 復習.
- 不A不B 형태는 이중 부정이거나 병렬 관계일 때도 있다. → 25구

➡ 분발하지 않으면 가르쳐 주지 않고, 답답해하지 않으면 일깨워 주지 않는다. 한 모퉁이를 들어 보였을 때 세 모퉁이를 짐작해서 반응하지 않으면 반복하지 않는다.

6 愛人不親反其仁, 治人不治反其智, 禮人不答反其敬.
애인불친반기인 치인불치반기지 예인부답반기경 — 맹자 이루 상

- 愛, 사랑/사랑할 애. 親, 친할(가까울)/어버이 친. 仁, 어질/인자할 인. 治, 다스릴 치. 智, 슬기/지혜 지. 禮, 예도 례. 禮節, 禮儀. 答, 대답/응할 답. 敬, 공경 경. 尊敬, 敬意.
- 남을 사랑할 때는 자신의 욕구를 앞세우기 쉽고, 남을 다스릴 때는 절차를 무시하기 쉽고, 남에게 예의를 차릴 때는 형식만 따지기 쉽다.

➡ 남을 사랑해 주는데 친해지지 않으면 너그러웠는지 반성하고, 남을 다스리는데 다스려지지 않으면 지혜로웠는지 반성하고, 남에게 예의를 차렸는데 응답이 없거든 존경했는지 반성한다.

39구 가정의 표지 使, 苟

칠언절구의 문맥

但使主人能醉客, 不知何處是他鄕.

단사주인능취객 부지하처시타향 — 이백 객중행

주인이 길손을 취하게만 해 주면 모르리라, 어디가 타향인지를.

但使 다만/단지 단, 하여금/부릴/가령 사. ~하기만 하면. '다만'의 뜻을 밝혀서 함께 풀이하기도 한다. **能** 능할 능. ~할 수 있다.
醉 취할 취. **客** 손/손님 객. **何處** 어찌(어느)/무엇 하, 곳 처. 어느 곳, 어디.
是 이/옳을 시. ~이다 →8구. **他鄕** 다를 타, 시골/고향 향. 타향.

인용한 예문에 시가 너무 없는 것 같아서 짤막한 한시에서 한 소절을 끌어왔습니다. 이백이 지은 나그네 길의 노래, 객중행客中行의 뒤 구절입니다. 술 생산지로 유명했던 난릉에서 향내 솔솔 풍기는 술잔을 앞에 놓고, 이제 취할 일만 남았음을 에둘러 표현한 대목이지요. 객지를 떠돌던 이백의 쓸쓸한 심사도 함께 버무려 있는 멋진 구절입니다. 시가 길지 않으므로 전체를 다 보겠습니다.

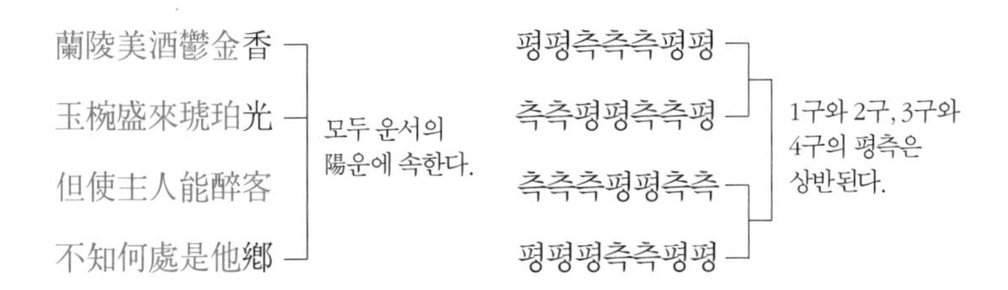

난릉의 고운 술 울금 내음을
옥 술잔에 담아오니 호박 빛깔
주인이 길손을 취하게만 해 주면
모르리라, 어디가 타향인지를

객중행은 칠언절구 형식의 한시입니다. 칠언절구는 한 구가 일곱 자로 이루어진 네 개의 구가 시 한 편을 이루는 한시를 가리킵니다. 보통 2, 4구 또는 1, 2, 4구의 말미에 압운을 두고, 두 자 단위로 평성과 측성의 성조를 번갈아 써서 율격을 실현하지요.

조선 시대 관례를 따르면 이때 평성은 짧고 낮은 음을, 측성은 올라가거나(상성) 높은 소리(거성), 급하게 끊는 소리(입성)를 나타냅니다. 왕리王力 같은 중국 학자는 반대로 평성을 길고 평평한 음으로, 측성을 짧고 오르내림이 있거나(상성, 거성) 짧게 닫히는(입성) 음으로 추정합니다.

이 율격 가운데 평측은 한국어로 재현이 불가능합니다. 음조를 추정하면서 정서의 흐름만을 짐작할 수 있지요. 그러나 압운은 운을 달리하면 비슷하게 흉낼 수 있습니다. 위 번역에서도 '을', '깔', '를'로 운을 맞춰 봤습니다.

칠언절구 외에도 한시의 율격은 오언절구, 율시, 고체시 등에 따라 조금씩 다릅니다. 이를 다 다루려면 한시 공부 같은 별도의 책이 필요하겠지요. 그렇지만 한시의 짧은 구절을 다룰 때도 자전에서 한자의 평측을 찾아서 어설프게라도 흉내 내 보면 음조에 실린 정서의 흐름을 더 잘 이해할 수 있습니다.

어법 가정의 표지 : '하여금 사使', '진실로 구苟'

'하여금 사使'는 47구에서 다시 다루겠지만 남으로 하여금 동작을 하게 하는, 사동의 의미를 갖는 동사입니다. '使AB' 구조라면 'A로 하여금 B하게 하다'는 뜻으로 쓰입니다. 그런데 이러한 시키는 행위가 현재 벌어지는 행위를 서술하는 것이 아니라면 그 행위는 가정이 됩니다. '~하게 한다'가 '~하게 ~한다면'으로 의미가 달라지지요.

但 使	主 人	能 醉	客
~하기만 하면	주인	취하게 할 수 있다	손

▶ 주인이 길손을 취하게만 해 주면

단사주인능취객但使主人能醉客이라고 읊는 화자도 지금 술잔을 앞에 놓고 술을 주거니 받거니 하는 상황이 아닙니다. 술 향내를 맡으며 주인이 나를 취하게만 해 주면 타향인지 고향인지 잊을 수 있을 텐데…… 하고 독백을 하는 상황이지요.

그래서 사동의 의미가 아니라 가정의 의미로 해석합니다. '만일(만약, 가령) ~한다면, ~한다면' 등으로 풀이하지요. '但使, 若使, 設使'는 使의 유의어로 쓰입니다. 使 앞에 놓인 부사어의 뜻을 밝혀 해석하기도 하지만 2음절이 하나의 단어처럼 쓰이므로 가정의 의미만 전달해도 됩니다.

'진실로 구苟'도 使와 비슷하게 가정의 의미로 쓰이는 부사입니다. 苟가 현재 벌어지는 상황을 수식하지 않는다면 가정을 나타내지요. 이때 '진실로(만약, 가령) ~한다면', '진실로 ~라면' 정도로 해석합니다. 부사어로 쓰일 때 苟와 비슷한 뜻을 갖는 '진실로 성誠', '진실로 신信'도 苟와 마찬가지로 가정의 의미입니다.

苟志於仁矣, 無惡也.　진실로 인仁에 뜻을 둔다면 나쁜 짓을 하지 않는다.

— 논어 이인

연습

1 苟富貴, 無相忘.

구부귀 무상망 — 사기 진섭세가

● 富, 부자/부유할 부. 貴, 귀할 귀. 無, 없을/말 무. 相, 서로 상. 忘, 잊을 망.

➡ 부유하고 귀해지면 서로 잊지 말자.

2 使驕且吝, 其餘不足觀也已.

사교차린 기여부족관야이 — 논어 태백

● 驕, 교만할 교. 且, 또/우선 차. 吝, 아낄 린. 吝嗇. 餘, 남을/나머지 여. 不足, 아닐 불/부, 발/족할 족. 동사 앞에 쓰여서 '~할 수 없다', '~할 만한 가치가 없다'의 뜻을 나타낸다. 觀, 볼 관. 也已, 어조사 야, 이미/그칠 이. 긍정이나 감탄의 어기를 나타낸다.

➡ 만약 교만하고 인색하게 한다면 그 나머지는 볼 것도 없다.

3 設使國家無有孤, 不知當幾人稱帝, 幾人稱王.

설사국가무유고 부지당기인칭제 기인칭왕 — 통감절요 효헌황제 하

● 國家, 나라 국, 집/집안 가. 나라 영토와 집안 또는 나라의 가문. 孤, 외로울/나 고. 왕이나 제후가 자신을 낮추어 이르는 말. 當, 마땅/당할 당. 부사어로 쓰이면 '마땅히 ~하려 한다', '장차 ~하려 한다' 등의 뜻을 나타낸다. 幾人, 몇/기미 기, 사람 인. 몇 사람. 稱, 일컬을 칭. 帝, 임금 제.
● 210년에 조조曹操가 황제가 되려 한다는 비판에 대해 스스로를 변호하면서 했던 말이다. 이때는 208년 적벽대전이 조조의 패배로 끝나 중국이 북쪽의 조조, 남쪽의 손권, 유비로 천하삼분의 정세가 형성된 시기이다. 유비가 촉 지방에 근거지를 마련한 때는 214년이었다.
● 設使가 가정의 의미로 쓰인 사례이다.

➡ 만일 국가에 내가 있지 않았다면 몇 사람이나 황제라 일컫고 몇 사람이나 왕이라 일컬었을지 알지 못했을 것이다.

4 若使天下兼相愛, 愛人若愛其身, 猶有不孝者乎.

약사천하겸상애 애인약애기신 유유불효자호 — 묵자 겸애

- 兼, 겸할/아우를 겸. 相, 서로 상. 愛, 사랑 애. 若, 같을/만약/너 약. 其, 그 기. 身, 몸 신. 猶, 오히려/같을 유. 부사어로 쓰여 '오히려', '여전히'의 뜻을 나타낸다. 乎, 어조사 호. 의문이나 반문의 어기를 나타낸다.
- 若使가 가정의 의미로 쓰인 사례. 若使의 若은 문장 앞에서 가정(~한다면)을 나타내고, 若愛의 若은 동사 앞에서 비교(~같이, ~듯이)를 나타냈다.

➡ 만약 천하를 서로 사랑하게 하여 자신의 몸을 사랑하듯 남을 사랑하게 된다면 그래도 여전히 불효자가 있겠는가?

5 人苟生之爲見, 若者必死, 苟利之爲見, 若者必害.

인구생지위견 약자필사 구리지위견 약자필해 — 순자 예론

- 苟, 진실로/구차할 구. 부사어로 쓰여 '구차하게'란 뜻을 나타낸다. 生, 날/살 생. 爲見, 할/될 위, 볼 견. 보려 하다, 찾다. 若者, 같을/너 약, 사람(이)/것 자. 그런 사람 또는 그와 같으면. 必, 반드시 필. 利, 이할/이로울 리. 利得, 利益. 害, 해할/손해 해.
- 苟가 '구차하다'는 뜻으로 쓰인 예. 가정의 의미는 若者의 若이 대명사(대사)로서 앞 구절의 生之爲見과 利之爲見을 재지시하면서 강조된다. 者의 용법 → 6, 7구

➡ 사람이 구차하게 살길만을 찾으면 반드시 죽고, 구차하게 이익만을 보려 하면 반드시 손해를 본다.

6 其未得之也, 患得之, 旣得之, 患失之.

기미득지야 환득지 기득지 환실지

苟患失之, 無所不至矣.

구환실지 무소부지의 — 논어 양화

- 未, 아닐 미. → 24구. 得, 얻을 득. 患, 근심 환. 旣, 이미 기. 失, 잃을 실. 至, 이를 지.
- 그는 인용되지 않은 앞 구절에 나온 비루한 사람을 지칭한다.

➡ 그는 아직 얻지 못해서는 얻으려 걱정하고 이미 얻고 나서는 잃을까 걱정한다. 진실로 잃을까 걱정한다면 하지 못하는 짓이 없어진다.

40구

양보를 나타내는 雖, 縱

옳음을 잃지 않는 방법

昔者, 天子有爭臣七人, 雖無道不失其天下.
석자 천자유쟁신칠인 수무도불실기천하

諸侯有爭臣五人, 雖無道不失其國.
제후유쟁신오인 수무도불실기국 — 효경 간쟁

옛날에는 천자에게 간쟁하는 신하 7인이 있으면
비록 막가더라도 천하를 잃지 않았고,
제후에게 간쟁하는 신하 5인이 있으면
비록 막가더라도 나라를 잃지 않았다.

昔者 예/옛날 석, 사람/것 자. 예전에, 옛날에. 者는 시간 표시를 보조하는 조사이므로 따로 해석하지 않는다. **天子** 하늘 천, 아들 자. 군주, 임금. **爭** 다툴 쟁. 諫爭. **臣** 신하 신. **雖** 비록 수. 비록 ~할지라도. **無道** 없을 무, 길 도. 도리가 없다, 도리에 어긋나다. **諸侯** 모두/여러 제, 제후 후. 천자에게 공公, 후侯, 백白 등의 작위를 받아 일정한 영토를 다스리던 임금. **國** 나라 국.

한 집단의 지도자가 명백히 잘못된 판단을 내리고 있는데 집단의 구성원 가운데 열에 아홉이 그 말을 옳다고 한다면 나머지 한 명은 어떤 태도를 취할까요? 1950년에 미국의 심리학자 솔로몬 애시는 이런 문제를 실험으로 검증해 봤습니다. 각기 길이가 다른 줄을 그어 놓은 카드에서 길이가 같은 줄의 카드를 찾는, 대단히 쉬운 일종의 몰래 카메라 실험이었지요.

여기에 참가한 피실험자는 다른 참가자들이 어느 순간부터 일제히 오답을 내기로 약속했다는 사실을 몰랐습니다. 그리고 마지막 차례에 자신이 생각하는 답을 내야만 했지요. 피실험자는 물론 그때그때 계속 바뀌었습니다. 상세 과정을 생략하고 결론만 말하면 집단 모두가 엉터리 답을 냈을 때 피실험자가 이에 동조한 횟수의 비율이 32퍼센트였다고 합니다. 그런데 실험 집단에 옳은 답을 내는 반대자 한 명을 심어 놓자 거짓 답에 동조하는 비율이 6퍼센트로 훅 떨어졌습니다. 잘못된 판단을 내리고 있는 집단에서 한 명의 반대자가 차지하는 중요성을 보여 주는 실험 결과였지요.

위 구절은 이런 실험 결과를 과거에 경험으로 선취했던 한 사례입니다. 한 나라가 좀 잘못 굴러가더라도 잘못된 판단을 지적하는 신하가 남아 있는 한 망하는 지경까지 가지는 않더라는 통찰. 공자의 말입니다. 제자인 증자(증삼)가 자식이 부모의 명령을 따르는 것이 효도냐고 공자에게 묻자 그게 뭔 말이냐, 말이 안 통한다며 꾸짖듯이 내놓았던 답변이었지요. 이 구절 다음에도 비슷한 맥락의 대답이 이어집니다.

> 대부에게 간쟁하는 신하 3인이 있으면 비록 막가더라도 가문을 잃지 않았다. 선비에게 간쟁하는 친구가 있으면 명성을 잃지 않고, 부모에게 간쟁하는 자식이 있으면 옳지 못함에 빠지지 않을 것이다.

어법 양보를 나타내는 '비록 수雖', '설령 종縱'

'비록 수雖'와 '설령 종縱'은 양보를 나타내는 접속사입니다. 어구와 어구, 절과 절을 연결하면서 앞 구절의 사실이나 가정을 인정하고 뒤 구절의 내용을 강조합니다. 雖는 '비록 ~ㄹ지라도', '비록 ~지마는'으로 해석하고, 縱은 '설령(설사) ~더라도' 정도로 풀이합니다. 보통 이미 이루어진 사실을 인정하는 경우에 '비록'을 쓰고, 사실이 아닌 것을 인정해서 가정의 의미가 더해질 땐 '설령'을 써서 의미 구분을 해 주지요.

그렇지만 雖는 縱처럼 쓰일 수 있고 그 역도 가능합니다. 그러므로 '비록/설령 수雖', '설령/비록 종縱' 이런 식으로 각각의 1차 뜻으로 기억해 두는 게 좋습니다. 수무도불실기천하雖無道不失其天下는 '비록'으로 해석된 예입니다.

雖	無 道	不 失	其 天 下
비록	도가 없다	잃지 않다	그 천하

▶ 비록 막가더라도 천하를 잃지 않는다.

雖는 접속 기능 없이 부사어 구실만 할 때 '오직 유唯', '단지 지只'와 통용되기도 합니다. 이때는 '오직' 또는 '단지'로 해석합니다. 縱 역시 서술어로 쓰이면 '놓다', '놓아주다', '멋대로 하다' 등의 뜻을 지니고, '세로'란 뜻으로 사용되기도 합니다.

七縱七擒 일곱 번 놓아주고 일곱 번 잡음.

縱橫無盡 가로 세로로 다함이 없음.(→ 자유자재로 거침없이 행동함.)

연습

1 海水雖多, 火必不滅矣.
해수수다 화필불멸의 — 한비자 설림 상

● 海水, 바다 해, 물 수. 바닷물. 多, 많을 다. 必, 반드시 필. 滅, 멸할/꺼질 멸. 消滅.
● 불이 나면 양이 적더라도 가까운 곳의 물로 꺼야 한다.

➡ 바닷물이 비록 많더라도 불은 틀림없이 끄지 못할 것이다.

2 縱吾不往, 子寧不來.
종오불왕 자령불래 — 시경 정풍 자금

● 吾, 나 오. 往, 갈 왕. 子, 아들/당신(그대) 자. 寧, 편안/어찌 녕. 來, 올 래.
● 縱으로 양보의 의미를 나타낸 사례이다.

➡ 설령 내가 가지 못한들 그대 어찌 오지 않나요?

3 縱一葦之所如, 凌萬頃之茫然.
종일위지소여 능만경지망연 — 소식 전적벽부

● 縱, 세로/가령/놓다/멋대로 하다 종. 葦, 갈대/거룻배 위. 所如, 바/것 소, 같을/가다(따를) 여. 가는 바. 凌, 업신여길/건널 릉. 萬頃, 일만 만, 이랑 경. 만 이랑, 한없이 넓은 바다 물결을 비유한 말. 萬頃蒼波. 茫然, 아득할 망, 그럴 연. 아득한 모양. 然이 형용사 뒤에서 접미사로 쓰여 '~하는 모양'의 의미를 나타냈다.
● 縱이 동사의 의미로 쓰인 예이다.

➡ 작은 조각배 하나 떠가는 대로 놓아 두어 아득하니 넓은 바다를 건너간다.

4 雖至愚, 責人則明. 雖有聰明, 恕己則昏.
수지우 책인즉명 수유총명 서기즉혼 — 송명신언행록 범순인

● 至, 이를/지극할 지. 愚, 어리석을 우. 責, 꾸짖을 책. 明, 밝을 명. 明晳, 分明. 聰, 귀 밝을/총명할 총. 恕, 용서할 서. 己, 몸/자기 기. 昏, 어두울 혼.

➡ 비록 지극히 어리석어도 남을 꾸짖을 때는 명석하고, 비록 총명하더라도 자기 자신을 용서할 때는 어둡다.

5 余雖好脩姱以鞿羈兮, 謇朝誶而夕替.

여수호수과이기기혜　　건조수이석체　　— 굴원 이소

- 余, 나 여. 脩姱, 길/닦을 수, 아름다울/클 과. 수양을 통해 갖추게 되는 아름다운 모습. 옳게 수양하는 것으로 풀기도 한다. 鞿, 재갈 기. 羈, 굴레 기. 兮, 어조사 혜. 문장의 중간에서 어기를 고르는 조사. 謇, 말 더듬거릴 건. 문장의 처음에서 감탄의 어기를 나타내는 조사. 발어사라고도 한다. 朝, 아침 조. 誶, 꾸짖을/간할 수. 替, 바꿀 체. 交替.
- 雖가 부사어로 쓰여 '단지'의 뜻을 나타낸 사례이다. 여기서 以는 而의 뜻으로 쓰였다. →13구

➡ 나는 단지 아름다움을 좋아해 재갈과 굴레가 씌워져, 아! 아침에 잘못을 고치시라 간하고 저녁에 쫓겨났다.

6 冠雖穿弊必戴于頭, 履雖五采必踐之于地.

관수천폐필재우두　　이수오채필천지우지　　— 한비자 외저설좌하 비중

- 冠, 갓/관 관. 穿, 뚫을 천. 弊, 폐단/해질 폐. 戴, 실을 재. 于, 어조사 우. ~에, ~까지. 頭, 머리 두. 履, 밟을/신발 리. 采, 캘 채. '채색 채彩'와 통한다. 踐, 밟을 천. 地, 땅 지.
- 한비자가 신분에는 차별이 있음을 비유한 구절이다.

➡ 관은 비록 뚫리고 해졌더라도 반드시 머리에 쓰고 신은 비록 알록달록 화려해도 반드시 땅을 밟는다.

7 我縱言之將何補, 皇穹竊恐不照余之忠誠.

아종언지장하보　　황궁절공부조여지충성　　— 이백 원별리

- 我, 나 아. 言, 말씀 언. 將, 장수/장차 장. 何, 어찌(어느)/무엇 하. 補, 기울/도울 보. 皇穹, 임금 황, 하늘 궁. 푸른 하늘. 竊, 훔칠/몰래 절. 부사어로 쓰여 화자의 겸손을 나타내면 풀이하지 않기도 한다. 恐, 두려울 공. 부사어로 쓰여 추측(아마, 아마도)의 의미를 나타낸다. 照, 비칠 조. 余, 나 여.

➡ 내가 설령 말해 본들 무슨 도움이 되랴. 하늘이 아마도 내 충성을 비추지 못할 텐데.

7장

비교, 선택

• 41구

少而好學소이호학 — 왜 촛불을 켜지 않습니까?

비교를 나타내는 如와 若

• 42구

此龜者차귀자 — 귀해지려 죽겠는가, 천하게라도 살겠는가?

선택을 표현하는 다양한 형식

• 43구

天之佑人천지우인 — 하늘은 사람이 아니다

비교의 표지 猶, 同, 似, 相似

41구

비교를 나타내는 如와 若

왜 촛불을 켜지 않습니까?

少而好學, 如日出之陽. 壯而好學, 如日中之光.
소이호학 여일출지양 장이호학 여일중지광

老而好學, 如炳燭之明.
노이호학 여병촉지명

— 유향 설원 건본

젊어서 공부를 좋아함은 떠오르는 해가 돋을볕을 뿌리는 것 같고
장년에 공부를 좋아함은 떠오른 해가 햇빛을 비추는 것 같으며
늙어서 공부를 좋아함은 촛불을 켜서 밝히는 것과 같다.

少 적을/젊을 소. 如 같을/만일/어찌 여. 日 날/해 일. 出 날 출.
陽 볕 양. 壯 장할/젊을 장. 壯年, 壯丁. 光 빛 광. 老 늙을 로.
炳 밝을 병. 燭 촛불 촉. 明 밝을/밝힐 명.

살다 보면 모 아니면 도의 유혹에 빠질 때가 많습니다. 이 유혹이 돈과 결합되면 대박 아니면 쪽박의 덫에 빠지게 되지요. 공부를 대하는 태도도 비슷합니다. 젊을 때처럼 기억력이 좋지 않고 엉덩이 힘이 달리면 '이제 공부할 나이는 지났나 봐' 하면서 새로 하는 공부를 포기하게 됩니다.

중국의 진晉나라 평공平公도 이와 비슷한 생각을 했습니다. 나이 일흔에 공부를 하고 싶지만 이미 날이 저물었구나 하고 한탄을 했더랬습니다. 그러자 맹인 악사였던 광曠이 왜 촛불을 켜지 않느냐며 던졌

던 충고가 바로 위 구절이었습니다. 문법적 자질이 다른 어구가 들어 있어 원문을 생략했지만 그 구절 다음에 이런 말도 합니다.

> 밤중에 촛불을 켜서 밝히는 길을,
> 어찌 캄캄하게 가는 길에 견주겠습니까?

좋은 충고이지요? 이 말을 들은 평공 역시 좋구나, 하고 감탄했습니다. 그 뒤에 평공이 열심히 공부했는지는 『설원說苑』에 기술되어 있지 않습니다. 여하튼 나이 들어 집중력과 기억력, 지구력 같은 신체 능력이 떨어지더라도 그 수준만큼이라도 공부하는 것이 아예 하지 않는 것보다 낫다, 이런 메시지를 전하는 글입니다. 세대에 따른 공부의 효과를 빛의 밝기에 비유해서 표현했지요.

『설원』은 중국 한나라판 자기 계발서라고 할 수 있는 책입니다. 중국의 고대 역사에서 황제와 신하들의 처세에 도움 될 만한 일화나 어록, 설화 등을 채집해 놓은 모음집이지요. 유향은 한나라 때 학자로 『전국책』과 『열녀전』의 편찬자로 알려져 있는 인물입니다.

어법 비교를 나타내는 '같을 여如'와 '같을 약若'

문장에서 비교란 어떤 사건이나 사물을 다른 것에 견주어서 공통점과 차이점, 차별성이나 선택 관계 등을 드러내는 표현 방식입니다. '같을 여如'는 이 비교를 표시하는 대표적인 한자입니다.

『설문해자』에 나오는 기본 뜻은 '따르다'이고, 여기에서 뜻이 확장돼 '~에 따라 → ~같이, ~같다'는 의미도 갖게 됐지요. 비교를 나타내는 부사어나 서술어로 쓰일 때는 '~같이, (마치) ~와 같다'로, 접속사로 쓰일 때는 '~아니면' 정도로 해석합니다. 'A 如 B'는 'A는 마치 B 같다'는 뜻입니다.

A		B
少 而 好 學	如	日 出 之 陽
젊어서 배우기를 좋아함		해가 나올 때의 볕
(주어)		(보어 또는 서술어)*

▶ 젊어서 공부를 좋아함은 떠오르는 해가 돋을볕을 뿌리는 것 같다.

* 如를 형용사 서술어로 보면 보어이고 부사어로 보면 서술어이다. 관점에 따라 의견이 나뉜다.

如에 부정사를 붙인 不如, 弗如, 莫如는 비교되는 두 대상 중에서 어느 하나가 못하다는 뜻을 나타냅니다. 'A 不如(弗如, 莫如) B'는 'A는 B만 못하다', 또는 'A하느니 B하는 것이 낫다'로 해석합니다. 종종 A가 생략될 때는 '어떤 것도 B만 못하다 → B가 가장 낫다'는 뜻이 되지요. 이 경우 莫如를 쓸 때가 많습니다.

'같을 약若'은 '너'나 '이'같이 대명사로 쓰일 때를 제외하고 비교를 나타내는 경우에 如와 거의 동의어처럼 쓰입니다. 不若, 弗若, 莫若 역시 마찬가지입니다.

大巧若拙. 크게 교묘한 것은 서툰 듯하다.

— 노자 45장

莫若法天. 하늘을 따르는 것보다 더 나은 것은 없다.

— 묵자 법의

연습

1 浮生若夢, 爲歡幾何.

부생약몽 위환기하 — 이백 춘야연도리원서

- 浮, 뜰/덧없을 부. 生, 날/살 생. 人生, 生活. 夢, 꿈 몽. 爲, 할/될/~이다 위. 歡, 기쁠 환. 歡樂, 歡喜. 幾何, 몇(얼마)/기미 기, 어찌/무엇/얼마 하. 얼마.
- 幾何에 學을 붙인 기하학幾何學은 지오메트리geometry의 번역어로 사용된다. 뜻을 옮긴 것은 아니고 geo의 음을 중국어 발음이 비슷한 幾何[jihé]로 치환한 음역이다. 중국에서 17세기 초반부터 사용하기 시작했다.

➡ 덧없는 인생 꿈과 같으니 즐거움이 얼마나 되랴.

2 人生如朝露, 何自苦如此.

인생여조로 하자고여차 — 십팔사략 서한 소제

- 朝, 아침 조. 露, 이슬 로. 自, 스스로 자. 此, 이 차.
- 흉노에 귀화한 한나라 장군 이릉李陵이, 흉노에 사신으로 왔다가 억류돼 귀화를 거부하고 있던 소무蘇武에게 했던 말이다. 이 말을 듣고도 소무는 귀화를 거절했는데 결국에는 흉노에 억류된 지 19년 만에 고향으로 돌아갔다. 이릉은 흉노 사람으로 여생을 마쳤다.

➡ 인생은 아침이슬 같은데 무엇 때문에 스스로 이처럼 고생하는가?

3 雖有智慧, 不如乘勢. 雖有鎡基, 不如待時.

수유지혜 불여승세 수유자기 불여대시 — 맹자 공손추 상

- 雖, 비록 수. 智慧, 슬기 지, 슬기로울 혜. 지혜. 乘, 탈/오를 승. 勢, 형세/권세 세. 鎡基, 호미 자, 터 기. 농기구. 基는 '호미 기錤'와 통한다. 待, 기다릴 대. 時, 때/철 시.

➡ 비록 지혜가 있더라도 형세를 타는 것만 못하고, 비록 농기구가 있더라도 때를 기다리는 것만 못하다.

4 知之者, 不如好之者. 好之者, 不如樂之者.

지지자 불여호지자 호지자 불여락지자 — 논어 옹야

● 樂, 즐길 락/노래 악/좋아할 요.

➡ 아는 것이 좋아하는 것만 못하고 좋아하는 것이 즐기는 것만 못하다.

5 事之至難, 莫如知人. 事之至大, 亦莫如知人.

사지지난 막여지인 사지지대 역막여지인 — 육구연 육상산전집

● 事, 일/섬길 사. 至, 이를/지극할 지. 難, 어려울 난. 亦, 또 역.

● 일 중에서 사람을 아는 일이 가장 어렵고, 일 중에서 사람을 아는 일이 가장 크다.

➡ 일 중에서 지극한 어려움은 사람을 아는 일만 한 것이 없고, 일 가운데 큰 일은 역시 사람을 아는 일보다 큰 일이 없다.

6 不聞不若聞之, 聞之不若見之,

불문불약문지 문지불약견지

見之不若知之, 知之不若行之.

견지불약지지 지지불약행지 — 순자 유효

● 聞, 들을 문. 見, 볼 견. 行, 다닐/갈/행할 행. 行動, 行爲.

➡ 듣지 않는 것이 듣는 것만 못하고 듣는 것이 보는 것만 못하고 보는 것이 아는 것만 못하고 아는 것이 행동하는 것만 못하다.

선택을 표현하는 다양한 형식

42구 귀해지려 죽겠는가, 천하게라도 살겠는가?

此龜者, 寧其死爲留骨而貴乎, 寧其生而曳尾於塗中乎.
차귀자 영기사위류골이귀호 영기생이예미어도중호

— 장자 추수

이 거북은 차라리 죽어서 뼈로 남더라도 귀하게
대접받기를 바랐겠는가, 차라리 살아서 진흙탕 속이라도
꼬리 끌며 다니기를 바랐겠는가?

此 이 차. 龜 거북 귀. 寧 편안/어찌/차라리 녕. 其 그 기. 死 죽을 사.
留 머무를 류. 骨 뼈 골. 曳 끌 예. 尾 꼬리 미. 塗 진흙 도. 乎 어조사 호.

장자가 벼슬 제안을 거절하며 남긴 말입니다. 때는 중국의 전국 시대 초기, 초나라 왕이 장자를 관직에 등용하기 위해 두 명의 대부를 보냈습니다. 그들을 보자 낚시를 하고 있던 장자가 뒤도 돌아보지 않고 했다는 말의 한 대목이지요. 이 문장만으로는 이 거북이 어떤 거북인지 의미 파악이 어려우므로 앞 구절도 함께 보겠습니다.

나는 초나라에 죽은 지 삼천 년이 지난, 신으로 모시는 거북이 있다고 들었습니다. 왕이 천에 싸서 상자에 넣고 사당 높은 곳에 숨겨둔다지요. 이 거북은 차라리 죽어서 뼈로 남더라도 귀하게 대접받기를 바랐을까요, 아니면 차라리 살아서 진흙탕 속이라도 꼬리 끌며 다니기를 바랐을까요?

이 질문은 사실 답이 정해져 있습니다. 특별한 취향을 가진 사람이 아니라면 누구라도 사당 위에 모셔진 거북이가 되려 하진 않을 테니까요. 장자에게 관직이란 그렇게 귀한 신분의 대가로 죽음을 지불해야 하는 고약한 자리였습니다. 장자는 "나는 진흙탕 속에서 꼬리를 끌며 다닐 것이오"라는 이 한마디로 관직을 거절했습니다.

어법 선택을 표현하는 형식

寧A 寧B / 與其A 寧(寧其, 無寧, 不如, 不若)B / A 孰與B ~

寧은 형용사로 쓰이면 '편안하다'는 뜻을 지닌 한자입니다. 의문 부사로 쓰이면 '어찌 ~하겠는가'라는 뜻의 반문을 나타내지요. 이 寧이 접속사로 쓰이면 寧 뒤에 선택된 한쪽을 강조해서 '차라리 ~이 낫다'는 의미가 됩니다. 문맥에 따라 '차라리 ~을 원한다', '차라리 ~해야 한다' 등으로 적절히 바꾸어서 해석하지요.

'寧A 寧B'는 寧을 병렬시켜서 선택을 의문으로 표시하는 형식입니다. 33구에 나왔던 'A乎 B乎' 구문과 결합하면 의문의 형식이 분명해

A　　　　　　　　　　　B

寧 其 死 爲 留 骨 而 貴 乎　寧 其 生 而 曳 尾 於 塗 中 乎

차라리 죽어서 뼈로 남아 귀해지다 | 의문 조사 | 차라리 살아서 진흙 속에서 꼬리를 끌다 | 의문 조사

▶ 차라리 죽어서 뼈를 남긴 채 귀하게 대접받기를 바랐을까요, 아니면 차라리 살아서 진흙탕 속이라도 꼬리를 끌며 다니기를 바랐을까요?

지지요. 그래서 '寧A乎 寧B乎'는 '차라리 A를 하겠는가, 차라리 B를 하겠는가' 또는 '차라리 A를 바라겠는가, 차라리 B를 바라겠는가' 정도로 해석합니다.

與其와 寧이 호응한 '與其A 寧B' 역시 선택을 나타내는 고정 형식입니다. 다만 '寧A 寧B'가 A와 B를 비교했을 때 어느 쪽이 나으냐는 질문이라면 '與其A 寧(寧其) B'는 A보다 B 쪽이 좋다고 강조하는 표현입니다. 'A하기보다 차라리 B해야 한다', 'A보다 차라리 B가 낫다'로 풀이하지요. 寧 대신에 不如, 不若, 孰與 등을 써도 '차라리'라는 수식어가 빠질 뿐 강조되는 대상은 같습니다.

'A 孰與B~'는 '寧A 寧B'처럼 둘 가운데 선택을 요구할 때 종종 쓰는 형식입니다. 'A와 B는 어느 것(누구)이 더 ~한가' 또는 'A가 어찌 B만 하겠는가'로 풀이합니다.

坐而待亡, 孰與伐之.

앉아서 망하기를 기다리는 것과 적을 치는 것 중에서 어느 쪽이 낫겠는가?

— 제갈량 후출사표

연습

1 與其富而畏人, 不若貧而無屈.

여기부이외인 불약빈이무굴 — 공자가어

- 富, 부자/부유할 부. 畏, 두려워할 외. 貧, 가난할 빈. 屈, 굽힐/굽을 굴. 卑屈, 屈服.
- '與其~ 不若~'의 사례이다.

➡ 부유하지만 사람을 두려워하는 것보다 가난하지만 굽히지 않는 것이 낫다.

2 禮與其奢也寧儉, 喪與其易也寧戚.

예여기사야령검 상여기이야령척 — 논어 팔일

- 禮, 예도 례. 禮式, 禮法, 賀禮. 奢, 사치할 사. 儉, 검소할 검. 喪, 잃을/죽을 상. 喪禮. 易, 바꿀 역/쉬울 이. 戚, 겨레/슬퍼할 척.
- '與其~ 寧~'의 사례이다.

➡ 예식은 사치스럽기보다 차라리 검소해야 하고, 상례는 능숙하기보다 차라리 슬퍼해야 한다.

3 與其有樂于身, 孰若無憂于其心.

여기유락우신 숙약무우우기심 — 한유 송이원귀반속서

- 樂, 즐길 락/노래 악/좋아할 요. 安樂. 于, 어조사 우. ~에, ~까지. 身, 몸 신. 憂, 느릿할/근심할 우.
- '與其~ 孰若~'의 사례이다.

➡ 몸에 즐거움이 있는 것이 어찌 그 마음에 근심이 없는 것만 하겠는가.

4 力不敵衆, 智不盡物. 與其用一人, 不如用一國.

역부적중 지부진물 여기용일인 불여용일국 — 한비자 팔경

- 敵, 대적할/원수 적. 衆, 무리 중. 多衆, 大衆. 智, 슬기 지. 智慧, 叡智. 盡, 다할 진. 物, 물건/만물/사물 물. 用, 쓸 용. 利用, 使用. 國, 나라 국.
- '與其~ 不如~'의 사례이다.

➡ 힘으로는 무리를 대적하지 못하고, 지혜로는 만물을 다하지 못한다. 한 사람의 힘과 지혜를 쓰기보다 한 나라의 힘과 지혜를 쓰는 것이 낫다.

5 大天而思之, 孰與物畜而裁之.
대천이사지 숙여물축이재지

從天而頌之, 孰與制天命而用之.
종천이송지 숙여제천명이용지 — 순자 천론

- 思, 생각/생각할 사. 思慕, 思索. 畜, 모을 축. 蓄積, 備蓄. 裁, 옷 마를/억제할 제. 制裁. 從, 좇을/따를 종. 順從, 服從. 頌, 기릴/칭송할 송. 制, 절제할/억제할 제. 制御, 統制. 天命, 하늘 천, 목숨/명령할 명. 하늘이 내린 명령 또는 운명.
- 與其 없이 孰與만 쓰인 사례이다.

➡ 하늘을 위대하게 여기며 사모하는 것과 하늘의 산물을 비축하며 쓰임을 조절하는 것은 어느 쪽이 낫겠는가. 하늘을 따르며 칭송하는 것과 천명을 적절히 통제하며 이용하는 것은 어느 쪽이 낫겠는가.

43구

비교의 표지 猶, 同, 似, 相似

하늘은 사람이 아니다

天之佑人, 猶借人以物器矣, 人不求索, 則弗與也.
천지우인 유차인이물기의 인불구색 즉불여야 — 논형 감허

하늘이 사람을 돕는 일은
마치 남에게 도구를 빌려놓고
애써 찾지 않으면 주지 않는 것과 같다.

人 사람/남 인. 佑 도울 우. 猶 오히려/같을 유. 借 빌릴 차.
物器 물건 물, 그릇 기. 도구나 기구. 기물器物과 같다.
求索 구할 구, 찾을 색. 애써 찾다. 則 곧 즉. ~하면. 與 더불/줄/~와(과) 여.

이 구절을 읽었을 때 설득력 있는 비유라고 느꼈습니까? 아니면 그럴듯한 비유에 근거한 헛된 소리라고 느꼈습니까? 만약 설득력 있다고 생각했다면 왕충王充(27~97?)의 비판을 감내해야만 합니다. 왕충이 저 구절을 썼던 이유는 찬성하거나 동의해서가 아니라 반박하기 위해서였으니까요.

왕충은 중국의 후한(동한) 시대를 살았던 인물입니다. 중앙에서 고위 관직을 맡아 유명세를 떨친 적은 없지만 『논형』이란 책을 지어 유가적 합리주의의 한 극단을 보여 준 사상가였지요. 근대 이전에 주술과 미신에 기초한 사상이나 학술 관행을 왕충만큼 치열하게 비판했던 학자는 아마 없을 것입니다.

『논형論衡』은 '말의 저울'이란 뜻입니다. 한나라 때와 그 이전의 주요 사상과 학설, 속설들을 정리하고 그것들의 시비와 진위를 가린 저술입니다. 그 중에서도 「감허感虛」 편은 사람의 정성이 하늘을 감동시킬 수 있다는 믿음을 비판한 장입니다.

위 구절도 그 연장선에 있는 내용이지요. 공자 같은 위대한 성인들이 고난을 당하고 성공하지 못하는 이유를, 당대의 뭇사람들이 설명하던 논리이기도 합니다. 이에 따르면 옳은 일을 하는 성인들이 좌절하는 이유는 그들이 하늘의 도움을 찾아 구하지 않았기 때문입니다. 왕충이 인정할 수 없었던 논리였지요.

왕충에게 하늘과 땅은 저절로 생겨나고 저절로 작동하는, 그렇기 때문에 자연이라는 이름으로 불리는 대상이었습니다. 그런 하늘이 인간의 행위에 사람처럼 감동하거나 보답한다면 이미 자연이 아닌 것입니다. 왕충은 그런 주장을 모두 허황된 말이라 여겼습니다.

어법 비교를 나타내는 표지 : 猶, 同, 似, 相似

'오히려 유猶'는 부사어로 쓰이면 보통 '여전히', '오히려'라는 뜻이 됩니다. 여기서 쓰인 猶도 같은 부사어이지만 명사(명사구, 명사절) 서술어를 한정하게 되면 비교 대상의 유사성을 나타낼 수 있습니다. 이때는 명사 서술어의 표지로 작용하는 也가 따라붙는 경우가 많고, '~와 같

猶 借 人 以 物 器 矣 人 不 求 索 則 弗 與 也

(借人以物器: 남에게 기물을 빌리다 / 人不求索: 남이 찾지 않다 / 弗與: 주지 않다)

▶ 마치 남에게 물건을 빌리고 찾지 않으면 주지 않는 것과 같다.

다', '~와 마찬가지이다'라고 풀이합니다. 다만 猶는 동사성이 약해서 不如나 不若처럼 부정사와 결합해서 쓰이진 않습니다.

猶 외에 비교 대상의 공통점이나 유사성을 표시하는 단어로 同이나 似, 相似가 있습니다. 모두 부사어나 서술어로 쓰일 때 '~같다'로 해석할 수 있습니다. 이 단어들은 猶보다 용법의 폭이 넓어서 서술어로 쓰이기도 하고, 부정사와 결합하기도 합니다.

春來不似春. 봄이 와도 봄 같지 않다.

— 동방규 소군원

연습

1 與天地相似, 故不違.

여천지상사　　고불위　　— 주역 계사

- 相似, 서로 상, 같을 사. 서로 비슷함. 故, 연고 고. 그러므로, 곧. 違, 어긋날/어길 위.
- 천지의 도덕 준칙을 본받으면 일과 삶이 어긋나지 않는다.

➡ 마치 천지와 같으므로 어긋나지 않는다.

2 學如不及, 猶恐失之.

학여불급　　유공실지　　— 논어 태백

- 如, 같을/만일/어찌 여. 及, 미칠/이를 급. 恐, 두려울 공. 失, 잃을 실. 之, 갈/그것/~의 지. 배운 것을 지칭한다.
- 猶가 부사어로 쓰여 '오히려'의 뜻을 나타냈다.

➡ 배움은 미치지 못할 것처럼 하고, 오히려 배운 것을 잃어버릴까 두려워해야 한다.

3 年年歲歲花相似, 歲歲年年人不同.

연년세세화상사　　세세년년인부동　　— 유정지 대비백두옹

- 年年, 해 년. 해마다. 명사가 중첩되면 '~마다'의 뜻이 부가될 수 있다. 歲歲, 해 세. 해마다. 花, 꽃 화. 同, 한가지/같을 동.
- 相似와 同이 모두 서술어로 쓰인 예이다.

➡ 해마다 해마다 피는 꽃은 같건만 해마다 해마다 사람은 같지 않다.

4 雩而雨, 何也. 曰, 無何也. 猶不雩而雨也.

우이우　　하야　　왈　　무하야　　유불우이우야　　— 순자 천론

- 雩, 기우제 우. 雨, 비 우. 何, 어찌(어느)/무엇 하. 無, 없을/아닐 무.

➡ 기우제를 지냈는데 비가 온다면 무엇 때문인가? 무엇 때문이 아니다. 기우제를 지내지 않았는데 비가 오는 경우랑 같다.

5 白首相知猶按劍, 朱門先達笑彈冠.

백수상지유안검 주문선달소탄관

— 왕유 작주여배적

● 白首, 흰 백, 머리 수. 백발, 노인. 相知, 서로 상, 알 지. 지인知人, 친구. 按劍, 누를/당길 안, 칼 검. 칼을 당기다, 칼자루에 손을 대다. 朱門, 붉을 주, 문 문. 붉은 문은 관리의 집을 비유하는 말. 先達, 먼저 선, 통달할/출세할 달. 과거에 급제한 사람. 笑, 웃을 소. 彈冠, 탄알/튕길 탄, 갓 관. 갓의 먼지를 턴다는 뜻으로 관리가 될 준비를 한다는 말이다.

➡ 백발이 되도록 서로 알던 친구끼리 오히려 검을 뽑고, 붉은 대문에 먼저 이른 선배가 갓 터는 후배를 비웃는다.

6 言而當, 知也. 默而當, 亦知也. 故知默, 猶知言也.

언이당 지야 묵이당 역지야 고지묵 유지언야

— 순자 비십이자

● 言, 말씀 언. 當, 마땅/당할 당. 妥當, 合當. 默, 잠잠할/묵묵할 묵. 沈默.

➡ 말을 하되 타당하면 아는 것이고 침묵을 지키되 타당하면 역시 아는 것이다. 그러므로 침묵할 줄 아는 것은 말할 줄 아는 것과 같다.

8장

가능, 사동, 피동

44구

可와 可以의 차이

열 살짜리의 각오

仰不愧俯不怍, 可免天人之譏.

앙불괴부부작　　　　가면천인지기　　　　— 이이 경포대부

우러러 하늘에 부끄럽지 않고 구부려 사람에게 부끄럽지 않아야
하늘과 사람의 꾸지람을 면할 수 있으리.

仰 우러를 앙. 愧 부끄러울 괴. 俯 구부릴 부. 怍 부끄러울 작.
可 옳을/가할 가. 譏 비웃을/꾸짖을 기.

율곡 이이가 열 살 때 경포대를 소재로 해서 지은 글의 한 대목입니다. 놀라운 글이지요. 이이는 지금의 초등학교 3학년 나이에 경포대 망막한 바다 앞에서 무엇이 그리 부끄러웠을까요? 그리고 어떤 이유로 하늘과 사람의 꾸지람을 벗어나야 한다고 생각했을까요?

경포대부는 경포대를 소재로 한 장편 한시입니다. 너무 잦은 인용 탓에 문학적으로 유려하다고 평가하긴 어렵지만 『장자』, 『맹자』, 『사기』, 『좌전』, 『논어』, 『후한서』 같은 한문 고전에 나오는 인용구들을 자유자재로 버무려 놓은 패기 넘치는 글이지요. 위 구절에도 『맹자』의 한 어구가 담겨 있습니다.

仰不愧於天 俯不怍於人, 二樂也.

우러러 하늘에 부끄럽지 않고 구부려 사람에게 부끄럽지 않은 것이
두 번째 즐거움이다. — 맹자 진심 상

맹자가 천하에 왕 노릇 하는 것은 넣을 수 없다며 호기롭게 뽑은 세 가지 즐거움 중에 두 번째 즐거움이지요. 첫 번째 즐거움은 부모 형제가 살아 있고 무탈한 것, 세 번째 즐거움은 천하의 영재를 얻어서 가르치는 것이었습니다. 이이는 여기에서 '於天'과 '於人'을 생략했습니다. 그래서 경포대부의 위 구절을 해석할 때 생략한 구절을 살려 '하늘에'와 '사람에게'를 넣을 수 있습니다.

이이 방식의 글쓰기는 요즈음 관행으로 보면 표절 논의가 일 수도 있습니다. 그러나 과거 지식층들은 주요 경전을 통째로 암기하고 있었으므로 한문에서는 일종의 오마주, 즉 존중의 의미가 더 강했습니다. 선인의 길에 찬동하고 따라 행하겠다는 의지의 표현법이었지요.

어법 可와 可以의 차이

可는 보통 '옳을 가'로 새기지만 '옳다'로 쓰이는 사례가 그다지 많지 않습니다. 그보다는 가능과 허가, 당위를 나타내는 조동사로 흔히 쓰입니다. 문맥에 따라 '~할 수 있다'나 '~할 만하다'(가능), '~해도 된다'(허가), '~해야 한다'(당위)로 해석하지요. 가면천인지기可免天人之譏는 '~할 수 있다'로 사용된 예입니다.

그런데 '可+동사'로 이루어진 서술어를 우리말로 옮길 때는 주어와 서술어의 관계가 피동으로 실현된다는 점에 주의해야 합니다. 즉 可 뒤의 동사는 주어가 제 힘으로 행하는 동작이 아니라 남의 힘으로

可	免	天人之譏
~할 수 있다	면하다	하늘과 사람의 꾸지람

▶ 하늘과 사람의 꾸지람을 면할 수 있다.

행해지는 동작이나 행위를 나타내지요. 免만 해도 '면하다'는 '일을 당하지 않는다'는 피동의 의미를 내포합니다. 후생가외를 예로 든다면 후생이 두려움을 느끼는 행위자가 아니고 두려움을 느끼게 하는 상대이지요.

後生可畏. 후생은 두려워할 만하다.(← 후생이 두려워질 수 있다.)

— 논어 자한

可以畏後生. 후생을 두려워할 만하다.(← 후생을 두려워할 수 있다.)

만약 주어가 행위자이고 동사가 그 행위를 수행하는 능동을 나타낸다면 可 대신 可以를 씁니다. 이때 피동의 주어였던 후생은 畏의 목적어가 되지요. 可以畏後生은 임의로 만들어 본 말이지만 한문 어법으로 보면 맥이 빠지는 문장입니다. 한문에서 화제의 초점이 되는 대상은 문장 앞머리에 와서 강조되니까요.

免처럼 어휘 자체가 피동의 의미를 갖는 경우가 아니라면 우리말에서 피동을 나타내는 방식은 간단합니다. 동사에 접미사 '-이', '-히', '-리', '-기'를 붙이거나 '-어(아)지다', '-(게) 되다'를 붙여서 만듭니다.

연습

1 人皆可以爲堯舜.

인개가이위요순 — 맹자 고자 하

- 皆, 다/모두 개. 爲, 할/될/~이다 위. 堯舜, 요임금 요, 순임금 순. 요임금과 순임금.
- 人이 행위자이므로 可以가 쓰였다. 可以爲를 '~일 수 있다'로도 번역한다.

➡ 사람은 누구나 요나 순임금이 될 수 있다.

2 人有不爲也, 而後可以有爲.

인유불위야 이후가이유위 — 맹자 이루 하

- 而後, 말이을 이, 뒤 후. ~한 뒤. →19구

➡ 사람은 하지 않는 일이 있어야 그 뒤에 해야 할 일을 할 수 있다.

3 道可道, 非常道. 名可名, 非常名.

도가도 비상도 명가명 비상명 — 노자 1장

- 道, 길/도리/말할 도. 名, 이름 명. 常, 떳떳할/항상 상.
- 道가 행위자가 아니므로 可가 쓰였다. 명사는 可 뒤에서 동사처럼 쓰이므로 可道, 可名의 道와 名은 동사로 해석한다.

➡ 도는 도라 불릴 수 있으면 영원한 도가 아니요, 이름은 이름 지을 수 있으면 영원한 이름이 아니다.

4 三軍可奪帥也, 匹夫不可奪志也.

삼군가탈수야 필부불가탈지야 — 논어 자한

- 三軍, 석 삼, 군사/군대 군. 대략 삼만 명에서 사만여 명의 군대. 奪, 빼앗을 탈. 帥, 장수/거느릴 수. 匹夫, 짝/혼자 필, 지아비/사내 부. 한 사람의 남자. 志, 뜻 지. 意志, 鬪志, 志操.
- 삼군이 능동의 행위자가 아니므로 可가 쓰였다. 피동 형식을 그대로 살려서 풀이하면 "삼군이 장수를 빼앗길 수 있지만 한 사람이 의지를 빼앗길 수 없다"라는 뜻이 된다.

➡ 삼군에게서 장수를 빼앗을 수 있지만 한 사람에게서 의지를 빼앗을 수 없다.

5 下民至弱也, 不可以力劫之也. 至愚也, 不可以智欺之也.
하민지약야 불가이력겁지야 지우야 불가이지기지야

— 정도전 조선경국전 정보위

- 民, 백성 민. 至, 이를/지극할 지. 弱, 약할 약. 劫, 위협할 겁. 愚, 어리석을 우. 智, 슬기/지혜 지. 欺, 속일 기.
- 下民이 위협하는 행위자가 아니므로 可를 써야 하지만 可以를 썼다. 대신 목적어 之로 下民을 지칭해서 주어의 혼동을 피했다. 35구 연습 5에 나왔던 知宇宙之大 則不可怯以死生과 문장 구조를 비교해 보라.

➡ 아래 백성은 지극히 약하나 힘으로 그들을 위협할 수 없고 지극히 어리석으나 지혜로 그들을 속일 수 없다.

6 滄浪之水淸兮, 可以濯吾纓. 滄浪之水濁兮, 可以濯吾足.
창랑지수청혜 가이탁오영 창랑지수탁혜 가이탁오족

— 굴원 어부사

- 滄浪, 큰 바다/물 이름 창, 물결 랑. 양쯔揚子강의 지류인 한수이漢水 하류. 淸, 맑을 청. 兮, 어조사 혜. 문장 중간에서 어기를 고르는 조사. 주로 운문에서 쓰인다. 濯, 씻을 탁. 吾, 나 오. 纓, 갓끈 영. 濁, 흐릴 탁. 足, 발/족할 족.
- 可나 可以를 가능(~할 수 있다, ~만하다)으로 해석할지 허가(~해도 된다)나 당위(~해야 한다)로 해석할지는 문맥의 의미 관계를 따른다. 능동의 의미가 강한 동사는 허가나 당위로 풀어야 자연스러울 때가 많지만 늘 분명하게 구별되지는 않는다.

➡ 창랑의 물이 맑거든 내 갓끈을 씻으면 되고 창랑의 물이 흐리거든 내 발을 씻으면 된다.

7 言從而行之, 則言不可飾也. 行從而言之, 則行不可飾也.
언종이행지 즉언불가식야 행종이언지 즉행불가식야

— 예기 치의

- 言, 말씀 언. 從, 좇을/따를 종. 飾, 꾸밀 식. 裝飾, 修飾.

➡ 말하는 대로 따르고 행동하면 말을 꾸미지 않아도 되고, 행동하는 대로 따르고 말하면 행동을 꾸미지 않아도 된다.

可와 비슷한 말 足(足以), 得, 能

45구 작은 선이라도 행하고 작은 악이라도 행하지 마라

善不積, 不足以成名. 惡不積, 不足以滅身.
선부적 부족이성명 악부적 부족이멸신 — 주역 계사 하

선이 쌓이지 않으면 명성을 떨칠 수 없고
악도 쌓이지 않으면 몸을 망칠 수 없다.

善 착할/좋을/잘 선. 積 쌓을 적. 蓄積, 集積.
足以 족할 족, 써 이. ~할 수 있다, ~에 충분하다.
成 이룰 성. 名 이름 명. 名聲, 名譽. 惡 나쁠 악/미워할 오. 滅 멸할/꺼질 멸.

『주역』「계사전」은 보면 볼수록 놀라운 글입니다. 「계사전」 해설을 보면서 주역 점을 치면 신통하게 잘 맞더라 같은 이유 때문이 아닙니다. 그 해설 속에 인간 사유의 논리를 매개하는 추상 개념들이 마치 원석처럼 숨어 있기 때문입니다. 그래서 되풀이해서 읽다 보면 읽을 때마다 사유 방식에 자극을 받게 됩니다.

이를테면 물리나 원리, 도리 등에 담긴 이理, 속성, 특성, 여성, 남성 등에 쓰이는 성性, 변화나 화학, 세계화 등의 화化, 신체, 고체, 천체 등의 체體, 법칙, 규칙, 준칙의 칙則, 존재나 존속, 실존에 쓰이는 존存 등의 단어들이 곳곳에 널려 있습니다. 추상 개념의 원소라 할 만한 이 단어들이 시대에 따라 어떻게 분화되고 변화하는지만 추적해도 아마 철학책 한 권이 뚝딱 빚어질 것입니다.

어하튼 선과 악도 이런 개념 목록에 들어갈 만한 단어입니다. 위 구절에선 행하면 명성을 얻게 하는 가치가 선이고, 행하면 몸을 망치게 하는 가치가 악으로 나타나지요. 또 선이건 악이건 꾸준히 행위가 축적되지 않으면 그 가치를 실현할 수 없다는 점도 말해 줍니다. 그렇다고 작은 선이나 작은 악을 가볍게 봐도 된다는 뜻은 아닙니다. 오히려 작은 선이라도 행해야 하고 작은 악이라도 행하지 말아야 한다는 점을 강조하는 구절이지요.

어휘 선악

선善이나 악惡은 관습적으로 '착할 선', '나쁠 악'으로 새기는 한자입니다. 그렇지만 선을 착하다로, 악을 나쁘다로 새긴 역사가 생각보다 그리 오래되지 않습니다. 조선 시대 중기의 한자 학습서인 『훈몽자회訓蒙字會』(최세진, 1527)에는 '좋을 선(← 됴홀 션)', '모질 악(← 모딜 악)'으로, 비슷한 한자 입문서인 『신증유합新增類合』(유희춘, 1576)에는 '어질 선(← 어딜 션)', '모질 악(← 모딜 악)'으로 나옵니다. '착할 선', '나쁠 악'으로 새기기 시작한 때는 조선 시대 후기부터입니다.

멀리 『설문해자』로 올라가도 善은 吉로 풀이하고, 惡은 過로 풀이합니다. '좋다, 잘'과 '잘못, 허물' 정도가 선과 악의 초기 뜻이었지요. 그러므로 위 구절에는 "잘하는 일이 쌓여야 명성을 떨치고 잘못도 쌓여야 몸을 망친다"라는 뜻도 내포되어 있습니다. 위 구절을 "착한 짓이 쌓여야 명성을 떨치고 나쁜 짓도 쌓여야 몸을 망친다"라는 뜻으로

만 해석한다면 그것은 18, 19세기식 해석이지 본뜻은 아닙니다.

어법 可의 유의어 : 足(足以), 得, 能

'족할 족足'과 '얻을 득得', '능할 능能'은 可처럼 '~할 수 있다'로 해석되는 한자들입니다. 모두 조동사로 썼을 때 가능의 의미를 나타내지요. 다만 숨은 의미는 살짝 다릅니다. 우선 足은 어떤 조건이 충족되거나 충분한 가치가 있어서 할 수 있음을 나타냅니다. 풀이할 때에도 '~할 수 있다'는 뜻만이 아니라 숨은 의미를 살려서 '~에 충분하다(족하다)', '~할 만하다', '~할 만한 가치가 있다' 등으로 두루 해석합니다.

선부적善不積 부족이성명不足以成名도 "선이 쌓이지 않으면 명성을 떨치는 데 충분치 않다"라는 의미이지요. 또 足과 足以의 관계는 앞 구에서 다룬 可와 可以의 관계와 같습니다. 足 뒤에는 보통 피동을 나타내는 동사가, 足以 뒤에는 능동을 나타내는 동사가 옵니다.

善	不 積	不 足	以	成 名
좋다, 착하다	쌓지 않다	할 수 없다	(그것)으로써	명성을 이루다

▶ 선이 쌓이지 않으면 명성을 떨치기에 충분치 않다.
선이 쌓이지 않으면 명성을 떨칠 수 없다.

다음으로 能은 어떤 일이나 조건을 마련하는 능력이 돼서 할 수 있음을 나타냅니다. 또 得은 어떤 기회나 조건을 얻을 수 있어서 할 수 있음을 나타내지요. 이 能과 得은 동사의 능동과 피동을 예민하게 따지지 않습니다. 그래서 能以나 得以는 잘 쓰이지 않습니다.

연습

1 花發多風雨, 人生足別離.

화발다풍우 인생족별리 — 우무릉 권주

- 花, 꽃 화. 發, 필 발. 多, 많을 다. 風雨, 바람 풍, 비 우. 비바람. 別離, 다를/헤어질 별, 떠날 리. 이별.
- 足이 서술어로 쓰여 '충분하다', '충분히 많다'의 뜻을 나타냈다.

➡ 꽃이 필 때는 비바람이 잦고 인생살이에는 이별이 많다.

2 此中人語云, 不足爲外人道也.

차중인어운 부족위외인도야 — 도연명 도화원기

- 此, 이 차. 中, 가운데/안 중. 語, 말씀 어. 云, 이를/말할 운. 爲, 할/될/~이다 위. 外, 바깥 외. 道, 길/말할 도.
- 不足이 爲 앞에서 조동사로 쓰여 '~할 만하지 않다', '~할 가치가 없다'의 뜻을 나타냈다. 학자에 따라 足의 기능을 부사로 파악하기도 한다. 조동사란 용어는 "동사 앞에 쓰여 동사와 묶여서 해석된다"라는 점을 줄여서 말하는 것이라고 여겨도 좋다.

➡ 이곳 사람들이 말했다. "외지인에게 말할 만한 것이 못됩니다."

3 吾力足以擧百鈞, 而不足以擧一羽.

오력족이거백균 이부족이거일우 — 맹자 양혜왕 상

- 吾, 나 오. 擧, 들 거. 百, 일백 백. 鈞, 서른 근 균. 羽, 깃 우.
- 맹자가 말이 안 되는 말의 예시로 든 말이다.

➡ 내 힘으로 삼천 근을 들 수 있지만 깃털 하나를 들 수는 없다.

4 天能生物, 不能辨物也. 地能載人, 不能治人也.

천능생물 불능변물야 지능재인 불능치인야 — 순자 예론

- 生, 날/살 생. 物, 물건/만물 물. 辨, 분별할/가릴 변. 辨別. 載, 실을/기록할 재. 治, 다스릴 치.

➡ 하늘은 만물을 나게 할 수 있지만 만물을 분별하지 못한다. 땅은 사람을 실을 수 있지만 사람을 다스리지 못한다.

5 法不能獨立, 類不能自行, 得其人則存, 失其人則亡.
법불능독립 유불능자행 득기인즉존 실기인즉망 — 순자 군도

● 法, 법/방법/본받을 법. 獨, 홀로 독. 立, 설 립. 類, 무리(종류)/비슷할 류. 類例. 自, 스스로/자기/~부터 자. 行, 다닐/갈/행할 행. 得, 얻을 득. 其, 그 기. 則, 곧 즉. 存, 있을 존. 存續, 存在. 失, 잃을 실. 亡, 망할/죽을/잃을 망.

➡ 법은 제 홀로 설 수 없고 유례는 스스로 행할 수 없다. 사람을 얻으면 존속되고 사람을 잃으면 망한다.

6 以善服人者, 未有能服人者也. 以善養人, 然後能服天下.
이선복인자 미유능복인자야 이선양인 연후능복천하

— 맹자 이루 하

● 以, 써(로써) 이. 善, 착할/좋을 선. 服, 옷/복종할 복. 養, 기를 양. 扶養, 養成, 養育. 然後, 그럴 연, 뒤 후. 그런 뒤.

➡ 선함으로 남을 복종시키려는 이 중에 남을 복종시켰던 이가 있지 않다. 선함으로 남을 부양한 뒤에야 천하를 복종시킬 수 있다.

46구

문장 의미로 나타내는 사동과 피동

맹자의 격려

天將降大任於是人也, 必先苦其心志, 勞其筋骨, 餓其體膚,
천장강대임어시인야 필선고기심지 노기근골 아기체부

空乏其身, 行拂亂其所爲, 所以動心忍性, 曾益其所不能.
공핍기신 행불란기소위 소이동심인성 증익기소불능

— 맹자 고자 하

하늘이 이 사람에게 큰 임무를 내리려 할 때는
반드시 먼저 그의 심지를 괴롭히고 뼛골과 근육을 힘들게 하며
몸과 살갗을 굶주리게 하고 일신을 궁핍하게 해서
그가 하고자 하는 일을 흐트러뜨린다.
마음을 동요시키고 성질을 참도록 해서
그가 할 수 없는 한계를 더 늘리기 위해서이다.

將 장수/장차 장. 降 내릴 강/항복할 항. 任 맡길 임. 任務, 責任.
苦 쓸/괴로울 고. 苦痛, 苦難. 心志 마음 심, 뜻 지. 마음속 의지. 勞 일할/수고할/지칠 로.
筋骨 힘줄 근, 뼈 골. 餓 주릴 아. 體膚 몸 체, 살갗/피부 부. 空乏 빌 공, 가난할 핍. 빈궁貧窮, 궁핍窮乏과 같은 말이다. 身 몸 신. 一身, 肉身. 拂 떨칠/거스를 불. 亂 어지러울 란.
所以 바/것 소, 써 이. 접속사로 쓰여 '~ 때문에', '~위해서'의 뜻을 나타낸다.
動 움직일 동. 忍 참을 인. 性 성품/성질 성. 曾 일찍/거듭 증. 益 더할 익. 能 능할/능력 능.

"『맹자』를 읽어 봤습니까? 읽어 봤다면 가장 인상적이었던 맹자의 어록이 무엇입니까?" 이런 질문으로 사람들에게 설문조사를 해서 인상적인 맹자 어록 순위를 매긴다면 아마 열 손가락 안에 뽑힐 구절일 것

입니다. 그만큼 유명하고 자주 인용되는 글입니다.

마음 속 어딘가에 담아두었다가 힘든 처지에 몰리거나 삶이 고생스러울 때 떠올리면 꽤 큰 위로가 됩니다. 지금 현재의 고통과 어려움에 어떤 이유가 있고, 이 고비만 잘 넘기면 뭔가 큰 보상이 따를 것 같은 희망을 갖게 해 주지요.

그렇다고 맹자가 '고생하면 복이 와요' 식의 말하기 좋은 덕담을 건네는 것은 아닙니다. 하늘에 의탁하긴 했지만 맹자가 내세우는 보상은 자신이 가진 능력의 한계치를 넘어서는 것이 전부입니다. 예를 들어 고생고생해서 마라톤을 완주한 사람에게는 4킬로미터 정도를 뛰는 것은 일도 아니게 됩니다. 이처럼 고생과 좌절을 견뎌낸 사람에게 감당할 수 있는 일의 한계치가 늘어난다는 것, 이것이 맹자가 말하고자 하는 보상의 핵심입니다.

맹자의 논리는 맹자 후대인 한나라 대에 유행했던 천인감응론天人感應論, 즉 사람의 정성과 노력이 하늘에 닿으면 하늘이 그에 감응한다는 논리와 결이 다릅니다. 맹자의 관심은 하늘이 부여한, 사람이 본래부터 갖고 있는 선한 힘을 최대한 끌어내는 것이었습니다.

어법 문장 의미로 나타내는 사동과 피동

사동은 어떤 동작을 남으로 하여금 하게 하도록 하는 것을 가리킵니다. 우리말에선 동사나 형용사에 '—이, —히, —리, —기, —우, —구, —추' 같은 접미사를 붙이거나 '—게 하다'라는 보조동사를 붙여 만듭니다.

그렇지만 한문에서는 특별한 문법적 표지 없이 사동을 나타내는 경우가 드물지 않습니다. 고기심지苦其心志나 노기근골勞其筋骨은 한문에서 사동 표현이 어떻게 실현되는지를 보여 주는 사례입니다. '괴로울 고苦', '주릴 아餓'가 각각 '괴롭게 하다(괴롭히다)', '굶주리게 하다'라는 뜻으로 쓰였습니다.

苦	其 心 志	餓	其 體 膚
괴롭다	그 마음의 의지	주리다	그 몸과 살갗
(형용사 서술어)	(목적어)	(동사 서술어)	(목적어)

▶ 그의 심지를 괴롭히다. ▶ 그의 몸과 살을 굶주리게 하다.

其心志苦

▶ 그의 심지가 괴롭다.

其體膚餓

▶ 그의 몸과 살갗이 굶주리다.

여기에서 苦, 餓가 '~게 하다'로 해석되는 근거는 한 가지밖에 없습니다. 苦는 형용사의 뜻으로, 餓는 자동사의 뜻으로 쓰여서 목적어가 필요 없는데도 그 뒤에 목적어가 왔다는 사실이지요. 이처럼 '형용사 또는 자동사 서술어+목적어'가 문장 의미만으로 사동을 표현하는 가장 흔한 조건입니다. 이 문장의 목적어가 기심지고其心志苦처럼 주어가 돼서 동작이나 행위를 스스로 행하게 되면 주동이라 하지요.

문장 의미로 피동이 실현되는 조건은 서술어와 목적어의 관계가 사동과 반대로 나타납니다. 목적어를 취하는 타동사가 목적어 없이 서술어로 쓰이고 그 목적어가 주어로 쓰일 때이지요. 즉 '피행위자 주어(의미상 목적어인 주어)+타동사 서술어'가 기본 조건입니다.

韓非囚秦. 한비자는 진나라에서 갇혔다.(← 한비자를 가두었다.)

— 사기 열전 태사공자서

그러나 동사로 쓰일 때 자동사와 타동사의 구분이 모호한 한자의 특성상 주어가 피행위자인지 행위자인지 늘 분명한 것은 아닙니다. 한비인수韓非囚秦에서 '가둘 수囚'가 '가두다'가 아니라 '갇히다'로 쓰였다고 보는 근거는 고대 중국 역사에 대한 지식과 한비자가 진나라를 감옥에 가둘 수는 없다는 추론뿐입니다. 이 때문에 이런 문장은 於나 于 뒤에 행위자를 밝혀서 피동임을 분명히 해 주는 경우가 많습니다.

연습

1 木受繩則直, 金就礪則利.

목수승즉직　　금취려즉리　　— 순자 권학

- 受, 받을 수. 繩, 줄/먹줄 승. 直, 곧을 직. 金, 쇠 금. 就, 나아갈/이룰/따를 취. 礪, 숫돌 려. 利, 이할/이로울/날카로울 리. 銳利.
- 사람이 학문을 할 수밖에 없는 이유를 나무가 먹줄을 받고 쇠를 숫돌에 가는 과정에 비유했다.
- 피동을 나타내는 문장의 주어는 사람이 아니라 사물일 경우가 많다.

➡ 나무는 먹줄을 받으면 곧아지고 쇠는 숫돌에 갈면 예리해진다.

2 樊噲側其盾以撞, 衛士仆地.

번쾌측기순이당　　위사부지　　— 사기 항우 본기

- 樊噲, 울(울타리) 번, 목구멍 쾌. 유방의 무장. 側, 곁 측. 其, 그 기. 盾, 방패 순. 撞, 칠 당. 衛士, 지킬 위, 선비 사. 군영을 지키는 병사. 仆, 엎드릴 부.
- 側은 사동으로 仆는 피동으로 쓰인 사례이다.

➡ 번쾌가 방패를 옆으로 해서 치자 호위병이 땅에 엎어졌다.

3 春風又綠江南岸, 明月何時照我還.

춘풍우록강남안　　명월하시조아환　　— 왕안석 박선과주

- 春, 봄 춘. 風, 바람 풍. 又, 또 우. 綠, 푸를 록. 岸, 언덕 안. 明, 밝을 명. 何時, 어찌/어느/무엇 하, 때 시. 어느 때, 언제. 照, 비출 조. 我, 나 아. 還, 돌아올 환. 歸還.
- 왕안석이 벼슬을 살러 고향을 떠나면서 지은 시의 한 대목이다. 綠이 사동으로 쓰인 사례이다.

➡ 봄바람이 다시 강둑을 푸르게 하는데 밝은 달은 언제나 돌아오는 나를 비출까?

4 鼻大可小, 小不可大也. 目小可大, 大不可小也.

비대가소　　소불가대야　　목소가대　　대불가소야　　— 한비자 설림 하

- 鼻, 코 비. 大, 큰 대. 小, 작을 소. 可, 옳을/가할 가. →44구

● 조각의 방도를 알려주는 구절이다. 코는 크게 깎아 놓아야 작게 다듬을 수 있고 눈은 작게 파놓아야 크게 다듬을 수 있다. 일을 할 때는 수정의 여지를 남겨두어야 실패가 적다.

➡ 코가 크면 작아질 수 있으나 작으면 커질 수 없다. 눈이 작으면 커질 수 있으나 크면 작아질 수 없다.

5 强本而節用, 則天不能貧. 養備而動時, 則天不能病.
강본이절용 즉천불능빈 양비이동시 즉천불능병 — 순자 천론

● 强, 강할 강. 本, 근본 본. 節, 마디/절개/절약할 절. 用, 쓸 용. 費用. 能, 능할/능력 능. ~할 수 있다 → 45구. 貧, 가난할 빈. 養, 기를/다스릴 양. 養生, 養育, 保養. 備, 갖출 비. 對備, 防備, 準備. 動, 움직일 동. 時, 때/철 시. 病, 병/병들 병.

➡ 근본을 강하게 하고 비용을 절약하면 하늘이 가난하게 할 수 없다. 몸을 다스려 대비하고 제때에 움직이면 하늘이 병들게 할 수 없다.

6 勞心者治人, 勞力者治於人. 治於人者食人, 治人者食於人.
노심자치인 노력자치어인 치어인자사인 치인자사어인
— 맹자 등문공 상

● 心, 마음 심. 心志, 心性. 勞, 일할/수고할 로. 治, 다스릴 치. 力, 힘 력. 食, 밥(먹을) 식/먹일 사.
● 治人과 治於人, 食人과 食於人에 따라 동사의 능동과 피동이 갈린다.

➡ 마음을 쓰는 사람은 남을 다스리고 힘을 쓰는 사람은 남에게 다스려진다. 남에게 다스려지는 사람은 남을 먹여 살리고 남을 다스리는 사람은 남이 먹여 살린다.

7 山木自寇也, 膏火自煎也. 桂可食故伐之, 漆可用故割之.
산목자구야 고화자전야 계가식고벌지 칠가용고할지

人皆知有用之用, 而莫知無用之用也.
인개지유용지용 이막지무용지용야 — 장자 인간세

● 自, 스스로 자. 寇, 도적/벨 구. 膏, 기름 고. 煎, 달일/지질 전. 桂, 계수나무 계. 伐, 칠/벨 벌. 漆, 옻/옻칠할 칠. 用, 쓸 용. 故, 연고/예 고. 고로, 그러므로. 割, 벨/나눌 할. 皆, 다/모두 개.

● 伐之와 割之는 각각 '잘리다', '쪼개지다'로 번역하기도 한다. 이는 한문 자체의 어법이라기보다 우리말 어법이 작용한 결과로 보인다. 한문 해석에서 한문의 어법과 우리말 번역 과정에서 생겨나는 어법은 혼용되어 있으나 아직 연구가 충분치 않은 부분이다.

➡ 산 나무는 스스로 베이고 등불은 스스로 태워진다. 계수나무는 먹일 수 있으므로 그것을 자르고 옻나무는 쓰일 수 있으므로 그것을 쪼갠다. 사람들이 모두 쓸모 있음의 쓸모를 알아도 쓸모없음의 쓸모를 알지 못한다.

47구

사동의 표지 使, 令, 敎, 遣

총명과 예지로 보라

五色令人目盲. 五音令人耳聾. 五味令人口爽. 馳騁畋獵,
오색령인목맹 오음령인이롱 오미령인구상 치빙전렵

令人心發狂. 難得之貨, 令人行妨. 是以聖人爲腹不爲目.
영인심발광 난득지화 영인행방 시이성인위복불위목

故去彼取此.
고거피취차

— 노자 12장

오색은 사람 눈을 멀게 하고 오음은 사람 귀를 먹게 하며
오미는 사람 입맛을 상하게 한다.
말 달리며 하는 사냥은 사람 마음을 발광시키고
얻기 어려운 재화는 사람의 행위를 방해한다.
이 때문에 성인은 배를 위하고 눈을 위하지 않는다.
그래서 저것을 버리고 이것을 취한다.

五 다섯 오. 色 빛/색 색. 令 하여금/명령/가령 령. 盲 소경/눈멀 맹. 音 소리 음.
聾 귀먹을 롱. 味 맛 미. 爽 시원할/상쾌할 상. '다칠 상傷'과 통한다. 馳 달릴 치.
騁 맞을/부를 빙. 畋獵 사냥할 전, 사냥 렵. 사냥. 發狂 필/일어날 발, 미칠 광. 발광.
難 어려울 난. 得 얻을 득. 貨 재물 화. 財貨, 貨幣. 妨 방해할 방. 是以 이 시, 써 이.
이 때문에, 그래서. 聖人 성인 성, 사람 인. 지혜와 덕이 뛰어난 사람.
爲 할/될/~이다/위할 위. 腹 배 복. 去 갈/없앨 거. 彼 저 피. 取 가질/취할 취. 此 이 차.

노자의 글은 비유와 상징이 넘쳐나서 뜻의 여백이 넓습니다. 위 구절도 오색, 오음, 오미의 범위, 배와 눈의 의미, 저것과 이것의 지시 대상

을 어떻게 보느냐에 따라 진술의 결론이 달라지지요. 이를 하나하나 다루면 배보다 배꼽이 커지므로 한비자의 견해를 들어 해석의 한 사례만 보겠습니다.

한비자는 『한비자』 「해노解老」 편에서 현실적이고 실천적인 관점으로 노자를 해석합니다. 그는 우선 총명함과 예지를 하늘을 따르는 것으로, 행위와 생각을 인위적인 것으로 구분합니다. 그리고 사람이 총명하게 보고 듣고 지혜롭게 생각하지 못하는 이유를 인위적인 행동이나 생각의 누적에서 찾습니다. 그래서 자극이 강한 것을 보고, 심하게 듣고, 과도하게 생각한 데서 눈멀고(盲), 귀먹고(聾), 발광하는(狂) 사태가 벌어집니다.

이런 해석으로 추론하면 한비자가 생각한 오색과 오음은 시각과 청각을 혹사시키는 모든 대상이 됩니다. 또 말 달리며 하는 사냥과 얻기 어려운 재화의 추구는 과도한 생각을 초래하는 한 사례가 되지요. 어느 것이나 인위가 더해진 지각과 행동이므로 타고난 총명과 예지를 소진시킵니다.

그러므로 한비자가 노자에게서 찾은 버려야 할 '저것'은 지각이나 행위, 생각에 인위를 보태는 것입니다. 취해야 할 '이것'은 타고난 총명과 지혜를 아껴서 그것으로 사물을 보고 다루는 것이지요. 한비자는 이것을 『노자』의 다른 구절(『노자 59』)에서 갖고 온 단어인 '아낄 색嗇'이란 말로 콕 집어 표현합니다. 그는 이 색嗇에서 사람 다스리는 일의 요체를 구했습니다.

어법 사동의 표지

'하여금 사使', '하여금 령令', '가르칠 교教', '보낼 견遣'

오색령인목맹五色令人目盲은 한문에서 사동을 나타내는 가장 기본적인 구조를 보여 줍니다. '하여금 령令'처럼 사동의 의미를 가진 동사 뒤에 2개의 목적어를 두는 형식이지요. 令AB는 'A가 B하게 하다, A로 하여금 B하게 하다'로 해석됩니다. 令의 초기 뜻인 '명령하다'가 'A에게 명령해서 B하게 하다'로 쓰이면서 추상화된 의미라 할 수 있지요.

이때 A에는 사람을 가리키는 명사가 주로 오고, B에는 A를 주어로 하는 명사구나 절이 오는 경우가 많습니다. A는 생략될 때도 있지요. 다만 B의 명사구나 명사절이라는 용어는 품사 기능에 따라 절과 구의 명칭을 정하는 우리말 문법의 관례를 따른 용어이고, 한문 문맥에서는 마치 동사가 오는 것처럼 느껴질 때가 흔하므로 혼동하지 말아야 합니다.

			A	B	
五	色	令	人	目	盲
다섯 가지 색		하여금	사람	눈이 멀다(→ 눈이 멂)	

▶ 오색은 사람 눈을 멀게 한다.

令 외에 '하여금/부릴 사使', '가르칠 교教', '보낼 견遣'도 사동의 의미를 가지는 동사들입니다. 令처럼 '使AB', '教AB', '遣AB' 형식으로 쓰이고 모두 'A가 B하게 하다'는 뜻을 나타냅니다. 각각의 기본 뜻에 따라 사동의 의미로 추상화되는 과정이 조금씩 다를 뿐입니다. 이 가운데 使가 가장 흔하게 사용됩니다.

- 使AB A를 부려서(시켜서) B하게 하다 ─┐
  A로 하여금 B하게 하다 ─┤
- 教AB A를 가르쳐 B하게 하다 ─┤── A가 B하게 하다
- 遣AB A를 보내 B하게 하다 ─┘

연습

1 擧直錯諸枉, 能使枉者直.

거직조제왕 능사왕자직 — 논어 안연

- 擧, 들 거. 薦擧. 直, 곧을 직. 正直, 剛直. 錯, 어긋날 착/둘 조. 諸, 모두/여러 제. 之於와 같다. → 16구. 枉, 굽을 왕. 者, 놈/사람(이)/것 자.
- 굽은 물건을 곧은 물건으로 바로잡듯 정직한 사람을 높은 자리에 올려야 비뚤어진 사람을 바로잡는다.

➡ 곧은 것을 들어 굽은 것 위에 두면 굽은 것을 곧게 펼 수 있다.

2 使天下之人, 不敢言而敢怒.

사천하지인 불감언이감노 — 문장궤범 두목지 아방궁부

- 敢, 감히 감. 言, 말씀 언. 怒, 성낼/노여울 노.

➡ 세상 사람들로 하여금 감히 말하지 못하도록 하였으나 감히 분노하게 만들었다.

3 子無敢食我也. 天帝使我長百獸.

자무감식아야 천제사아장백수 — 전국책 초책

- 子, 아들/당신(그대) 자. 食, 밥/먹을 식. 我, 나 아. 天帝, 하늘 천, 임금 제. 하느님. 長, 길/어른(우두머리) 장. 百獸, 일백/온 백, 짐승 수. 온갖 짐승.
- 호랑이를 만난 여우가 한 말. 호가호위狐假虎威를 낳게 한 우화의 한 대목이다.

➡ 넌 날 함부로 잡아먹지 못해. 하느님이 나를 온갖 짐승의 우두머리로 삼았거든.

4 可欲之類, 進則教良民爲姦, 退則令善人有禍.

가욕지류 진즉교량민위간 퇴즉령선인유화 — 한비자 해노

- 欲, 하고자 할 욕. 欲求. 類, 무리/종류 류. 部類. 進, 나아갈 진. 教, 가르칠 교. 良民, 어질/좋을 량, 백성 민. 선량한 백성. 姦, 간사할 간. 退, 물러날/물리칠 퇴. 禍, 재앙 화.
- 재물 따위로 꾀어서 일하게 하지 말고 법과 형벌로 해야 한다는 한비자의 사상이 깔려 있는 구절이다.

● 教와 令이 사동의 의미로 사용된 예이다.

➡ 욕심날 만한 부류로 나아가도록 하면 양민을 간사하게 하고, 물러나게 하면 착한 사람이 화를 입게 된다.

5 水行者表深, 使人無陷. 治民者表亂, 使人無失.

수행자표심 사인무함 치민자표란 사인무실 — 순자 대략

● 行, 다닐/갈 행. 表, 겉/밝힐 표. 表示, 公表. 深, 깊을 심. 水深, 深度. 陷, 빠질/무너질 함. 陷沒. 治, 다스릴 치. 亂, 어지러울 란. 混亂, 亂動. 失, 잃을/잘못할 실. 失手, 失敗, 過失.

➡ 물을 건너다니는 이는 수심을 표시하여 사람들이 빠지지 않도록 한다. 백성을 다스리는 이는 혼란의 경계를 표시하여 사람들이 실수하지 않도록 한다.

48구

피동의 표지 見, 被

내 힘으로 할 수 있는 것과 할 수 없는 것

君子恥不修, 不恥見汙. 恥不信, 不恥不見信.
군자치불수 불치견오 치불신 불치불견신

恥不能, 不恥不見用.
치불능 불치불견용

— 순자 비십이자

군자는 수양하지 못하는 것을 부끄러워하지
모욕당하는 것을 부끄러워하지 않는다.
믿음을 지키지 않아서 부끄러워하지
믿어 주지 않는다고 부끄러워하지 않는다.
능력이 없어서 부끄러워하지
등용되지 않는다고 부끄러워하지 않는다.

君子 임금 군, 아들/존칭 자. 왕을 비롯한 귀족 통치자 또는 학식과 덕망을 갖춘 이. 子는 존칭의 의미로 쓰였다. 恥 부끄러울 치. 修 닦을 수. 修養, 修練, 修身. 汙 더러울 오. '더러울 오汚'와 같다. 汚辱, 汚名. 信 믿을 신. 能 능할/능력 능. 用 쓸 용. 登用.

후기 스토아학파를 대표하는 인물 가운데 하나인 에픽테토스의 『엥케이리디온』은 첫 장을 자신에게 달려 있는 것과 자신에게 달려 있지 않은 것을 구분하면서 시작합니다. 자신에게 달려 있는 것이 믿음이나 충동, 욕구, 혐오처럼 우리 자신이 행하는 것이라면 자신에게 달려 있지 않은 것은 육체, 소유물, 평판, 지위처럼 우리 자신이 행하지 않는 모든 일입니다.

이 둘을 구분하여 자신에게 달려 있지 않은 것이 자신과 관련이 없음을 인식하고, 육체나 소유물, 평판이나 지위의 획득 여부에 초연해지는 데에서 에픽테토스는 진정한 자유와 행복의 길을 발견하지요.

이 에픽테토스가 지향하는 삶의 태도가 순자가 권하는 삶의 태도와 비슷한 데가 있습니다. 위 구절에서 말하는 자신을 수양하고 믿음을 지키는 일, 능숙하게 일을 처리하는 능력이 자신에게 달려 있는 것이라면 남에게 모욕당하거나 남이 믿어 주지 않거나 등용되지 않는 일은 자신에게 달려 있지 않은 것이라 할 수 있지요. 순자는 후자를 부끄러워하지 않아도 된다고 권고합니다.

스토아학파는 기원전 3세기경 그리스에서 탄생해 로마 제국의 전성기였던 1～2세기까지 존속했던 헬레니즘 철학의 한 유파입니다. 로마 지배층의 세계관과 윤리 관념에 커다란 영향력을 끼쳤던 학파이지요. 스토아학파의 철학은 유학의 전통 사유와 비슷한 대목이 꽤 많습니다. 그래서 스토아 철학의 눈으로 유학을 살피다 보면 유학에 대한 이해가 깊어질 때가 있지요. 그 역도 마찬가지입니다.

어법 피동의 표지 : '볼 견見', '입을 피被'

見은 '보다'는 뜻의 동사로 흔하게 쓰지만 다른 동사 앞에서 조동사 구실을 하면 피동의 의미를 나타냅니다. 그래서 같은 단어인 信을 동사로 썼더라도 불신不信이 능동의 의미라면 불견신不見信은 피동의 의미가 됩니다. 불신은 '스스로가 신의를 지키지 못하다' 또는 '신심이 없다'는 뜻이고, 불견신은 '남이 믿어 주지 않는다'는 뜻이지요. 修

나 汙처럼 서술어가 다르더라도 마찬가지입니다.

恥	不 修	不 恥	見 汙
부끄럽다	수양하지 못하다	부끄럽지 않다	더럽혀지다

▶ 수양하지 못한 것을 부끄러워하다.

▶ 모욕당한 것을 부끄러워하지 않는다.

恥	不 信	不 恥	不 見 信
부끄럽다	신의를 지키지 못하다	부끄럽지 않다	(남이) 믿어 주지 않다

▶ 믿음을 지키지 못한 것을 부끄러워하다.

▶ 믿음을 지키지 못해서 부끄러워하다.

▶ 믿어 주지 않는 것을 부끄러워하지 않는다.

▶ 믿어 주지 않는다고 부끄러워하지 않는다.

'입을 피被' 역시 동사로 쓰이면 '입다'는 뜻이지만 다른 동사 앞에서 조동사 구실을 하면 피동의 의미를 나타냅니다. 피동의 의미를 나타날 때는 동사에 '받다, 당하다'의 의미를 더해 주지요. 被가 지닌 피동의 어법은 요즈음 한자어에도 그대로 계승됩니다.

被選擧權 선거로 뽑힐 권리.

選擧權 선거로 뽑을 권리.

연습

1 吾長見笑于大方之家.

오장견소우대방지가 — 장자 추수

- 吾, 나 오. 長, 길 장. 笑, 웃을 소. 于, 어조사 우. 전치사로 쓰여 시간(~까지), 장소(~에, ~에서), 대상(~에게, ~부터) 등의 뜻을 나타낸다. 大方之家, 큰 대, 모 방, ~의 지, 집/집안 가. 세상의 안다 하는 지식인. 大方은 바른 도 또는 바른 방법을 의미한다.
- 거만했던 황하의 신 하백이 황하보다 넓은 발해를 보고 난 뒤에 북해의 신 약若에게 한 말이다.

➡ 나는 오래도록 안다 하는 사람들로부터 비웃음을 받았을 것이다.

2 厚者爲戮, 薄者見疑.

후자위륙 박자견의 — 한비자 세난

- 厚, 두터울 후. 爲, 할/될/~이다/위할 위. 戮, 죽일 륙/육. 殺戮, 屠戮. 薄, 엷을/가벼울 박. 疑, 의심할 의.
- 옳은 말이라도 적절한 상황에서 적절한 자리에 있는 사람이 하지 않았으므로 억울하게 죽게 되거나 도둑으로 의심받았다는 뜻이다. 처신의 어려움을 강조하기 위해 사례를 들면서 나온 말이다.
- 爲와 見이 동사 앞에서 피동의 의미를 더한 사례이다. 爲도 문맥에 따라 見처럼 피동의 의미를 더할 수 있다. →49구

➡ 심한 경우에는 살육되었고 가벼운 경우에는 의심받았다.

3 百姓之不見保, 爲不用恩焉.

백성지불견보 위불용은언 — 맹자 양혜왕 상

- 百姓, 일백/온 백, 성 성. 保, 지킬 보. 保護, 保障, 保全. 恩, 은혜 은. 焉, 어찌/어조사 언. 문장 끝에서 종결, 판단(이유), 의문, 감탄의 어기를 나타낸다. 여기서는 爲와 함께 이유(~ 때문이다, ~위해서이다)의 어기를 나타냈다.

➡ 백성이 보호받지 못하는 까닭은 그들에게 은혜를 쓰지 않아서이다.

4 信而見疑, 忠而被謗, 能無怨乎.

신이견의 충이피방 능무원호 — 사기 굴원가생열전

- 忠, 충성/정성 충. 被, 입을/당할/옷 피. 謗, 나무랄/헐뜯을 방. 誹謗. 怨, 원망할 원. 能, 능할/능력 능. 부사어로 쓰여 乎와 함께 반문(어찌 ~하겠는가)의 어기를 나타냈다.
- 見과 被가 피동의 의미를 더한 사례이다.

➡ 믿음을 지키고도 의심을 받고 충성을 바치고도 비방을 당했다. 어찌 원망스럽지 않겠는가?

5 擧世皆濁, 我獨淸. 衆人皆醉, 我獨醒. 是以見放.

거세개탁 아독청 중인개취 아독성 시이견방 — 굴원 어부사

- 擧世, 들/온통(다) 거, 인간/세상 세. 온 세상, 세상 사람 다. 皆, 다/모두 개. 我, 나 아. 獨, 홀로 독. 淸, 맑을 청. 衆, 무리/많을 중. 醉, 취할 취. 醒, 깰 성. 是以, 이 시, 써 이. 이 때문에, 그래서. 放, 놓을/내쫓을 방. 追放.

➡ 세상이 온통 다 혼탁한데 나 홀로 맑고 사람들이 다 취했는데 나 혼자 깨어 있으이. 그래서 추방당했네.

6 直立而不見知者, 勝也. 廉而不見貴者, 劌也.

직립이불견지자 승야 염이불견귀자 귀야

勇而不見憚者, 貪也.

용이불견탄자 탐야. — 순자 영욕

- 直, 곧을 직. 立, 설 립. 勝, 이길 승. 廉, 청렴할 렴. 貴, 귀할 귀. 劌, 상처 입힐 귀. 勇, 날랠/용감할 용. 憚, 꺼릴/두려울 탄. 貪, 탐낼 탐. 貪慾. 也, 어조사 야. 판단이나 긍정, 추측, 감탄의 어기를 나타내는 조사. →6구 연습 3
- 몸가짐을 곧게 하면서도 상대를 이기려 들지 않아야 남들이 알아주고, 청렴하면서 남에게 상처를 주지 않아야 지위가 높아지며, 용감하면서도 탐욕스럽지 않아야 남들이 두려워한다.

➡ 몸을 곧게 세우고 있는데도 알아주지 않는 것은 이기려 하기 때문이다. 청렴한데도 귀해지지 않는 것은 남에게 상처를 주기 때문이다. 용감한데도 두려워지지 않는 것은 탐욕스럽기 때문이다.

49구

피동을 나타내는 관용 형식

유능한 부하가 무능한 상관을 만나면

此吾死所也, 彎弓射賊數人, 爲賊所害.

차오사소야 만궁사적수인 위적소해 — 유성룡 징비록

"여기가 내 죽을 자리로구나."
활을 당겨 왜적 몇을 쏘고 적에게 살해당했다.

此 이 차. **吾** 나 오. **死所** 죽을 사, 것/곳 소. 所가 동사 뒤에 쓰여서 '곳'의 의미를 나타냈다. **彎弓** 굽을/당길 만, 활 궁. 활을 당김. **射** 쏠 사. **賊** 도둑 적. **數** 셈/셀/몇 수.
害 해할/손해 해. 殺害, 危害.

임진왜란의 전사를 훑다 보면 무능한 상사와 유능한 부하 구도를 자주 만나게 됩니다. 공을 세우고도 상관의 잘못된 보고로 죽임을 당하거나 용감한 부하가 상관의 잘못된 판단으로 비극적으로 죽는 예가 흔하지요. 특히 전쟁 초기에 이런 일화가 잦은데 위 구절도 그런 사례입니다. 별장 유극량이 일본군에게 죽는 순간을 묘사한 대목이지요.

선조가 한양을 버리고 평양에서 임진강을 방어선으로 적과 대치하던 때였습니다. 배가 없어서 임진강을 건너지 못하던 일본군이 퇴각하는 척하며 조선군을 유인했지요. 전쟁 경험이 많았던 유극량과 몇몇 장수가 유인책일 수도 있음을 경고했지만 유극량보다 직급이 높았던 신할, 임진강 방어의 책임자였던 한응인이 그의 말을 듣지 않았습니다. 오히려 적을 무서워하여 사기를 떨어뜨린다며 유극량을 베려고 했습니다.

그러자 유극량은 화를 내며 자신의 군사들을 이끌고 선두에 서서 임진강을 건넜습니다. 자신의 주장이 비겁함 때문이 아님을 증명하기 위해서였지요. 그리고 적을 추격하다 예상했던 매복에 걸려 전사합니다. 위 구절은 죽기 직전의 그의 모습을 유성룡이 묘사한 대목입니다.

이로써 임진강 방어선이 무너지고 적들은 조선군이 타고 왔던 배로 임진강을 건넜습니다. 유극량을 베려 했던 신할은 싸우다 죽었지만 후방에 있었던 한응인은 살아남았고, 조정에서는 그의 패전 책임을 묻지 않았습니다.

어법 피동을 나타내는 관용 형식 : 爲A所B, 爲AB, 爲A見B

위적소해爲賊所害에 사용된 '爲A所B' 형식은 피동을 나타내는 대표적인 관용 형식입니다. 'A가 B하게 되다' 또는 'A가 B당하다'는 뜻으로 해석하지요. 이때 A에는 명사가 오고, B에는 동사가 옵니다.

	A		B
爲	賊	所	害
되다	적	~것	해치다

▶ 적에게 해침을 당하다.(적에게 살해당했다.)

爲는 7구에서도 나왔듯이 용법이 매우 다양한 글자입니다. 그래서 見처럼 '爲AB' 구조, 즉 '爲+명사+동사' 구조만으로도 피동의 의미를 나타낼 수 있지요. 그렇지만 이럴 경우 爲의 뜻 자체가 다양하므로 해석이 모호해질 때가 많습니다. 爲A所B는 그런 모호함을 없애는 형식입니다.

明者唯爲之使. 눈 밝은 사람은 오직 그것들(외부 사물들)에게 부려진다.

— 장자 열어구

연습

1 多多益善, 何爲爲我禽.

다다익선 하위위아금 — 사기 회음후열전

- 多, 많을 다. 益, 더할 익. 善, 착할/좋을 선. 何爲, 어찌/무엇 하, 할/위할 위. 무엇 때문에, 어째서. 禽, 새(날짐승)/사로잡을 금. '사로잡을 금擒'과 통한다.
- 황제가 된 유방과 개국 공신임에도 연금 상태에 처해진 한신이 나눈 대화의 한 구절이다. 한신이 유방은 십만 명 정도의 병사를 거느릴 수 있으나 자신은 병사가 많을수록 더 좋다고 말하자 유방이 웃으며 던졌던 질문이다. 한신은 유방이 장수를 잘 거느리는 능력이 있기 때문에 자신이 유방에게 잡혔다고 대답한다.

➡ 많으면 많을수록 더 좋다고 하면서 어째서 나에게 잡혔나?

2 飢者易爲食, 渴者易爲飮.

기자이위식 갈자이위음 — 맹자 공손추 상

- 飢, 주릴 기. 飢餓. 易, 바꿀 역/쉬울 이. 食, 밥/먹을 식. 渴, 목마를 갈. 渴症. 飮, 마실 음.
- 爲가 피동이 아니라 사동의 의미를 더해 준 예이다. 그렇지만 爲食과 爲飮은 '밥 되기와 음료 되기', '밥 만들어 주기와 마실 것을 만들어 주기' 등으로 풀기도 한다. 爲는 내포된 의미가 넓은 단어라 문맥에서 충분한 정보가 주어지지 않는 이상 주동과 사동, 능동과 피동을 확정하기가 어려울 때가 있다. 한나라 때부터 피동을 나타낼 때 爲A所B 형식이 선호된 이유가 여기에 있다.

➡ 굶주린 이에게는 밥을 먹이기가 쉽고 목마른 이에게는 물을 마시게 하기가 쉽다.

3 吾聞先卽制人, 後卽爲人所制.

오문선즉제인 후즉위인소제 — 사기 항우본기

- 聞, 들을 문. 先, 먼저/앞설 선. 卽, 곧 즉. 制, 절제할/억제할 제. 制壓, 制御, 制裁. 後, 뒤 후.

➡ 나는 앞서면 남을 제압하고 뒤서면 남에게 제압당한다고 들었습니다.

4 今有美堯舜湯武禹之道於當今之世者, 必爲新聖笑矣.
금유미요순탕무우지도어당금지세자 필위신성소의.

— 한비자 오두

- 今, 이제 금. 美, 아름다울 미. 美化, 讚美. 堯舜, 요임금 요, 순임금 순. 중국 신화 시대의 임금들. 禹, 성 우. 하夏나라의 시조로 전하는 임금. 湯, 끓을 탕. 은殷나라의 임금. 武, 호반/군사 무. 주周나라를 세운 무왕. 當今, 마땅/당할 당, 이제 금. 바로 지금. 世, 인간/세대/세상 세. 新, 새 신. 聖, 성인 성. 笑, 웃을 소.
- 요나 순, 우 같은 이들은 중국의 전설적인 성인들이나 그 당대에는 그들 역시 새로운 성인들이었다. 그러므로 현재에는 현재를 살아가는 새로운 성인을 칭송하고 따라야 한다. 한비자의 현실주의적 관점이 배어 있는 구절이다.

➡ 지금 시대에 만약 요나 순, 탕이나 무, 우 임금이 간 길을 아름답게 여기는 사람이 있다면 반드시 새 성인들에게 비웃음을 당할 것이다.

5 聖人之道, 入乎耳存乎心, 蘊之爲德行,
성인지도 입호이존호심 온지위덕행

行之爲事業. 彼以文辭而已者, 陋矣.
행지위사업 피이문사이이자 누의

— 주렴계 소학 가언

- 聖人, 성인 성, 사람 인. 지혜와 덕이 뛰어난 사람. 道, 길/도리 도. 入, 들 입. 乎, 어조사 호. ~에, ~부터. 存, 있을 존. 保存, 存續, 存在. 蘊, 쌓을 온. 德行, 큰/덕 덕, 행할 행. 어질고 너그러운 행실. 事業, 일/섬길 사, 업/일 업. 어떤 목적을 위해 벌이는 일. 彼, 저 피. 文辭, 글월/글 문, 말씀/문체 사. 문장의 말. 已, 이미/그칠 이. 陋, 더러울/좁을 루. 鄙陋, 固陋, 陋醜.
- 오늘날 '사업'은 주로 기업 경영과 관련된 개념으로 쓰인다.
- 爲 뒤에 동사가 아닌 명사(명사구)가 와서 목적어 또는 보어로 쓰인 예이다. '되다', '이루다'로 번역된다. 爲 →8구

➡ 성인의 길은 귀로 들어와 마음에 머물러, 쌓으면 덕행이 되고 행하면 사업이 된다. 저 글만 쓰고 마는 이들은 비루하다.

참고문헌

한문과 우리말 문법서

관민의管敏義 지음, 『고급한문해석법-한문을 어떻게 끊어 읽을 것인가』, 서울대 동양사 학연구실 옮김, 창작과 비평사, 2003.

김광해, 「한자어의 의미론」『이승명 교수 회갑기념논문집』, 1998.

김일병 편, 『언어와 교육 : 국어 교육과 한국어 교육의 쟁점과 과제』, 박이정, 2012.

김준연 지음, 『고금횡단 한자여행-갑골문부터 간화자까지 흥미진진한 한자이야기 56편』, 학민사, 2008.

남기심/고영근, 『표준국어문법론』 개정판, 탑출판사, 2003.

남영신, 『나의 한국어 바로 쓰기 노트』, 까치, 2002.

류종목 지음, 『논어의 문법적 이해』, 문학과 지성사, 2007.

심경호 지음, 『한학연구입문』, 이회, 2006.

안기섭 저, 『신체계 한문법대요-선진·양한 시기』, 보고사, 2012.

에드윈 풀리블랭크 지음, 『고전 중국어 문법 강의』, 양세욱 옮김, 궁리, 2005.

왕력 지음, 『중국어 어법 발전사』, 송용준 외 역, 사람과책, 1997.

왕력 지음, 『중국시율학』 1·2, 송용준 옮김, 소명출판, 2005.

요진우 편저, 『한문 문법의 분석적 이해』, 이종한 옮김, 계명대학교 출판부, 2012.

윤영삼 지음, 『갈등하는 번역』, 라성일 감수, 글항아리, 2015.

이관규, 『학교문법론』 개정판, 월인, 2003.

이군선/김성중 편, 『한문과 문법론』, 보고사, 2012.

이운부李運富(中)/안희진安熙珍(韓) 공저, 『중국 고전 읽는 법』, 박이정, 2014.

이재성 지음, 이형진 그림, 『글쓰기를 위한 4천만의 국어책』, 들녘, 2006.

이재황 지음, 『처음 읽는 한문 : 계몽편·동몽선습 』, 안나푸르나, 2015.

이희재, 『번역의 탄생』, 교양인, 2009,
장사오위 저, 『고대중국어 어휘의미론』, 이강재 역, 차이나하우스, 2012.
진류陳榴 지음, 『한국 한자어 연구』, 박운석 외 옮김, 영남대학교 출판부, 2012.
최상익 저, 『한문해석강화』 개정판, 한울, 2008.
최영애 지음, 『중국어란 무엇인가』, 통나무, 2003.
최완식/김영구/이영주 공저, 『한문독해법』, 명문당, 2003.
페데리코 마시니 지음, 『근대 중국의 언어와 역사-중국어 어휘의 형성과 국가어의 발전 : 1840~1898』, 이정재 옮김, 소명출판, 2005.
포선순鮑善淳 지음, 『한문을 어떻게 읽을 것인가』, 심경호 옮김, 이회, 2001.
허벽, 『중국고대어법』, 신아사, 1997.
허성도, 「고려사의 한자사용 빈도와 벽자」, 『고려시대연구1』, 한국정신문화연구원(한국학중앙연구원), 2000.
황호덕/이상현 저, 『개념과 역사 근대 한국의 이중어사전 1 연구편』, 박문사, 2012.
황호덕/이상현 역, 『개념과 역사 근대 한국의 이중어사전 2 번역편』, 박문사, 2012.

呂叔湘 著, 『中國文法要略』, 北京 : 商务印书馆, 2014.
王力, 吉常宏, 『古代漢語』, 第1册 ~第4册, 中華書局, 2015.
加藤徹, 『白文攻略漢文法ひとり學び』, 白水社, 2015.
江連隆, 『漢文語法ハンドブック』, 大修館書店, 2010.
加地伸行, 『漢文法基礎 - 本当にわかる漢文入門』, 講談社, 2015.
沈國威, 『近代日中語彙交流史 - 新漢語の生成と受容』, 笠間書院, 2008.
(『근대중일 어휘교류사』라는 제목으로 고려대학교출판부에서 번역본이 나왔다.)

고전 번역서와 해설서

가토 도루 지음, 『한문의 생활력』, 유준칠 옮김, 수희재, 2005.
공원국, 『춘추전국이야기 6-생각 대 생각 : 제자백가의 위대한 논쟁』, 역사의 아침, 2013.
공원국, 『춘추전국이야기 7-76전 무패의 전략가 오기』, 역사의 아침, 2014.
교수신문 엮음, 『최고의 고전 번역을 찾아서』, 생각의 나무, 2006.

김시천, 『논어, 학자들의 수다: 사람을 읽다』, 더 퀘스트, 2016.
김필수/고대혁/장승구/신창호 함께 옮김, 『관자』, 소나무, 2015.
김학주 역저, 『신완역 시경』, 명문당, 2007.
김형찬 옮김, 『논어』, 홍익출판사, 2008.
김형효, 『사유하는 도덕경』, 소나무, 2004.
남회근 지음, 『맹자와 공손추』, 설순남 옮김, 부키, 2014.
남회근 지음, 『주역계사강의』, 신원봉 옮김, 부키, 2015.
리쩌허우李澤厚 지음, 『논어금독』, 임옥균 옮김, 북로드, 2006.
미야자키 이치사다 해석, 『논어』, 박영철 옮김, 이산, 2013.
박수밀/송원찬 지음, 『새기고 싶은 명문장 : 흔들리는 나를 세우는 고전의 단단한 가르침』, 웅진지식하우스, 2012.
박완식 편저, 『중용』, 여강, 2008.
박지원 지음, 『연암집』 상·중·하, 심호열/김명호 옮김, 돌베개, 2007.
성백효 역주, 『논어집주』 개정증보판, 전통문화연구회, 2008.
성백효 역주, 『맹자집주』 개정증보판, 전통문화연구회, 2008.
성백효 역주, 『시경집전』 상·하, 전통문화연구회, 2008.
손지숙/정춘수 편저, 『유성룡을 읽다, 쓰다』, 위즈덤하우스, 2016.
순자 지음, 『순자』, 김학주 옮김, 을유문화사, 2016.
신동준 역주, 『무경십서 1 손자병법 오자병법』, 역사의 아침, 2012.
신동준 옮김, 『완역 사기열전』 1·2, 위즈덤하우스, 2015.
심경호, 『한문산문미학』 개정증보판, 고려대학교출판부, 2013.
안동림 역주, 『장자』, 현암사, 2008.
에픽테토스 지음, 『앵케이리디온 : 도덕에 관한 작은 책』, 김재홍 옮김, 까치, 2003.
여불위 지음, 『제자백가의 위대한 종합 여씨춘추』, 김근 옮김, 글항아리, 2012.
우치야마 도시히코 지음, 『순자교양강의』, 석하고전연구회 옮김, 돌베개, 2013.
위중喻中 지음, 『상서 깊이 읽기 : 동양의 정치적 상상력』, 이은호 옮김, 글항아리, 2013.
유성룡, 『교감해설 징비록』, 김시덕 역해, 아카넷, 2014.
유안 지음, 『회남자』 I·II, 이석명 옮김, 소명출판, 2010.
이광호 역주, 『근사록집해』 I·II, 아카넷, 2006.

이기동 역해, 『맹자강설』, 성균관대 출판부, 2003.
이석명 옮김, 『노자 도덕경 하상공장구』, 소명출판, 2007.
이섬 주, 오가와 다마키/기다 아키요시 주해, 『세상을 삼킨 천자문』, 신정근 옮김, 심산, 2009.
이수정, 『공자의 가치들』, 에피파니, 2016.
이순신, 『증보 교감 완역 난중일기』, 노승석 옮김, 여해, 2014.
이춘식, 『춘추 전국시대의 법치사상과 세·술』, 아카넷, 2002.
임건순, 『묵자, 공자를 딛고 일어선 천민 사상가』, 시대의 창, 2013.
임건순, 『오기, 전국시대 신화가 된 군신 이야기』, 시대의 창, 2014.
임창순 저, 『당시정해』, 소나무, 1999.
정범진 외 옮김, 『사기 1-본기』, 까치, 1994.
정범진 외 옮김, 『사기 5-열전 상』, 『사기 6-열전 중』, 『사기 7-열전 하』, 까치, 1995.
정춘수 지음, 『논어를 읽기 전 : 천자문에서 소학까지 한권으로 배우는 고전 입문』, 부키, 2013.
정춘수/ 손지숙 편저, 『이순신을 읽다, 쓰다』, 위즈덤하우스, 2016.
좌구명 지음, 『춘추좌전: 중국 문화의 원형이 담긴 타임캡슐』, 김월회 풀어씀, 풀빛, 2009.
최봉원 역주, 『중국고전산문 선독』 개정판, 다락원, 2013.
펑유란, 『중국철학사』 상·하, 박성규 옮김, 까치글방, 1999.
한비 찬, 『한비자』 1·2·3·4·5, 임동석 역주, 동서문화사, 2013.
한필훈 옮김, 『한글로 읽는 논어-사람은 무엇으로 사는가』, 동녘, 1998.
형당퇴사 엮음, 『당시삼백수』 1·2, 류종목/주기평/이지운 옮김, 소명, 2010.
황견 엮음, 『고문진보 전집』, 이장우/우재호/장세후 옮김, 을유문화사, 2007.
황견 엮음, 『고문진보 후집』, 이장우/우재호/박세욱 옮김, 을유문화사, 2007.
황견 편찬, 『신완역 고문진보 후집』, 김학주 역저, 명문당, 2012.
황견, 『고문진보』, 김달진 옮김, 문학동네, 2000.
황충 씀, 『논형』, 이주행 옮김, 소나무, 1995.
황희경 풀어옮김, 『삶에 집착하는 사람과 함께하는 논어』, 시공사, 2001.

공구서, 사전류

강혜근/강택구/유일환/한학중, 『한자동의어사전』, 궁미디어, 2011.

권인한, 『중세한국한자음훈집성』, 제이앤씨, 2006.

남광우 편저, 『고금한한자전』, 인하대학교 출판부, 1995.

다케우치 미노루 외 지음, 『절대지식 중국고전』, 양억관 옮김, 이다미디어, 2010.

모로하시 데쓰지 지음, 『중국 고전 명언 사전』, 솔, 2004.

미조구치 유조/마루야마 마쓰유키/이케다 도모히사 공편, 『중국사상문화사전』, 김석근/김용천/박규태 옮김, 책과함께, 2011.

박남일, 『좋은 문장을 쓰기 위한 우리말 풀이사전』, 서해문집, 2009.

상해고적출판사, 『문답으로 엮은 교양 중국사』, 박소정 옮김, 이산, 2005.

연세대학교 허사사전편찬실, 『허사대사전』, 성보사, 2001.

이한섭, 『일본어에서 온 우리말 사전』, 고려대학교 출판부, 2014.

임종욱 엮음, 『고사성어 대사전』, 시대의 창, 2004.

전국한문교사모임, 『클릭! 고사성어』, 역사넷, 2002.

조국장/왕장공/강경백 지음, 『문사공구서개론』, 이동철 옮김, 한국고전번역원, 2015.

중국사학회, 『중국통사』 1·2, 강영매 옮김, 종합출판범우, 2008.

罗竹风 主编, 『漢語大詞典』, 缩印本 上·中·下, 上海辞书出版社, 2007.

王力/岑麒祥/林焘, 『古汉语常用字字典』 第4版, 商务印书馆, 2005.

諸橋轍次, 『大漢和辭典』 修訂版 1~14 大修館書店, 1986.

中国社会科学院言语研究所古代汉语研究室 編, 『古代汉语虚词词典』, 商务印书馆, 2012.

汉语大字典编辑委员会, 『漢語大字典』 缩印本 上·下, 四川辞书出版社/湖北辞书出版社, 1993.

许慎(漢) 撰, 『說文解字注』, 段玉裁 注, 上海古籍出版社, 1988.

인터넷 사이트

국가기록유산 http:/www.memorykorea.go.kr

난중일기와 징비록의 원문 텍스트를 볼 수 있다.

국립국어원 http://www.korean.go.kr

표준국어대사전, 한국어기초사전, 국어 어휘 역사의 검색. 표준국어대사전은 네이버 국어사전으로도 검색된다.

국사편찬위원회 조선왕조실록 http://sillok.history.go.kr

조선왕조실록의 원문과 번역문 검색.

디지털한글박물관 http://archives.hangeul.go.kr

훈몽자회와 신증유합의 원문 이미지를 볼 수 있다.

언어닷컴 언어DB http://archive.eoneo.com/eoneodb/

한국사사료연구소가 교감 작업을 한 한문 자료를 볼 수 있다.

전통문화연구회 동양고전 종합DB http://db.cyberseodang.or.kr

전통문화연구회가 작업한 동양고전 원문과 번역문의 검색.

한국고전번역원 한국고전 종합DB http://db.itkc.or.kr

한국고전번역원에서 작업한 고전번역서의 원문과 번역문의 검색.

한국민족문화대백과사전 http://encykorea.aks.ac.kr

한국민족문화대백과사전의 검색. 네이버 지식백과사전, 다음 백과사전으로도 검색된다.